本书为中华人民共和国教育部人文社科研究一般规划项目
《旅游开发与民族村落文化变迁研究》最终成果
（项目编号：12YJAZH141）

旅游开发与民族村落文化变迁

王生鹏　张静 ◎ 主编

中国社会科学出版社

图书在版编目(CIP)数据

旅游开发与民族村落文化变迁/王生鹏,张静主编. —北京:
中国社会科学出版社,2016.7
ISBN 978 - 7 - 5161 - 8610 - 7

Ⅰ.①旅… Ⅱ.①王…②张… Ⅲ.①旅游资源开发—关系—
少数民族—村落文化—研究—中国 Ⅳ.①K28

中国版本图书馆 CIP 数据核字(2016)第 170113 号

出 版 人	赵剑英
责任编辑	郭 鹏
责任校对	张艳萍
责任印制	李寡寡

出 版	中国社会科学出版社
社 址	北京鼓楼西大街甲 158 号
邮 编	100720
网 址	http://www.csspw.cn
发 行 部	010 - 84083685
门 市 部	010 - 84029450
经 销	新华书店及其他书店

印 刷	北京明恒达印务有限公司
装 订	廊坊市广阳区广增装订厂
版 次	2016 年 7 月第 1 版
印 次	2016 年 7 月第 1 次印刷

开 本	710×1000 1/16
印 张	17.75
字 数	291 千字
定 价	68.00 元

凡购买中国社会科学出版社图书,如有质量问题请与本社营销中心联系调换
电话:010 - 84083683

目　　录

前　言

　　本书是在我和西北民族大学管理学院的张静等旅游管理教研室人员在教育部人文社科研究一般规划项目——旅游开发与民族村落文化变迁研究报告的研究基础上完善成型的，也是继我和我的同仁们于2011年出版《民族地区旅游业可持续发展研究》之后的另一部新作，更是我们对于旅游开发进程中民族村落文化变迁研究的一个尝试。

　　对旅游研究的兴趣，始于大学本科时期，在所就读的陕西师范大学旅游与环境学院四年的积淀，使我热衷于这个新兴的领域。本科毕业后从事教学与科学研究的西北民族大学是一个多民族共存的大家庭，56个民族学生齐聚，民族文化元素特色鲜明，使我对民族文化、民族旅游产生了浓厚兴趣。2000年，又得到时在西北师范大学、现在广州大学的旅游研究资深教授肖星先生教诲，在硕士三年期间，在各民族地方的实地研讨让我对民族文化与旅游的认知有了很大的提升。2008年，我开始担任学校民族学硕士研究生的培养工作，也开始了对民族文化与旅游研究领域的涉猎。在逐步做好理论积淀的同时，曾多次到甘肃、青海、新疆、宁夏、内蒙古、西藏、云南、贵州等省份调研，并于2014年参加了国家民委组织的赴英民族文化交流与发展考察，收获颇丰。在多年理论积淀和较长时期实地考察的基础上，形成了本书的基本观点。

　　众所周知，随着中国旅游业的发展壮大，少数民族地区的一大批旅游目的地将面临旅游业发展所带来的对自然、文化、社会经济环境的压力增大的挑战。在传统旅游发展模式下，人们忽视旅游活动的负面影响，已严重危害民族地区旅游业赖以生存的资源和环境，并产生了各种各样的问题。尤其是随着旅游开发进程的推进，民族文化变迁成为一个不可回避的话题，旅游开发中的民族村寨文化"同化、异化、涵化"、甚至"舞台化""商业化"等争论热起、纷争不休。

在旅游开发背景下，民族村寨文化变迁是一个十分复杂的问题。首先，村寨文化有其自身的独特性，国家民委《少数民族特色村寨保护与发展规划纲要》（2011—2015）明确规定了少数民族特色村寨是指少数民族人口相对聚居，且比例较高，生产生活功能较为完备，少数民族文化特征及其聚落特征明显的自然村或行政村。民族村寨相对完整地保留了各少数民族的文化基因，凝聚了民族文化的历史结晶，体现了中华文明多样性，是传承民族文化的有效载体，更是少数民族和民族地区加快发展的重要资源。其次，民族村寨文化的形成机制除了同一般村寨文化相似之外，其还受不同民族文化内在机制的影响，特色更为鲜明。因此，在探究旅游开发所引起的民族村寨文化变迁问题时，就不能局限于对相关旅游因素的分析，或是在旅游因素之外，仅考虑现代化、城镇化等一般性的非旅游因素，只有综合考虑才能得出较为全面客观的结论。

在当今的社会大环境中，因现代化、人口迁移及现代媒体等因素的综合影响，民族村寨文化已经发生了许多变迁。而对于那些进行了旅游开发的民族村寨来说，人们普遍认为旅游开发活动加速了民族村寨的文化变迁。事实上，变迁是文化发展的根本动因，民族村寨不管进不进行旅游开发，其文化变迁都是不可避免的，因此，对于旅游开发所带来的民族村寨文化变迁问题，我们应该报以客观的态度。

旅游开发的推进，必然引发民族村寨文化的变迁。民族村寨文化的展示形式包括其居住的生态环境、特有的生产文化、独特的生活文化，具有历史的传承性、淳朴的乡土性、典型的地域性和突出的民族性特征。从风景旅游的角度上来说，村寨是可观、可游、可居的旅游资源，具有难得的综合开发价值，不仅具有审美价值和娱乐价值，而且具有教育价值和市场价值；在民族地区现代化进程中，随着旅游开发在民族地区那些资源赋存状况较好的村寨中首先推行，旅游开发就开始对民族村寨产生影响。而成功的民族村寨旅游开发，往往会成为典型范例，起到积极的示范效应，带动其他民族村寨渐步渐趋介入旅游开发。从旅游开发角度而言，旅游开发介入越早、开发程度越深、开放程度越高，民族村寨文化外在变化就越明显、内在变迁就越深入。

旅游开发中民族村寨文化变迁是多元化的。民族村寨中传统产业内敛式的自给自足的生产和生活方式、文化的地域多样性、文化的民族多元性及文化的历史传承性和乡土民间性，在相继主动或被动介入旅游开发后，原有的传统产业随之发生变化。旅游开发所引起的民族村寨传统产业的变迁，改变了民族村寨原有的产业结构和产业基础，给民族村寨带来了较为明显的经济效益。这必然引发和带动民族村寨社会文化的深层次变革，从最初的民族村寨物质文化变迁开始，逐渐渗透到制度和精神文化领域，并使民族村寨原有的各文化因素随之逐步变迁。因旅游开发而带来的现代化的价值观念，在极大的增强了民族村寨的文化和族群认同感和自豪感的同时，对民族村寨原有精神文化也必将带来极大的冲击。在经济利益的驱动下，许多民族村寨在旅游开发和经营中甚至不惜破坏其赖以生存的生态环境，以往村寨中的和谐生态文化观念逐渐变迁为以经济利益为主的功利性观念。

旅游开发有利于民族村寨文化的保护与传承。在考虑旅游开发引发民族村寨文化变迁之外，在旅游开发中的民族村寨，游客的主要需求是通过对民族村寨的游览活动，来体验多元的民族村寨文化。在这类旅游需求的驱使下，民族村寨为了能让游客体验到原汁原味的民族文化、吸引和扩大村寨旅游接待规模，往往会在村寨景观建设和文化塑造上下功夫，力求村寨景观能很好地体现出民族特色和民族文化内涵。这些景观建设大多依靠政府和民族社区来推进，具有典型的政府主导特征。这就保证了至少从形式上而言，旅游开发对民族村寨文化具有一定的保护和传承作用。事实上，在旅游开发下的民族村寨，为了满足游客对本民族文化的好奇心，对有关民族文化的旅游项目，如居住环境、特色饮食、民族服装、婚丧嫁娶、节庆演绎和歌舞表演等等，刻意的保持原始、追求回归；那些参与到村寨旅游开发中的村民，有些为了增加经营收益和展示其民族文化，也开始在日常的个体经营中穿着民族服饰；旅游开发对民族村寨文化，客观上起到了复兴与传承的作用。

民族村寨旅游开发是族群认同的途径之一。民族村寨在旅游开发过程中，村寨中的诸多文化因素成为旅游开发的内容，并给村寨民众带来极大的旅游收益，村寨传统文化的经济价值得到高度认同；在经济利益的驱动下，民族社区居民不断与游客的接触，逐渐认识到自己独有的村寨民族文化还具有极强的社会价值和文化价值；外来旅游者对民族村寨文化拥有浓厚的、乃至忘我的情趣。民族村寨的民众会逐步对村寨民族、宗教、历史、文化进行重新定位，在思想和行为上主动强化其文化和族群的认同感和自豪感，使民族村寨文化和族群得以重新构建。民族村寨在旅游开发过程中所产生的族群和文化认同，在很大程度上是对村寨原有族群与文化进行展示和表现，不可避免地存在舞台化、符号化和商业化倾向，从而形成旅游开发下的民族村寨新的"旅游族群"。

对于整个人类社会和文化系统来说，变迁是一种常态，作为文化系统的一个子系统，民族村寨文化随着内外环境的变化产生改变，当改变被大多数本民族成员认可时，即发生文化变迁。对民族村寨文化而言，变迁是绝对的，不变则是相对的。只要内外部的环境发生变化，其终究会产生变迁。因此，对于变迁的民族村寨文化而言，原有的传统的文化可以通过博物馆、风俗表演、文字影像记录等方式进行保存，并为今后的研究及科普提供宝贵的资料，但是不必认为现有的或者传统的才是积极的、最好的、不必改变的，而变迁一定是消极的、负面的。在此认识基础上，如何减少因旅游开发所引起的民族村寨文化变迁的负面影响，采用何种有效机制将旅游开发所引起的民族村寨文化变迁引向良性方向，并构建出旅游开发与民族村寨文化发展双赢的特色模式等，是接下来需要重点研究与解决的迫切问题。

上述基本观点的凝练，并不是最终结论，课题的完成，也并不说明研究的结束。掩卷沉思，心中诚惶诚恐，盼各位同仁不吝指教。我和我的同仁们将不断努力完善。

王生鹏

2015 年 4 月于甘肃兰州

绪　论

随着国内外旅游产业的发展，民族村落文化旅游发展在中国取得了优异的成绩，推动了地区经济的良性增长。民族村落旅游是旅游业中的一个重要形式，民族村落旅游资源的开发、保护与可持续发展对促进民族村落旅游发展的研究是民族村落旅游发展研究的重要课题，研究民族村落文化的旅游价值与开发保护对当地的经济、文化的发展有着重要的社会价值和理论意义。民族村落文化是民族文化的基本单元，是展示民族文化的最集中和最真实的空间载体。民族村落文化具有神秘性、原始性、独特性等旅游价值，采取合理的开发模式，不仅有助于民族村落文化的继承与发展，而且有利于促进民族村落经济的发展。

一　西方国家相关研究述评

"二战"以后，随着世界范围内各国经济的恢复，全球开启了大众旅游的时代，欧美国家一直是现代旅游业发展较早也是较快的区域。早期的西方旅游研究主要是地理学家从地理学的角度进行的描述性研究，有关旅游开发对目的地的影响认识较为片面，较早涉入此领域的是人类学者们，不过他们出于对原生态民族文化的保护，对旅游开发多持否定态度。从20世纪60、70年代开始，西方国家进入了旅游开发与文化变迁的早期时代，早期有关旅游开发与文化变迁的研究多是从旅游开发的影响开始，1963年，美国人类学家努涅斯（T. Nunez）发表了一篇关于墨西哥山村开展周末旅游带来影响的论文，此文被西方看作是旅游人类学研究的新篇章，随后，越来越多的西方学者将目光关注于旅游开发对目的地的影响及目的地社会文化的变迁问题中。1974年，以旅游开发对目的地社会文化影响为主议题的首次人类学研讨会在墨西哥召开，这标志着西方社会开始正式将旅游与目的地影响问题纳入了议事日程。从20世纪70年代开始，西方社会许多人类学专家和学者开始关注目的地旅游开发问题。众所周知，人类学一项重要的研究内容便是文化人类学，而旅游开发给那些落后的民族地区带来经济效益的同时，文化接触、文化冲突、社会与文化的变迁更引起了西方人类学者们的担忧，他们开始深入到旅游开发的现实社区当中，进行长期而细致的田野调查，形成早期大量的研究案例，重点集中在旅游开发各种影响上，使旅游影响的研究在理论层面上逐步得到提高和深化。1977年，美国旅游人类学家史密斯教授出版了《东道主与游客——旅游人类学研究》一书，本书的出版标志着旅游人类学在美国得到了广泛的认可，书中用12个案例探讨了旅游业在各方面所产生的影响。20世纪80年代，西方学者们开始反思在前一阶段研究中，有关理论方法与研究视角的问题，开始引入大量数理量化的研究方法，促使研究内容和方法的多样化，定量研究使得这一时期的研究结论相对更为准确和可靠。在西方对旅游的研究中，学者们用涵化、文化转变、舞台真实以及旅游影响学等理论方法，关注了旅游目的地异质文化间的交流、涵化和同化等文化变迁过程以及旅游目的地文化变迁现象。1989年史密斯《东道主与游客》第二版出版，书中就实证研究对象十年的跟踪调查及其结论，让当时的研究者就之前研究内容和研究方法重新进行了审视，开始注意到将旅游之外的引起目的地社会文化变迁的因素考虑到问题的研究之内，使得有关旅游开发与社会文化变迁的相关研究在理论和实证方面得到了很大的提升。① 20世纪90年代以来，西方学者进入到了多学科、多视角和多方法的研究阶段，跨学科研究成为这一时期研究的鲜明特色，取得了丰硕成果。

---

① 〔美〕瓦伦·L.史密斯：《东道主与游客》，张晓萍等译，云南大学出版社2007年版，第1—2页。

二 国内相关研究回顾

旅游开发与文化变迁的相关研究在西方国家起步较早，并取得了显著成就，国内有关旅游开发与文化变迁的相关研究较晚。在国内旅游开发初期，学者们纷纷将旅游开发带来的经济效益作为研究的重点领域。20 世纪 90 年代，随着国内旅游业的发展，旅游目的地相继出现了许多社会环境问题，引起了相关研究学科和人员的广泛关注。随着人类学、社会学等学科专家与学者对旅游开发研究领域的介入，学者们在结合国外相关研究成果的基础上，从人类学研究视角切入，开始致力于国内旅游影响问题的研究，并取得了丰硕成果。从人类学、社会学的角度进行旅游问题研究，成果较为突出的有厦门大学彭兆荣教授、中山大学保继刚教授、云南大学张晓萍教授、中央民族大学宗晓莲博士以及孙九霞、李伟、田敏等人。

为了将旅游开发对目的地影响问题的研究进一步深入下去，许多研究者将民族地区旅游开发与文化变迁问题作为新的研究领域。2001 年杨俭波在《旅游学刊》发表《旅游地社会文化环境变迁机制试研究》一文，开启了国内有关目的地旅游开发与文化变迁的相关研究。随后，许多具有理论高度的相关研究相继出现，以旅游开发下的民族村落为对象的实证研究也大量开展。目前，有关民族地区旅游开发与文化变迁的研究，无论在研究的数量与质量上，还是在研究的内容与方法上，都取得了一定的成果。目前，国内学者对于民族村落旅游开发与文化变迁的研究现状及特点的相关述评主要表现为两方面：旅游开发与文化变迁的理论研究以及民族村落旅游开发与文化变迁研究。

（一）理论研究综述：旅游开发与文化变迁

2001 年，从杨俭波发表《旅游地社会文化环境变迁机制试研究》[①] 一文开始，文中重点探讨了制约旅游地社会文化环境变迁的动因，在于外界旅游流对旅游地的静态平衡系统产生冲击和干扰，使旅游地社会文化环境变迁。杨俭波认为必须从构成"流"的要素

---

① 杨俭波：《旅游地社会文化环境变迁机制试研究》，《旅游学刊》2001 年第 6 期。

入手，并提出旅游者及其携带而来的物能流与旅游地各主体要素（政府机构、旅游企业、旅游地原生居民等）的竞争与协调，是产生旅游地社会文化环境变迁的动力机制。随后，宗晓莲（2002）以旅游开发背景下的民族文化变迁研究为例，提出布迪厄用"实践"调和了传统人类学有关结构与行为、文化与人之间的二元对立观。阐释了布迪厄文化再生产理论对文化变迁研究的意义，认为文化处于一个不断的生产、再生产过程中，并在这一过程中发展变迁。[①] 田敏（2003）就旅游对民族社区社会文化变迁所产生的有利与不利影响进行了归纳，并对这两方面的影响及其关系进行了辨证分析，提出民族社区社会文化的旅游效应的两面性是一种本质属性这一论断。[②] 李祝舜、蒋艳（2003）探讨了旅游发展对欠发达旅游地社会文化变迁和社会心理变化带来的影响、社会文化变迁与社会心理变化之间的互动以及如何实现社会心理现代化。[③] 李学江（2003）认为吸引游人的民族文化旅游资源随着时代的变化而变迁，民族文化商品化有益于中国民族文化多元化的发展[④]。杨俭波、乔纪纲（2005）的《旅游地社会文化环境变迁的时序特征与阶段发展模式》一文，对旅游发展在不同时间阶段所产生的旅游地社会文化环境变迁问题进行探讨，从时间延展层面上总结旅游地社会文化环境变迁的一般特征和阶段发展模式，并认为社会文化环境变迁的时序特征，主要体现在旅游发展的积极影响和消极影响在时间发展上的相互作用。[⑤] 龚胜生、何小芊（2007）从地学的空间视角，提出在文化扩散过程中，旅游地本土文化与外来文化的冲突融合所产生的示范效应、激受效

[①] 宗晓莲：《布迪厄文化再生产理论对文化变迁研究的意义——以旅游开发背景下的民族文化变迁研究为例》，《广西民族学院学报》（哲学社会科学版）2002 年第 2 期。

[②] 田敏：《民族社区社会文化变迁的旅游效应再认识》，《中南民族大学学报》（人文社会科学版）2003 年第 5 期。

[③] 李祝舜、蒋艳：《欠发达旅游地社会文化变迁与社会心理现代化》，《北京第二外国语学院学报》2003 年第 5 期。

[④] 李学江：《民族文化的发展变迁与少数民族文化旅游》，《宁夏社会科学》2003 年第 4 期。

[⑤] 杨俭波、乔纪纲：《旅游地社会文化环境变迁的时序特征与阶段发展模式》，《广西社会科学》2005 年第 1 期。

应、累积效应是旅游地文化变迁的主要动因。同时认为，不同类型的旅游地以及旅游地内部不同的功能区，有着不同的文化变迁内容和形式。① 窦开龙（2008）对旅游开发中西部边疆民族文化变迁与保护问题，从人类学角度进行了研究，归纳了旅游开发中西部边疆民族文化变迁的各层次表现，分析了旅游开发中民族文化变迁中存在的不良变迁和突出问题，提出了促使两者良性互动的思路和对策。② 张广海、高乐华（2008）就评价旅游目的地文化变迁的内容、方向、程度及变迁原因，设计了旅游目的地文化变迁评价指标体系，并采用德尔菲法和 AHP 法确定各项指标的权重，并对青岛啤酒文化的变迁进行了实证研究。③ 陈昕（2008）分析了纳西文化变迁的原因和一般规律，及纳西文化变迁的旅游效应与特点，并对纳西文化变迁调适机制进行了建构。④ 韦湘云（2008）分析了引起民族旅游目的地社会文化变迁的内涵与原因，并提出从必然性、选择性、重构性、创新性和乖离性五个方面，正确看待民族旅游当中目的地文化变迁问题。⑤ 把多勋等（2009）认为旅游者的"凝视"是民族地区文化变迁的源动力，其以旅游"凝视"理论为支撑，从民族地区文化的遗失到其创新与传播等方面，得出旅游"凝视"与民族地区传统文化变迁的关系所在，同时指出民族地区文化在被"凝视"的背景下，自身具有强烈的生产性，可以构建旅游"凝视"与民族地区文化变迁的作用模型。⑥ 刘安全（2011）对旅游与民族地区社会文化变迁研究现状进行了分析，认为国内学者从 21 世纪以来，开始关注旅游与旅游地文化变迁研究，在近十年的时间跨度中，创新了

① 龚胜生、何小芊：《旅游地文化变迁与整合的文化地理学透视》，《华中师范大学学报》（自然科学版）2007 年第 3 期。

② 窦开龙：《旅游开发中西部边疆民族文化变迁与保护的人类学透析》，《宁夏大学学报》（人文社会科学版）2008 第 1 期。

③ 张广海、高乐华：《旅游目的地文化变迁量化评价方法及实证研究》，《旅游科学》2008 年第 4 期。

④ 陈昕：《纳西文化变迁的旅游效应与调适研究》，《思想战线》2008 年第 5 期。

⑤ 韦湘云：《再论民族旅游中的目的地文化变迁问题》，《现代商业》2008 年第 5 期。

⑥ 把多勋、王俊、蓝海：《旅游凝视与民族地区文化变迁》，《江西财经大学学报》2009 年第 2 期。

文化变迁研究模式，拓展了文化变迁研究视角，取得了令人瞩目的成就。①

（二）民族村落旅游开发与文化变迁研究综述

2006 年，保继刚、邱继勤（2006）发表于《人文地理》上的《旅游小企业与旅游地社会文化变迁：阳朔西街案例》一文，标志着民族地区旅游开发与文化变迁研究的时代到来。在这篇文章中，首次以阳朔西街的旅游小企业为例，对旅游小企业与旅游地社会文化变迁的关系进行了具体分析，西街旅游小企业是当地居民与外来游客进行交流或沟通的一个平台，旅游小企业的从业人员成为社区社会文化变迁的先锋人群。并认为旅游小企业的存在直接促进或加速了社区的这种社会文化变迁。②

随后，以民族地区旅游开发与文化变迁的实证研究大量出现，其中以民族村落为实证研究对象的研究成果具有代表性的有：宗晓莲（2006）出版《旅游开发与文化变迁——以云南省丽江县纳西族文化为例》，书中采用理论与实证研究并重的方法，对丽江纳西文化变迁的状况进行了系统的分析，并提出一方面需要促成文化资源的商品化，实现其的经济价值；另一方面则需要分清文化和商品，从文化自身的角度对它们进行保护与传承。③ 刘星明（2008）以西双版纳傣族园为例，认为傣族文化在旅游开发的过程中，其文化变迁受到政府、市场和外来文化的左右，提出为保护傣族文化，政府应从社会文化的角度出发，进行宏观的控制，以减少旅游市场和外来文化等因素对民族文化的冲击。这样少数民族文化才能良性地变迁重构，民族旅游业才能保持可持续发展。④ 刘相军、杨桂华（2009）以梅里雪山雨崩藏

---

① 刘安全：《旅游与民族地区社会文化变迁研究评述》，《贵州民族研究》2011 年第 1 期。

② 保继刚、邱继勤：《旅游小企业与旅游地社会文化变迁：阳朔西街案例》，《人文地理》2006 年第 2 期。

③ 宗晓莲：《旅游开发与文化变迁——以云南省丽江县纳西族文化为例》，中国旅游出版社 2006 年版，第 7 页。

④ 刘星明：《民族文化在旅游开发中的变迁与重构——以西双版纳傣族园为例》，《云南民族大学学报》（哲学社会科学版）2008 年第 4 期。

族村为例，根据 2007 年至 2008 年先后 4 次到梅里雪山雨崩村及其周
边村寨的考察情况，对雨崩村社区参与旅游收益分配制度变迁机理进
行了深入研究，认为收益分配制度变迁机理分为隐性和显性两个方
面：藏族传统文化深层次的伦理道德"公平"价值观形成的隐性机
理，与雨崩村全体居民在"家长会"上围绕着"公平"这一藏族传
统伦理道德价值观进行的权力斗争形成的显性机理综合作用，导致雨
崩村社区参与旅游收益分配制度的不断变迁。① 胡星（2009）认为贵
州安顺天龙屯堡旅游业的快速发展对屯堡地戏的影响较为明显，并从
地戏表演地点、表演时间、表演程序、表演目的、参与群众、面具工
艺等 6 个方面进行了分析。② 姜爱、李永诚（2009）以恩施州芭蕉枫
香坡侗族风情寨为个案，对旅游开发给当地社区文化带来的变迁从表
层和深层两个方面做了初步描述，并在此基础上谈谈几点认识。③ 贺
能坤（2009）以贵州省黎平县肇兴侗寨的田野调查为基础，认为民
族地区旅游开发在给当地民族带来经济利益的同时，民族文化在三个
方面发生了变迁：即外层表现为民族文化的个性特征弱化；中层表现
为民族文化出现"空壳化"；内层表现为民族认同感和民族价值观正
在发生蜕变，民族精神家园正在不断迷失，并提出反思当前旅游开发
的价值观并进行科学定位，使民族文化的传承和民族地区的可持续性
发展显得非常紧迫。④ 窦开龙（2009）以甘南拉卜楞民族宗教文化旅
游区为视阈，考察与解读了民族旅游引起的宗教文化世俗化现象，为
理解民族旅游中"价值理性"和"工具理性"的关系提供了新的学
术视角。⑤ 孙九霞、张倩（2011）以傣楼景观为例，选取傣族竹楼作

① 刘相军、杨桂华：《传统文化视角下的社区参与旅游收益分配制度变迁机理研
究——以梅里雪山雨崩藏族村为例》，《旅游论坛》2009 年第 3 期。
② 胡星：《贵州天龙屯堡旅游开发与地戏文化变迁研究》，《贵州教育学院学报》（社
会科学）2009 年第 10 期。
③ 姜爱、李永诚：《旅游开发与民族社区文化的变迁——以恩施自治州芭蕉枫香坡社
区为》，《市场论坛》2009 年第 10 期。
④ 贺能坤：《旅游开发中民族文化变迁的三个层次及其反思——基于贵州省黎平县肇
兴侗寨的田野调查》，《广西民族研究》2009 年第 3 期。
⑤ 窦开龙：《神圣帷幕的跌落：民族旅游与民族宗教文化的世俗化变迁——以甘南拉
卜楞为个案》，《宁夏大学学报》（人文社会科学版）2009 年第 6 期。

为傣族园的物质文化代表，对傣族竹楼建筑形式、材料，以及使用空间在旅游开发背景下产生的变化进行研究。研究发现：旅游发展背景下的傣楼在外形和功能上都发生了变迁，但变迁的侧重点在于功能的转换。并提出物质文化的资本化能在一定程度上保障社区文化的传统特性。[①] 陈东芝（2011）运用因子分析法和方差分析法，对广西龙胜各族自治县大寨村居民的旅游文化景观变迁感知，及感知差异形成的驱动因素进行实证调查研究。[②] 姜克银（2012）认为，随着新农村建设旅游开发的广度和深度的不断加大，回族村落在物质民俗、社会民俗、观念民俗和宗教民俗等方面都经历了不同程度的变迁。[③]

三 国内研究述评

（一）研究数量基本呈上升趋势，研究质量具有较高水准

旅游开发与文化变迁及旅游开发下的民族村落文化变迁两大问题的研究，关于其研究数量和质量现状，我们以目前国内最大最权威的期刊网站："中国知网"作为问题分析的首选工具，来进行该问题的分析。首先，民族地区旅游开发与文化变迁关联性和旅游影响研究，根据检索情况来看，发表的学术论文数以千计，但针对旅游开发与文化变迁研究，以及旅游开发与民族村落文化变迁这一具体问题的研究，就学术论文的发表数量来看，相对较少。笔者选取十余年（2000—2013）的研究成果发现，截止目前，有关旅游开发与文化变迁理论研究，已发表的学术论文有约17篇左右，而有关旅游开发与民族村落文化变迁为题的研究，已发表的较有代表性的学术论文大致20篇左右，从数量来看，十余年来，这两方面的研究基本呈逐年上升的趋势，但也有个别波动情况，其中2003年和2008年两年中，无论是旅游开发与文化变迁还是民族村落旅游开发与文化变迁的相关研

---

① 孙九霞、张倩：《旅游对傣族物质文化变迁及其资本化的影响——以傣楼景观为例》，《广西民族大学学报》（哲学社会科学版）2011年第3期。

② 陈东芝：《民族旅游地居民对文化景观变迁的感知研究》，《湖州师范学院学报》2011年第1期。

③ 姜克银：《新农村旅游开发建设中宁夏回族村落民俗文化变迁与保护研究》，《宁夏党校学报》2012年第3期。

究，数量上均呈现出明显多于其他年份的情况。从研究的质量来看，无论是理论研究还是实证研究，均具有一定水平，整体呈现较高水准。在 40 余篇相关研究中，许多论文都发表在级别较高的学术期刊杂志上，发表期刊的级别高低是相关学术研究的重要体现。其中，发表于《旅游学刊》1 篇、《思想战线》1 篇、《人文地理》1 篇、《广西民族大学》（哲学社会科学版）2 篇、《宁夏大学学报》（人文社会科学版）2 篇、《中南民族大学学报》（人文社会科学版）1 篇、《宁夏社会科学》1 篇、《广西社会科学》1 篇、《华中师范大学学报》（自然科学版）1 篇、《中南民族大学学报》（人文社会科学版）1篇、《云南民族大学学报》（哲学社会科学版）1 篇、《旅游科学》1篇、《广西民族研究》1 篇、《贵州民族研究》1 篇、《北京第二外国语学院学报》1 篇。

（二）理论先行，实证研究呈现出以民族地区为研究重点的特征

国内有关旅游开发与文化变迁研究现状呈现出理论先行，理论与实践研究并重的特征。从相关理论研究成果呈现的时间来看，2001—2005 年的五年时间，可以看做是国内旅游开发与文化变迁研究的理论现行期，包括有杨俭波的文化变迁动因与机制研究、宗晓莲的文化再生产理论等，研究成果丰硕、为接下来的相关理论研究和实证研究打下了坚实的理论基础。在随后出现旅游开发与文化变迁的许多研究中，大部分相关研究主要集中在中国民族地区的众多少数民族旅游与文化变迁的问题上。众所周知，中国是一个多民族国家，民族旅游开发已成为国家促进民族地区经济文化发展的重要举措，但在旅游发展的实践中却存在诸多问题，其中民族地区旅游开发与文化变迁问题逐渐凸显，在这一形势下，选取民族地区不同村落进行实证研究，有利于发现和探讨中国民族村落旅游开发与文化变迁的一般特征和规律，为这一类研究的理论构建和实践指导做出相应贡献。

（三）多角度的研究取向

有关旅游开发与文化变迁及民族村落旅游开发与文化变迁的相关研究呈现出多角度的研究取向特征，具体表现为研究视角的多学科化、相关理论研究的多样化、实证研究在内容上的多元化及研究方法

定性定量相结合。

1. 研究视角的多学科化

近十多年来，有关旅游开发与文化变迁的研究，不再是把这类问题单纯的看作是旅游开发的问题，而是把其看作是社会问题和文化问题来进行阐释和研究，因此，在具体的研究中，非常注重与相关学科的交叉来进行问题的分析，形成多学科整合的研究取向，具体表现为在旅游学原有理论和方法的基础上，综合运用经济学、社会学、人类学、心理学、地理学、环境学等学科进行旅游开发中目的地文化变迁问题的分析，并在理论和方法及实证研究方面都取得一定成果。

2. 相关理论研究的多样化

有关旅游开发与文化变迁方面的理论研究方面，杨俭波 2001 年提出旅游地社会文化环境变迁机制，宗晓莲将布迪厄文化再生产理论运用在旅游开发与文化变迁中，田敏提出旅游开发对文化变迁影响的科学论断，再到提出旅游"凝视"是旅游目的地文化变迁的原动力等理论，对旅游开发引起的目的地文化变迁进行了理论解释。此外，相关理论研究还涉及旅游开发与目的地文化变迁的层次分析、动因和一般规律分析、文化变迁与社会心理变迁研究、变迁模式研究、变迁效应分析及变迁空间特征分析等内容，使得旅游开发与文化变迁相关理论的研究呈现出了多样化的特征，这些理论不但得到了相关研究领域和学者们的广泛认可和普遍运用，而且对旅游开发下的民族村落文化变迁研究有很强的解释和指导作用。

3. 实证研究内容的多元化

实证研究是一般到个别的过程，是对相关研究理论的科学性和可靠性的检验，随着旅游开发与文化变迁理论研究的深入，有关旅游开发与民族村落文化变迁的研究也日渐增多，并且在内容研究上呈现出多元化趋势，具体如从文化的物质、制度和精神三个层面进行旅游开发与民族村落文化变迁的分析；从旅游小企业入手研究旅游目的地文化的变迁；从旅游收益分配制度入手，研究村落原有制度文化的变迁问题；从民族传统文化道德伦理价值观中，寻找旅游开发下的民族村落文化变迁走向的答案。此外，还有涉及旅游开发与藏传佛教世俗文化变迁问题研究、旅游开发中傣族村落传统建筑文化变迁研究、新农村建设中旅游开发引起的回族村落文化变迁研究等。

4. 研究方法的多学科综合及定性与定量的相结合

从研究方法来看，除了传统的文献综述法之外，国内有关旅游开发与文化变迁的研究方法呈现出多学科研究方法综合运用及定性与定量法相结合的研究态势，其中较为突出的表现在对人社会学田野调查方法的运用、人类学民族志、口述史法的运用、地理学区域与空间分析方法、数理统计学及模型构建法的综合运用方面。

（四）民族村落旅游开发与文化变迁实证研究的区域集中性

有关民族村落旅游开发与文化变迁的研究，学者们多采用在田野调查基础上的实证研究，并呈现出明显的区域集中性特征，具体为研究区域较多的集中在西南少数民族地区，尤其以云南、贵州和广西三省为主，而西北、东北和东南广大地区的民族村落旅游开发与文化变迁的相关研究则涉及较少。国内种类较多的人口比重较大少数民族大多集中在中国西南地区，以云贵高原为最为显著，这些地区因具备了得天独厚的民族文化旅游资源，均较早的进行了旅游开发，其中村落形式的民族旅游也相对较多。云南是中国民族旅游发展较快，也最具特色的省份。因此，以云南地区各民族村落为对象的旅游学术研究，在国内民族旅游研究中占有一席之地，有关村落旅游开发与文化变迁的研究，基本集中在云南丽江纳西族村落、摩梭人聚居的云南泸沽湖落水村、梅里雪山雨崩藏族村及西双版纳傣族村寨等。这些村寨要么旅游开发较早，要么发展较快，对它们的实证研究具有一定的典型性，较能说明民族村落旅游开发与文化变迁的一般问题。但随着西部大开发的步伐加快，其他区域的少数民族旅游开发与发展迅速，在这种形势下，中国地处不同区域的少数民族村寨同样具有极高的研究价值，不同区域的民族村落旅游开发与文化变迁在过程、形式、特征和机制等方面存在一定的差异。因此，这种实证研究区域的个别集中性，将不利于中国民族村落旅游开发与文化变迁研究从个别到一般的理论提升。只有认识到这个问题的重要性，才能使中国民族地区村落旅游开发与文化变迁的研究取得进一步的成就。

四 目前相关研究不足之处

目前，在旅游开发与文化变迁及民族村落文化变迁的实证研究中，仍然存在许多不足，具体分析如下：

（一）理论研究进展缓慢

在理论研究方面，除了 21 世纪初期先前的研究成果外，近几年来，基本没有较为明显的突破，似乎处于研究的瓶颈状态。如有关旅游开发与文化变迁的效应分析、变迁的一般轨迹、变迁的规律、变迁的特征、变迁的动因及旅游开发中传统文化如何得以保护与传承等关键问题上，并没有形成较为有效的具有普遍适用性的一般理论。此外，先前理论成果的一般适用性方面还需不断的实践检验。

（二）非旅游性因素在民族村落文化变迁的研究中考量不足

在旅游开发背景下，民族村落文化变迁的研究是一个十分复杂的问题。首先，村落文化有其自身的独特性，其实质是村落在历史发展的过程中与其所处的地理生态环境在长期的相互作用下，形成的一种有机的自然、社会与文化关系。其次，民族村落文化的形成机制除了同一般村落文化相似之外，还受不同民族文化内在机制的影响，从而使民族村落的文化特色更为鲜明。因此，对于该类问题的研究者来讲，在探究旅游开发所引起的民族村落文化变迁问题时，就不能仅局限于对相关旅游因素的分析，或是在旅游因素之外，仅考虑所谓现代化、城镇化等这些一般性的非旅游因素，而是应该更多的从民族村落文化形成与发展的具体生态环境和历史与民族文化等，看似和旅游因素联系并不是很紧密的那些因素来进行问题的分析，只有这样，才能得出较为全面客观的结论。这要求研究者善于从不同专业背景的理论知识出发，开拓视野，对其他有关学科进行有效的借鉴，真正实现从社会、文化、历史、地理、心理等多元化的视角，来进行旅游开发与民族村落文化变迁问题的研究。同时，这也将有助于加强相关学科的进一步衔接、交叉与融合。

（三）缺少民族村落文化变迁的一般性理论研究

在旅游开发与民族村落文化变迁的实证研究中，不能仅仅局限在因旅游开发而引起文化变迁表象的叙述上，应善于透过现象抓问题的本质，总结一般规律。应善于从村落传统文化脉络、特质等方面入手来进行问题的研究，也就是说必须对民族村落旅游开发之前的文化形态进行系统深入的了解，否则何谈村落文化的变迁问题，如果不注重这一点，那么就会使研究成果要么肤浅表象化，要么结论片面化，最终导致相关研究在理论上无法进行新的突破，进而无法理清民族村落文化变迁过程中物质、制度和精神文化层面之间的有机联系。但对于这个问题从目前研究成果来看，还没有引起相关研究者尤其是具有旅游学专业背景的研究者的足够认识。

（四）实证案例研究缺乏点、线、面的相结合

在旅游开发与文化变迁的研究中，大多数学者都采用了实证研究方法来进行问题的研究，尤为突出的表现在旅游开发与民族村落文化变迁的相关研究中，可以说现有的研究成果几乎都采用了实证的研究方法，这些实证研究我们可以称之为"点式"实证研究法，即选取一个具有代表性的民族旅游村落，然后进行考察研究，得出结论。目前来看，采用"点式"研究方法的研究者普遍缺乏连续跟踪式的研究，可将其称为"线性"研究，就是以时间为主线的纵式研究。那些被选为实证研究对象的民族村落，随着村落中旅游业的不断发展，其村落文化变迁会呈现出阶段性特征，文化变迁的各个层次也会随时间的推移而有所不同，因此，这种"线式"持续跟踪调查的研究方法，对于揭示旅游开发中民族村落文化变迁的机制、模式、阶段性特征、一般变迁规律等亟待解决的理论性问题有着重大作用和意义。所谓"面式"研究方法，是指横向的研究方式，在现有的旅游开发与民族村落文化变迁的实证研究中，不同的民族村落之间，尤其是不同区域中的民族村落之间，有关旅游开发与村落文化变迁的比较研究较为鲜见，因不同区域中的民族村落在旅游开发的程度、发展的阶段、开发的项目等方面存在一定差异，致使其文化变迁必然会呈现出不同的现状和特征；又因各民族村落所处地域不同、经济发展水平不同、民族传统文化脉络不同以及宗教信仰不同等因素，也会使旅游开发与各民族村落文化的变迁有所不同。要想对以上这些错综复杂的问题理

出头绪，并归纳总结出旅游开发中民族村落文化变迁的一般规律，那么，笔者提出的点、线、面相结合的研究方法将会成为解决此类问题的有效途径。

五　展望

（一）民族村落文化变迁的旅游性因素与现代化因素的区分与界定

在当今的社会大环境中，因现代化、人口迁移及现代媒体等因素的综合影响，民族村落文化已然发生了许多变迁。而对于那些进行了旅游开发的民族村落来说，人们普遍认为旅游开发活动加速了民族村落的文化变迁，使其文化在变迁的层次、结构、内容及发展趋势等方面呈现出鲜明的独特性。在有关旅游开发与民族村落文化变迁的研究中，学者们普遍认为的研究难点，在于如何将民族村落文化变迁中的那些旅游性因素从现代化进程等因素中剥离出来，也就是民族村落文化变迁中的旅游性因素与现代化因素的界定问题。当然，这种剥离和界定是十分困难的，但对该领域问题的研究却有着十分重要的意义。对于旅游性因素的界定，不但可以使研究者对旅游开发中，村落文化变迁的层次、结构、内容及发展趋势等方面加以深入研究；而且使研究者更加清楚的认识和把握，因旅游开发所带来的民族村落文化变迁，在变迁的程度、速度、深度、广度及变迁的效益等一系列问题中的实质情况，最终使研究的结论更加具有说服力，使相关对策与措施的提出更加具有针对性。

（二）旅游开发下民族村落文化良性变迁机制和发展模式的一般理论研究

众所周知，文化的变迁是永恒的、绝对的、不变的。变迁是文化发展的根本推动力。如前文提到，民族村落不管进不进行旅游开发，其文化变迁都是不可避免的，因此，对于旅游开发所带来的民族村落文化变迁问题，我们应该报以客观的态度。这种客观的态度就是田敏早前在其发表的文章中所提出的，即民族社区社会文化的旅游效应的两面性是一种本质属性这一论断。在此认识基础上，如何减少因旅游开发所引起的民族村落文化变迁的负面影响，采用何种有效机制将旅游开发所引起的民族村落文化变迁引向良性发展方向，并构建出旅游与民族村落文化发展的双赢的一般性模式等内容，是我们接下来需要研究与解决的迫切问题。

第一章 民族村落及民族村落
文化概述

第一节 民族村落及其分布

传统中国多半是在农耕经济基础上形成的乡土社会，其基本单位是村落，聚村而居的农民是它的基本成员。一个村（自然村落），必然包括物质、社会关系、精神、艺术、语言符号、风俗习惯等文化的各个子系统，因而，在这个最小的中国乡村地域中，却浓缩了中国乡村的方方面面，折射出中国乡村的特点。本书研究的民族村落特指那些少数民族地区的民族村落。在中国，除了北方的游牧民族之外，其他大部分少数民族都以固定的村寨作为主要生活空间。关于民族村寨的概述，经查多方面资料，发现近几年国内大陆学术界对民族村寨旅游的研究逐渐增多，但对民族村落的定义并不多见。黄海珠《民族旅游村寨建设研究》（2009）一书中给出了民族村落的定义，民族村寨一般指的是少数民族的原住地、移居地以及在原住地基础上改建或扩建的村寨，也包括在少数民族聚居区新建的、以开展旅游为目的而建立的村寨。[1] 王雯雯《广西少数民族村寨旅游开发模式研究》（2006）中说民族村落社区是在一定少数民族人口聚居的自然村、行政村地域内，共同生活的有组织的自然人和法人，他们有共同的生活服务设施、共同的文化、共同的风俗、共同的利益和共同关心的问题。[2] 王

---

① 黄海珠：《民族旅游村寨建设研究》，中国经济出版社 2009 年版，第 44 页。
② 王雯雯：《广西少数民族村寨旅游开发模式研究》，桂林工学院 2006 年硕士学位论文，第 5 页。

虹《民族村寨文化空间保护与旅游可持续发展探析》（2011）一文，指出民族村寨是一个由物质文化遗产和非物质文化遗产构成的组织严密的社会文化有机体。少数民族村寨居民既是旅游资源的利用主体，又是民族传统文化的活态载体，居民本身也是民族社区旅游资源的重要组成部分。村寨是民族文化赖以传承的生活空间，村寨文化则是民族文化的基本单元，不仅充当着民族村寨聚落的精神纽带和内聚核心，而且具有鲜明的民族性、差异性、和容性、未分化性等特征，是一个自成体系且不断发展建构的动态范畴。① 另外，笔者在这里阐明的是关于民族村落和民族村寨的叫法。由于不同的地理自然环境，南方山区民族多住竹楼、木楼等干栏式住宅，因此，南方一般习惯把村叫为村寨，而北方农村多住的是以泥土或砖夯起的庄廓，一般都把村叫为村落，实际上村落和村寨都是对自然村的叫法，只是南方和北方对它的叫法不同而已。

　　与其他汉族村落不同的是，民族村落区位是农村地域，它拥有独特的文化和多彩的民族风情资源。中国大部分的民族村落和少数民族人口聚集于中国西部民族省区，都属于经济欠发达地区。按照少数民族人口占总人口比重（＞10%）来定义少数民族省区，西部民族省区包括宁夏、青海、新疆、西藏、云南、贵州、广西和内蒙古等8个省市和自治区。②

　　中国贵州省黔东南苗族侗族自治州是主要的少数民族村落聚集区。黔东南苗族侗族自治州也简称为黔东南洲，位于贵州省东南面，它是中国30个自治州中总人口和少数民族人口最多的自治州，在3万多平方公里的土地上和谐生活着34个民族。③ 黔东南州由于历史及地域原因，长期以来处于相对封闭状态，各民族原生的文化特色保存比较完整。黔东南州的民族村落分布较为集中，尤其是少数民族人

① 王虹：《民族村寨文化空间保护与旅游可持续发展探析》，《哈尔滨商业大学学报》（社会科学版）2011 年第 5 期。

② 丁刚：《现阶段我国西部少数民族省区的现代化状况分析》，《西北人口》2001 年第 3 期。

③ 余达忠：《原生态文化：资源价值与旅游开发——以黔东南为例》，民族出版社 2011 年版，第 133 页。

口较多的苗、侗基本上分布于此，主要分布在黔东南的东部与南部，其中东部集中差不多半数以上的民族村落。这里有全国最大的苗寨——雷山西江，全国最大的侗寨——黎平肇兴，这里有独具特色、原汁原味的民族传统文化，对国内外的游客有极强的吸引力，而这些村寨近年来也相继开展旅游活动。

广西民族村落分布的也比较多。广西境内居住着汉、壮、瑶、侗、仡佬、苗、毛南、回、京、水、彝等十多个民族。广西总面积23万平方公里，少数民族居住地区约占60%。汉族大多居住在广西东部、南部及东南部，少数民族大多居住在广西中部、西部、西南部、西北部。广西民族村寨旅游资源较为丰富。按照各民族分布的地理范围，广西的少数民族主要分布在桂北、桂中、桂西北等地。若以桂林—柳州—南宁一线为界，这条线以西是广西主要的少数民族聚居地，少数民族人口较多的苗、瑶、侗、壮基本上分布于此，因此，民族村落分布较为集中各民族融合小聚居。由于地理及经济发展的原因，这些民族村落仍保留有丰富多彩、文化深厚的少数民族文化，增添了广西旅游的吸引力，是开展民族村落旅游的重要场所。①

云南是全国民族最多的省份，全省共有51个民族，其中人口5000以上并固定分布范围的有26个，其中云南独有的少数民族有15个：白族、哈尼族、傣族、傈僳族、拉祜族、佤族、纳西族、景颇族、布朗族、普米族、阿昌族、怒族、基诺族、德昂族、独龙族。在各省级行政区中，它的少数民族总人口（1433万），仅次于广西。少数民族占总人口的比重33.41%。② 独特的地理环境和多彩的民族文化，深深吸引着世人的目光。近几年，云南旅游业发展飞速，成为全国旅游大省之一，尤其是民族特色村寨旅游的开发，推动了云南经济的发展。

另外，甘肃、青海、新疆、西藏等省、自治区也是少数民族聚集地区，这些省区分布着较多的少数民族和民族村落，它们拥有得天独

---

① 王雯雯：《广西少数民族村寨旅游可持续发展对策研究》，《科技资讯》2006年第18期。

② 云南少数民族网：http：//www.yn21st.com。

厚的地理环境和独具特色的民族文化，在现代旅游浪潮的推动下，相继开展民族文化旅游，吸引了国内外游客的目光。许多少数民族特色村寨依托优美的自然风光和独特的民族风情发展旅游，旅游事业蒸蒸日上。

第二节　民族村落文化概述

一　民族村落文化的定义

中国的少数民族村落，如同打开的一道门，推开的一扇窗，向世人展现着每个民族各种各样独具特色的民族文化。在探讨民族村落文化之前先分析民族文化的涵义。"民族文化"是一个涵盖了各民族纷繁复杂的物质文化、行为文化、精神文化和语言文化的有机整体，少数民族的各种文化因子都被分门别类地囊括于其中。或者说，各少数民族的生活世界，都以最直观、最生动的方式展现着构成民族文化整体的各个文化因子。民族文化其实就是存活于各少数民族的精神世界和日常世界中的生活文化——民族村落文化。而村落文化是民族文化的一个基本单位。在中国，传统民族文化，特别是少数民族文化，就是通过其村落文化来表现的。[①] 可以说，民族村落文化是一种历史现象，每一时代都有着与之相适应的文化，并随着社会物质生产的发展而发展。民族村落文化又是一种地域现象，不同区域的民族文化，都有着各自的特征，而且与其他文化相互交融和渗透。民族村落文化还是一种规约现象，在特定区域内民族成员经世代沿袭并渐次积累，大家共同遵守而约定俗成。张跃、何斯强（2006）在《中国民族村寨文化》一书中，把民族村寨文化定义为：民族成员在所聚居区域（村寨）创造、传承、使用的能体现本民族特色的文化，它有明确的对象（民族）、空间（村寨）和内容（文化）。[②] 笔者通过阅读众多相关文献之后，这样定义民

[①] 肖青、李宇峰：《民族村寨文化的理论架构》，《云南师范大学学报》（哲学社会科学版）2008 年第 1 期。

[②] 张跃、何斯强：《中国民族村寨文化》，云南大学出版社 2006 年版，第 1 页。

族村落文化：民族村落文化包括民族村落的物质文化、精神文化和制度文化，即民族村落语言、饮食、服饰、建筑、婚丧、歌舞、节日、信仰、抑或禁忌、规约、观念、取向。这些民族文化从村落村民的日常生活中具体、生动、鲜活地表现着，被村落世世代代的人们传承延续。

二　民族村落文化的构成及特征

中国少数民族主要分布在西部地区，由于历史及地理区位的原因，西部民族地区一直处于待开发的状态。环境的封闭虽有碍于经济的发展，但却使大量优秀的民族文化得以保存下来。众多少数民族聚居地的民居、饮食、歌舞、服饰、器具等等，构成了西部特有的民族风情。旖旎的自然风光与多彩的民族风情相结合，构成了民族村落旅游浓厚的文化底蕴。可以总结为，民族村落文化构成元素包括奇特、原生的自然景观和独特、多彩的人文景观。

（一）民族村落文化的构成

1. 原生的自然景观

（1）山水景观

西部拥有丰富的山水景观，气候及地形的多变造就了西部多样的自然风光。全国 23% 的名山、较大的沙漠、世界最大的喀斯特地形都分布在西部。许多湖泊也分布在西部，不仅具有观赏价值、还具有疗养价值。秀美的山水景观使西部成为旅游开发热点区域。依托奇特的山水景观，民族村落旅游可以开发形式多样的旅游项目。

（2）生物资源

西部民族地区是中国生物景观最丰富的地区，生物资源的门类繁多，分布面积较大。据统计，西部民族地区的森林木材蓄积量约 47 亿立方米，占全国森林木材蓄积量 46% 以上。其中西南地区森林蓄积量约 25 亿立方米，占全国森林蓄积量 1/4 以上，为中国第二大林区。另外，还有众多的兽类、鸟类、鱼类都分布在西部地区。丰富多样的生物资源利于开展森林旅游、生态旅游，利于民族村落为旅游开发招徕游客，发展村落旅游。

2. 独特的人文景观

（1）民族服饰和建筑

服饰对少数民族来说，是作为一种生活模式和文化传统而存在的。少数民族服饰积淀着历史的、社会的、习俗的、文化的、宗教的诸多生活内涵。[①] 由于地理环境、历史文化的差异，经过长期发展，形成了不同风格、五彩缤纷、多姿多彩、特色鲜明的民族服饰。尤其是在节庆礼仪或宗教仪式等重大场合穿着的民族服装绮丽多彩、风格迥异，少数民族魅力的民族服饰，具有很高的审美价值，颇有开发价值。住所是人类物质和精神文化的凝聚地，是人类的固态文化。居所是受自然环境制约最为直接的，不同的地域环境中会形成风格各异的建筑风格。南方山区民族多住竹楼、木楼等干栏式住宅。如青藏高原上的帐篷、草原上的蒙古包，侗族的吊脚楼、傣族的竹楼、白族的"三坊一照壁"、纳西族的四方街、摩梭人的木楞房，回族的清真寺、藏族的佛寺等，这些都是民族建筑的优秀代表。[②]

（2）民族歌舞

少数民族歌舞是在地理环境、社会生活、风俗习惯以及经济、社会文化不同的条件下发展形成的，具有浓郁的民族特色和地域特色。

北方的少数民族歌曲豪放而粗犷，如蒙古的长调，哈萨克族、柯尔克孜族的牧歌，曲调缓慢而悠长；南方少数民族多深居山中，以山歌抒发感情，曲调高亢明亮，自由奔放。在舞蹈方面，中国西南地区许多少数民族保留着多种歌舞习俗，用以颂赞祖先、教育后代、欢庆婚嫁、哀悼亡灵。国内著名舞蹈艺术家中也不乏有许多少数民族舞蹈艺术家，现如今，许多少数民族歌舞或舞剧等优秀节目深受观众的喜爱。

（3）民族饮食

常言道，民以食为天。由此可见，饮食在人类生活中占有十分重

---

① 孙丽：《旅游开发背景下夏河藏族的社会文化变迁》，兰州大学 2006 年硕士学位论文，第 21 页。

② 武微巍：《民族旅游发展与民族文化保护的研究》，广西大学 2004 年硕士学位论文，第 6—7 页。

要的地位，不同的民族有着不同的饮食结构。如蒙古族奶茶、烤全
羊、马奶酒；维吾尔族的抓饭、馕；哈萨克族的那仁、马奶子；藏族
的糌粑、酥油茶、青稞酒；回族的馓子；裕固族的支果干，肉肠；仡
佬族的包谷饭、酸菜等，这些少数民族饮食风格迥异、味道独特，体
现了少数民族独特、多彩的传统文化，对旅游者也有极大的吸引力。

（4）民族节庆

少数民族节庆是民族文化的重要内容之一，不同民族有着不同
的民族节庆活动，各民族节庆活动丰富多彩、名目繁多。如蒙古族
的那达慕大会；藏族的雪顿节、望果节、藏历新年；壮族等民族的
三月三；侗族的侗年、彝族的开年节、瑶族的盘王节、苗族的芦笙
节以及信仰伊斯兰教诸族的古尔邦节、开斋节等等都含着浓郁的民
族风韵。这些少数民族节庆活动别具一格，盛行于民间，生活气息
浓郁、是最生动和参与性最强的民族旅游资源，对旅游者有着极强
的吸引力。

（5）民族工艺

少数民族能工巧匠辈出，工艺精湛，其作品以独具民族特色、品
质优良而著称。民族工艺是少数民族智慧及创造力的结晶，是民族文
化商品在物件上的体现。民族工艺品是旅游者喜欢购买及收藏的商
品，是民族村落旅游开发的创收项目。

民族村落奇特的自然景观和独特的人文景观为开发村落旅游业提
供了优质的旅游资源，与其他村落相比，民族村落发展旅游业具有比
较优势，为进一步开发旅游打下了良好基础。

（二）民族村落文化的特征

1. 历史性

民族村落文化是由历代村民在长期的生产生活实践中创造的，并
已得到广大村民认可，代代传承的文化。今天可见的各种生产生活民
俗，事实上是几百年、几千年甚至几万年前早就形成的事项。例如，
人类在最初的时候与动物一样，对火是害怕的，后来逐渐利用火烹煮
食物、驱赶和围歼野兽，火在人类生活中有着不可替代的作用。火的
应用，使人类较早地认识了它的功用以及自身的利害关系，从而对火

产生了敬畏之心，并当作神物加以崇拜。在中国许多民族中就有祭火、拜火的习俗，蒙古族在每年农历腊月二十三或二十四日拜火，并成为了一项重要的宗教活动。西南彝族、白族、纳西族、哈尼族、傈僳族、拉祜族、基诺族等一年一度隆重举行的火把节，就与各民族对火的原生崇拜有着直接的联系。

2. 自然性

民族村落文化是少数民族群众在适应自然环境中所构建的，是自然呈现出来的文化形态。为了生存和适应自然环境，少数民族必须向自然获取资源，是自然资源为村民的生存提供了保障。而对于自然资源的获取就是在自然土地上耕作，长期的在一块土地上劳作，使村民的希望和情感都有了寄托，使他们与土地的关系成为养育与被养育的关系，村民融合于自然之中，融合于土地之中。

3. 乡土性

村落是农业文明的标志，是乡土中国的缩影。民族村落整体环境静寂安闲，接近自然、田园与农村，以农田、道路、河流、山林以及牌坊、宗祠、碑刻、寺庙、戏楼、水井、水车、木屋等生产、生活风景为主。对于聚族而居的村民，村落是他们的生产场所，他们靠耕种一定范围的土地获取生存资源，并且围绕耕种的特点和季节性进行劳作。广大村民在男耕女织、自给自足的生产生活方式基础上形成了具有"乡土性"特征的乡村生活规范和价值观念，遵纪守法、勤劳节俭、互帮互助、诚实守信等传统美德世代相传。

民族村落优美的田园风光和原始古朴的民族文化使得现代旅游者向往。树木郁葱、鸟声清脆、流水潺潺；村民们热情好客、善良淳朴，处处充满乡土的气息，使得到来的旅游者流连忘返，产生返璞归真的心理感受。旅游者还可以参与村民的农事生产活动，体验一回跟土壤的真实接触，感受村民辛勤劳动和从土地中获取的丰硕果实。

4. 民间性

民族村落文化产生于乡土，自然产生于民间。首先，民族村落文化产生于乡村，产生于乡村的农耕生活。农民生活于乡村，在土地上生产和创造资源，长期以来贴近自然，融合土地之中，呈现出一种乡村的、自然的民间生活形态。其次，民族村落文化是村落里的所有村民共同参与创造的文化形态，是村落少数民族群众的共同的生活方式。最后，是民族村落文化是活在民间的一种有生命的形式，它是村落农民代代相传的活的形式，是一种活在村落民间的原生态文化。

5. 民族性

民族村落文化是人类适应生存环境的社会成果，其表现具有民族性。村落文化的传承不是单个人的自我行为，而是有着极强的群体性和整合性。在一个村落，往往生活着一个民族或几个民族群体，各民族通过群体语言、仪式与宗教行为维系着群体感情和群体关系。人的文化习得行为主要在民族群体内部完成，所习得的也主要是本民族的文化，这种文化的适应和认同是同步的。当然，在部分杂居型的村落，各民族间相互交往频繁，各民族间长期的相互交往而形成的文化认同感使杂居型村落呈现出多元的文化特征，在语言、宗教信仰、习俗礼仪、民族节日等方面都具有多民族参与或汇合性特点，这种现象在西南地区较为普遍。

6. 地域性

俗话说："十里不同风，百里不同俗。"中国是一个文明传统悠久深厚的国度，村落文化既有时代差异，又有地区差异。村落文化的地域性存在表明村落文化自有渊源于其自身环境、人群和传统的特定历史。在中国北方平原地区，村落的规模一般较大，多成团聚型、棋盘式的格局，聚居的人口较多。在南方地形复杂的丘陵地区和山区，村落的规模较小，空间分布较为分散，聚居的人口也比较少。在草原地区，各民族创造了一种与草原生态环境相适应的文化，以草原民族的游牧文化为主体，村落组织较为松散，规模也不大。

民族村落文化是一定自然与文化环境的产物，只有在特定的地域环境中才能平稳传衍，因此民族村落文化带有鲜明的民族和地域烙印。不同地域的民族有着不同文化，比如民族服饰、民族语言、民族节庆、民族工艺品等，地域的差异性使得每个民族文化表现得独具风格、多姿多彩，正是独特性和多样性，才使得少数民族文化产生强大的吸引力。

三 民族村落文化建设的类型

（一）民族生态博物馆类型

民族生态博物馆的主要功能在于收藏和保护，旅游只是一个辅助的功能。生态博物馆的理论和概念产生于 20 世纪 70 年代的法国。对于生态博物馆的研究国内学者最初是从博物馆建设的角度进行研究，并不是与旅游开发结合在一起的，但随着民族旅游的发展，生态博物馆的作用不单单是为了民族文化保护，还成为了民族村寨旅游发展的载体。余青、吴必虎（2001）认为生态博物馆是将整个社区作为博物馆空间，以期对社区的自然遗产和文化遗产进行整体保护，以各种方式记载、保护和传播社区的文化精华并推动社区向前发展。[①] 杜倩萍（2001）指出民族生态博物馆应具备三个必要条件：第一，民族生态博物馆是在民族地区原有自然环境及设施基础通过简单地改建而成的博物馆；第二，生态博物馆是一种把人与自然紧密结合起来的博物馆；第三，生态博物馆应融入其周边的文化氛围中。[②] 实际上，民族生态博物馆就是由一个或多个原生态的民族村寨或村落组成，以保护及展现民族文化为目的的一种展览场馆。民族村落在旅游发展过程中，不仅重视对自然环境的保护，同时也应该重视保护民族文化，这样才能促进村落旅游的全面、和谐的发展。

（二）民族文化生态村

民族文化生态村最早是在云南提出并开始进行相关的建设和发展。民族文化生态村，就是在人与自然和谐的原生民族村寨直接接待旅游者的模式，是以现时社会中具有深厚的文化积淀和浓郁的文化色彩的典型民族村寨社区或乡村为对象，把民族村寨看作是现实存在的或文化与孕育产生次文化的生态环境的结合体，是一种把民族文化保

---

① 余青、吴必虎：《生态博物馆：一种民族文化持续旅游发展模式》，《人文地理》2001 年第 6 期。

② 杜倩萍：《略论西部大开发中民族生态博物馆的建设》，《中央民族大学》2001年第 4 期。

护和经济发展相结合的旅游开发模式。① 从开发内容来看，民族文化
生态村建设的重点就是以文化环境为村落生态的重要内容，把文化资
源作为村落发展的重要条件，把文化产业作为村落建设的重要方面。
总的来说，首先注重民族文化的创新与发展；其次是注重传统文化的
保护与传承，不同于普通的"旅游开发区"；最后注重民族文化的原
生环境，不同于人造的"民族村"。从开发效益来看，民族文化生态
村建设最终达到经济效益、社会文化效益和生态环境效益的协调
发展。

总之，建设民族文化生态村具有多维价值，能够满足旅游者
"原汁原味"的文化需求，使当地居民的经济利益得到提高，使民族
传统文化得到保护和传承，对于民族村落发展旅游具有重要的参考
依据。

（三）民族博物馆

民族博物馆的对象是民族文物，是为保护民族文化而建立的，它
是民族文化遗产的守护者和传承着。民族博物馆最基本的职能就是民
族文物收藏，即抢救、收藏那些快要濒临消亡或遗失的重要的民族文
物，如民族服饰、民族工艺品，民族生产和生活工具、文献史料等。
民族博物馆把这些具有价值的民族文物收集、保存起来，并陈列展示
于社会，让社会各界人士在看到民族物品的同时，感受到少数民族文
化的精深与博大和少数民族的聪明才智。

随着民族村落旅游的快速发展，多地的民族村落建立了民族博物
馆，并将其作为旅游开发的一个新模式。民族村落博物馆建设实际上
是由政府主导、社区广泛参与的文化保护工程。如贵州省雷山县西江
镇的控拜村。控拜村是典型的苗族聚居村落，由于自然环境的封闭，
这里的民族文化丰富、多样，保存的比较完整，为了延续和传承苗族
传统文化，由贵州省文物局支持、贵州师范大学实施，在控拜村建立
民族博物馆，控拜村村民对村落集体文化充满了自信心和自豪感。民

---

① 王雯雯：《广西少数民族村寨旅游开发模式研究》，桂林工学院 2006 年硕士学位论
文，第 31—32 页。

族博物馆不仅呈现各民族独特的物品，而且对旅游者具有文化传播教育作用，通过对旅游者进行宣传教育，让旅游者更多去关注民族地区面临消亡的民族文化，增强旅游者的尊重和保护民族文化的意识。

第三节　民族村落文化发展的缘由

一　现代化进程在民族地区的推进

新中国成立 60 年特别是改革开放 30 年来，民族地区经济、社会发展与全国一样，取得了举世瞩目的辉煌成就。党和国家始终坚持把加快少数民族和民族地区经济、社会发展作为解决民族问题的根本途径，坚持国家帮助、发达地区支援、民族地区自力更生相结合，实现了民族地区经济发展和社会进步，各方面的现代化进程明显加快，取得了辉煌的成就。[①] 由于地理位置和历史原因，中国少数民族地区经济发展远远落后于东部发达地区。改革开放后，在国家政策的大力扶持下，民族地区经济实力极大增强，民族地区面貌发生了翻天覆地的变化，民族地区基础设施建设面貌一新。

随着民族地区现代化进程的推进，第三产业也取得了可喜的成绩。民族地区旅游资源丰富，发展旅游业具有广阔的空间和巨大的经济潜力，近几年来，民族地区依托优美的自然风光和独特的民族文化发展旅游。尤其是民族村落旅游作为乡村旅游的一种新形式日渐成为国内外市场上最具特色的旅游产品。优美的自然环境，浓郁的民族风情深受旅游者的青睐，吸引了大批的旅游者前往。发展民族村落旅游给当地村民带来了经济效益，同时也促进了农村基础设施的改进，在很大程度上推动了民族村落现代化的进程。在开展旅游之前，一些山区、牧区的生活环境、卫生条件都很差，交通和通讯十分不便利。由于民族村落旅游的发展，各级政府都加大了对基础设施建设投资的力度，使民族村落的道路、通讯、供电、供水、卫生条件、电视接收等基础设施发生了明显的改善，促进了民族村落的经济发展。

---

① 人民网：http://politics.people.com.cn。

二 民族地区经济发展

由于历史原因，中国少数民族地区地理位置偏远，经济发展水平较低。然而民族贫困地区往往蕴含着极其丰富的旅游资源，悠久的历史文化、丰富的民族风情、绚丽的自然风光为这些地区旅游业创造了优越的前提条件。民族旅游在民族贫困地区经济发展中正发挥着越来越大的作用，已成为脱贫致富的有效方式之一。

（1）促进当地经济的发展

旅游业的发展，可直接增加地方财政收入，带动地方经济发展。发展民族地区旅游业，不仅可以为区域经济发展注入强大的活力，推动经济健康快速发展，而且可以提高贫困人口收入，促进脱贫致富。

（2）带动相关行业发展

旅游业本身是一个涵盖行、住、食、游、购、娱等多种要素，产业关联度高的综合性产业。近几年来，旅游业在民族地区的兴起与发展，无不显示出它作为该区新的经济增长点而具有的产业关联带动作用。[1] 发展旅游业，能带动旅游地多种相关行业的发展，包括交通运输业、建筑业、轻工业、农副业、旅馆餐饮业、娱乐业、商业、邮电通讯、工艺美术以及手工业等多个行业的发展，为旅游地经济发展注入新的活力。[2] 因此，民族村落发展旅游不仅有利于旅游产业的扶植，而且有利于相关产业的培育。

（3）加快民族地区城镇化建设进程

学者肖琼（2009）在《旅游业与民族区域经济良性互动关系的实证研究——以四川阿坝州、云南丽江市旅游业发展为例》一文中，指出以旅游业为先导的第三产业在民族地区的蓬勃发展，将区域各生产要素相对集聚在一个经济中心，形成"极化效应"。同时，该经济中心实力日渐增强，便将资金、技术、人才、信息等向外扩散，产生

---

[1] 肖琼：《旅游业与民族区域经济良性互动关系的实证研究——以四川阿坝州、云南丽江市旅游业发展为例》，《黑龙江民族丛刊》2009年第6期。

[2] 管宁生：《少数民族地区发展旅游业的可行性和必要性》，《理论与当代》2007年第12期。

经济辐射作用，形成"扩散效应"。两种效应最直接的结果便是城镇的成长，最终对周围乡村腹地产生较大的拉动力，促进城乡一体化。加快了城镇化的发展。

三　民族地区社会事业的发展

旅游业的发展可以提供大量就业机会，有效转移民族贫困地区农村剩余劳动力，减少贫困人口。因为旅游业是劳动密集型产业，不仅其本身的发展需要大量的直接从业者，如管理人员、导游、票务人员等，而且由于旅游业具有包括"行、游、住、吃、购、娱"六大要素的特性，还会刺激相关产业特别是第三产业的发展，提供许多间接的就业机会，据世界旅游组织表明，旅游业每增加一个直接就业人员社会就会增加 5 个就业机会，而且就业成本比其他产业低 36.3%，是一业兴百业旺的朝阳产业，对于创造就业岗位、吸纳剩余劳动力，具有其他行业无可比拟的优势。① 近几年来，中国许多民族村落依托原生态的自然和民族文化发展旅游，走上了脱离贫困的道路。以歌舞表演、节庆活动以及手工艺品制作销售、餐饮和家庭旅馆的旅游开发需要大量的服务人员参与，于是，许多闲散的人员纷纷投入到旅游发展中。因此，旅游业不仅给当地少数民族提供了前所未有的发展机会，而且增加了农民收入。

四　民族地区教育科技的进步

新中国成立前，由于历史、地理、政治、经济、文化等诸多因素的影响，大部分少数民族生产力发展水平很低，少数民族地区的教育和科技事业教育状况十分落后。新中国成立后，国家非常重视发展民族教育，在坚持各民族教育平等的基础上，根据少数民族和民族地区的实际，切实制定并采取了一系列政策及措施，发展民族教育事业，取得了巨大成就。

---

① 王兆峰：《民族地区旅游扶贫研究》，中国社会科学出版社 2011 年版，第 63—64 页。

　　基础教育快速发展，办学条件明显改善。十一届三中全会以来，党和政府采取了许多政策和措施，促进了民族教育事业的进一步发展。许多偏远的少数民族地区学校办学形式从马背小学、帐篷小学、隔日制小学、半日制小学、早晚班和巡回讲学以及牧读小学等多形式的简易办学模式，逐步进入比较规范的全日制寄宿制学校模式，提高了义务教育普及水平，规范了少数民族地区办学体制，逐步满足了农牧民对正规学校教育的需要。多年来，各少数民族地区政府积极争取国家项目、国际援助项目的支持，加大教育投入，极大地改善了少数民族地区的办学条件。[①]

　　民族师资队伍不断发展壮大，结构不断优化。党和政府非常重视少数民族地区基础教育师资队伍的建设，采取了一系列加强少数民族地区教师队伍建设的措施，民族教育师资队伍在发展中不断壮大，教师学历和教育水平不断提高，教师结构逐渐趋于完善。

　　教育对口支援成效显著。根据党中央和国务院总体部署的有关精神，从 1992 年起，原国家教委和国家民委组织上海、广东、北京等东部 13 个省、市与内蒙古、云南等 9 省、区的 143 个民族贫困县建立帮扶关系，从资金、教学仪器设备、培训教育管路人员和骨干教师以及指导教育教学改革等方面给予援助和支持。从 2000 年起，国家实施了东西部地区校对校对口支援的"两个工程"，加大了对民族教育的扶持力度。对口支援不仅缩小东西部差距、保障教育公平和促进民族团结意义深远，而且有力地促进了少数民族地区基础教育发展。[②]

　　新中国成立后，科技事业得到了大力发展，各少数民族地区有了自己的研究所或其他研究机构，全国性的民族研究团体也纷纷成立，在少数民族中已不断涌现出有成就、有贡献的科学研究人才。

---

　　① 哈登：《改革开放 30 年：甘肃省少数民族地区基础教育的成就与经验》，《甘肃教育》2009 年第 10 期。

　　② 江春燕：《西部地区民族教育事业的发展成就综述》，《西北民族大学学报》（哲学社会科学版）2003 年第 2 期。

五　少数民族传统文化的复兴与发展

长期以来，人们一直在探索保护民族传统文化传承和激励民族文化创新发展的路径，而民族村落旅游的发展为人们找到了方法。在旅游开发之前，少数民族未意识到本民族传统文化的优秀价值，并且部分民族文化即将面临消亡。随着民族村落旅游的开展，成千上万的游客不断涌入，带来了多方面尤其是对当地民族文化的需求，使部分濒临消亡或已经消亡的民族文化得以复兴，旅游业的发展促进了当地经济的发展，增加了居民的收入，当地居民不仅感觉到旅游业带来了前所未有的经济效益，而且村民发现了本民族传统文化的独特性和优秀性。当地居民渐渐地消除了过去对本民族文化的自卑感，越来越备加珍视自己的传统文化，由于本民族的旅游产品深受外来游客的喜爱，当地民族的凝聚力、自信心和自豪感也不断增强，使民族传统文化得以保护和传承。同时，地方政府、民众、企业把村落旅游带来的收入，返还于文化保护和抢救、整理传统文化，从而推动和促进了民族文化的保护与发展。①

第四节　民族村落文化保护和传承的现实困境

在现代旅游活动中，民族村落旅游越来越成为一种具有特别价值的项目和形式，民族村落以古老原始的民族建筑、丰富多彩的民族文化、原汁原味的民风民俗深深地吸引着现代都市人，大量的外来游客都纷至沓来。今天，由于外来游客的进入、各民族间交流的机会越来越多、现代化进程日益迅速等众多原因，不少古朴的少数民族文化面临着生存发展的危机，处在被现代文化不断消解和同化之中。

首先，语言是一种交际工具，但更是一种文化，是一个民族文化的重要标志，代表着该民族人士解释世界的独特方式，是人类特有的

---

① 吕达、唐卫东：《论旅游对民俗的影响——以泸沽湖摩梭族文化为例》，《知识经济》2009 年第 10 期。

精神产物，有着丰厚的文化价值。任何一种语言的消失，都有可能带走千百年留存下来的文学、哲学、民间智慧，一个民族的记忆会就此消失。语言是自身的身份，也是民族的文化身份。但作为民族文化重要标志的少数民族语言却面临着严重的生存危机。[①] 许多少数民族，尤其是非聚居地的或者年龄偏小的少数民族同胞，早已不太掌握，甚至不愿意学习本民族语言文字。另外，现代媒体、网络、通信等民族地区的全面覆盖及汉族人的大量进入，汉语自然成为了一种主流语言。

其次，虽然各少数民族文化价值观的差异很大，但各民族仍然有着共同珍视的价值取向。少数民族一向是有热情好客，忠诚朴实，重义不重利等共同的价值观，随着民族旅游的开发，受外来风气影响，一些地区素朴美好的民族文化价值观念出现了明显的退化，给人一种民风日下的恶劣印象。比如，只要游客提出与当地居民合影留念，他们就会不分时间场合一律收取费用。并且，据笔者了解到，游客住宿在一些民族村家庭宾馆中，他们除了收取住宿费外还以各种理由收取其他费用，引起游客强烈不满。某些民族村甚至出现敲诈勒索、抢劫游客的案件，这在一定程度上影响了游客对民族价值观的评价。

再次，民族服饰被视为一种民族文化的符号。随着旅游的开发，大量游客不断涌入村里，游客的那些现代、色彩艳丽、新颖的服装受到了当地少数民族群众的喜爱，尤其是少数民族青年男女，他们跟随潮流，追求时尚，放弃原来传统的民族服饰，基本上都穿戴上了时尚、美观、大方的现代服饰。

最后，发展民族村落文化旅游，虽然可以使当地的少数民族脱离贫困，增加经济收益。然而，一些民族村为了迎合旅游者的猎奇口味，致使民族文化在发展过程中被中断或被扭曲，又被不正当地舞台化、商品化进而庸俗化。例如，一些当地的村民把自己的家庭旅馆和民族风味餐馆转让给外地人经营，他们模仿当地人也给游客展示

---

① 余达忠：《原生态文化：资源价值与旅游开发——以黔东南为例》，民族出版社2011年版，第23—24页。

"民族特色"，如让服务员给游客表演歌舞等，但是，这些外来经营者们并不能真正了解当地民族的文化内涵，为了应付游客，一些代表民族文化特色的东西被任意改头换面或胡乱仿造，出现了一个个专为迎合旅游者而被篡改的所谓"民族服饰""民族歌舞""民族婚礼"等。虽然给游客展示的是当地民族特色，但已经不再是原汁原味，而是已经失去原真性的民族文化，游客们体验不出那种古朴原始当地特有的民族文化了。这在很大程度上失去了原有的意义和价值，否定了传统文化的传承性。①

民族村落在现代化和旅游开发背景下，逐渐被外界所认知和了解。民族村落文化旅游开发可以调整农村产业结构、增加就业，带动相关产业发展，带来丰厚的经济利益，但是，少数民族文化在旅游开发中面临着困境，对于濒临消失的优异民族文化，必须应采取正确有效的措施进行抢救，让民族村落文化得到更好的保护。

---

① 邓永进：《民族旅游研究》，南开大学出版社 2009 年版，第 108—109 页。

第二章　民族村落文化的旅游价值及其开发利用现状

第一节　民族村落文化的旅游价值

"村落是指大的聚落或多个聚落形成的群体，常用作现代意义上的人口集中分布的区域，包括自然村落（自然村）、村庄区域。"[①]村落文化是在特定的生态环境中形成的，由历代村落居民创造的，具有民族或区域特点，以血缘和地缘关系维系，能够反映村落群体人文意识的一种社会文化。村落是村落文化的重要载体，村落文化是构成民族文化的基本单元。近年来，随着民族文化旅游的快速发展，村落文化旅游异军突起。

一　民族村落文化的层次要素

民族村落是农业文明的重要标志，也是各民族历史文化的最生态化的记忆，蕴含着历代居民的智慧与实践。村落虽小，但五脏俱全，是一个功能复合的多文化空间，是物质文化和非物质文化的集合体，承载着在特定生态环境中形成的生产方式、生活方式以及基于生产方式、生活方式而形成的价值观念、思维方式、审美趣味、宗教信仰、道德情操等。村落居民在适应和维护生态环境的过程中创造了多样化的生存方式，并形成了民族文化的个性特征。

---

① 张运兴：《河南云台山村落旅游资源整合研究》，《安徽农业科学》2012年第2期。

（一）生态环境

生态环境是民族村落文化形成的基础。由于中国民族村落分布广泛，各地区生态环境差异较大，自然景观异彩纷呈。西北地区气候干旱，植被稀少，地域广阔，有沟壑纵横的黄土高原、古朴粗犷的荒漠景观、气势雄浑的雪山、水草丰美的草原。青藏地区气候寒冷，海拔高，有"世界屋脊"的称号，冰川广布，雪山连绵，草原辽阔。内蒙古地区深处内陆，气候干燥，草原、沙漠、戈壁广布，是中国历代各民族从事畜牧、狩猎以及农业生产的场所。东北地区四季分明，夏季温热多雨，冬季寒冷干燥，水绕山环，沃野千里，林茂粮丰。中南山区气候温和，森林茂盛，山势峻峭，风景秀丽。西南地区岩溶地貌发育完美，四季水绿山青、田野翠碧，横断山区景观呈垂直变化，当地人常以"一山有四季，十里不同天"来形容高山峡谷气候和景观的变化。村落作为人类活动烙在区域生态环境上的文化产物之一，它的生产方式、生活方式都受地形、气候、土壤、植被、生物等因素的影响。以西南地区为例，采用地理类型分类法和区域文化分类法，可以把西南民族村落分为山地、高原、丘陵、台地、谷底、山顶、山腰、山麓、坝区、水域、湖海、跨境民族村落和横断山区、六江流域、六山六水等不同的村落。这些村落在空间布局以及与自然环境的融合上往往构思巧妙，经历很长时期的传承，包含着人类与自然和谐相处的历史智慧。

（二）生产文化

生产文化是在生产过程中形成的人与自然界之间和人与人之间的相互关系的文化体系，包括生产关系、交换关系和分配关系等。受降水、气温、地形等因素的影响，各地区生产文化表现出了不同的特点。在北方地区，旱作农业占了较大比例，在河、湖沿岸和山麓地带等局部地区有灌溉农业。南方地区农业发展条件相对优越，河湖密布，水源充足，灌溉便利，以稻作农业为主。在农业生产中，水是最重要的影响因素，各地农民在利用水资源的过程创造诸多先进的农业水利技术，如吐鲁番的坎儿井、元阳与龙脊的梯田等。旧时，遇久旱不雨，有"行雨""谢雨"之俗，人们为了生存和生活，就烧香祷告，祈求上天施威生云、生雨救民。新中国成立后，随着水利建设的发展，祈雨活动的重要性在降低，但作为一项传统仪式，至今在多地依然保持。如剑河苗族每年农历六月在平塘坡举行祭祀求雨、集会，楚雄彝族以村落或家族为单位，每年农历三月第一个龙日在毕摩的主持下举行一年一度的传统祈雨节。"在游牧生活中，草原和家畜是许多古老民族生存繁荣发展的物质和文化源泉。"① 草食动物有寻觅水草的生物学本能，人类跟在草食动物群的后面，进行所谓的"放牧"。游移放牧的完整规范，可以保持草原自我更新的再生机制，保障人类的生存和进步。"在漫长的历史进程中，人类的放牧技术经历了原始放牧、粗放放牧到集约化放牧 3 个发展阶段。划区放牧是现阶段集约型放牧最高水平的体现。"② 捕鱼、狩猎作为一种古老的生产方式，起初在我们的先民生活中占据主导地位，随后因生产力的发展，退居次位，但至今仍为村民的物质生产补充，在个别地区甚至还相当重要。

（三）生活文化

生活文化是一个社会居民日常、非日常生活的整体面貌。它包括人们的衣、食、住、行、劳动工作、休息娱乐、社会交往、待人接物等物质生活和精神生活的价值观、道德观、审美观等。地理环境、文化传统等多种因素影响着生活文化的具体特征。以居住为例，南方湿热地区的村落选择使用干栏式房屋，北方干旱少雨地区的部分村落选择使用窑洞式房屋，而在草原生活的游牧民族为了适应环境和生产方式，选择使用易于搭建和搬迁的帐篷。无论选择何种建筑风格，都是各民族在长期的生产生活实践中经验与智慧的结晶，也是各民族文明进程的标志。人生成长发育的不同阶段，都有与之相适应的礼仪，它既是村落物质生活状况的反映，又表现为一个民族的心理状态。生活在美丽泸沽湖畔的摩梭人至今都保留着"男不婚、女不嫁、结合自愿、离散自由"的母系氏族"走婚制"。在位于怒江边的保山市隆阳

---

① 刘忠龄：《蒙古族草原文化传统的生态学内涵》，《草业科学》2010 年第 1 期。

② 任继周、侯扶江、胥刚：《草原文化的保持与传承》，《草业科学》2010 年第 12 期。

区潞江镇丙闷村里，每逢节庆假日，当地傣家人都会在千年榕树林里摆上长桌宴招待远方来的客人们。宗教是人类社会发展到一定历史阶段出现的一种文化现象，在漫长的历史长河中，各民族传统宗教文化以其民族特色、多元化格局在中国宗教史占有不可忽视的地位。作为民族文化载体，民族宗教信仰融合并映射了民族精神、民族性格、民族心理、道德观念和价值取向，在民族村落的生活中发挥着重要的作用。在伊斯兰教的影响下，各民族穆斯林长期恪守伊斯兰教的基本信仰，形成了清真饮食习惯，开斋节、古尔邦节、圣纪节成为了这些民族最重要的节日。西南各民族多信仰原始宗教，相信万物有灵，一般都保持着自然崇拜、图腾崇拜、祖先崇拜、鬼神崇拜等观念。在贵州六枝梭嘎村寨，鬼司是寨子的宗教领袖，也是精神领袖，他们给寨民们算命、治病、看风水，还主持祭山、驱鬼，是全寨的精神支柱，享有很高的威信，与寨主、寨老共同管理着村寨。

二 民族村落文化的旅游价值

从风景旅游的角度上来说，村落是可观、可游、可居的旅游资源，具有难得的综合开发价值。

（一）审美价值

审美价值是民族村落文化最核心、最基本的旅游价值，也是民族村落文化旅游产品最核心的功能。由于民族村落分布广泛，地形地貌复杂，气候类型多样，自然景观资源类型丰富，品质极高，旅游者通过感知器官可以充分领略大自然的原生态美景和不同于城市的田园风光。此外，民族村落存有悠久的历史文化资源和鲜活的现代生活场景。历史文化资源是旅游资源构成中极其重要的组成部分，其范围十分广泛，包括作为文化载体的民族建筑、民族服饰、民族工艺、寺庙观庵以及节庆艺术等，类型丰富，异彩纷呈。各民族生活和劳动中的场景独具特色，构成了充满生活气息而又形象各异的民族风情画卷。通过观赏和体验历史文化景观与现代生活场景，不仅可以深入了解各民族社会的进步状态，还可以在旅游活动中满足精神享受的需求。

（二）娱乐价值

《现代汉语词典》对娱乐的解释是："使人快乐，消遣。"娱乐是人们最早使用的愉悦身心的方法之一，也是最主要的旅游体验之一。在参与民族村落文化旅游的过程中，不仅可以直接参与农耕、放牧、狩猎、捕鱼等活动，还可以观赏和参与各种民俗艺术表演、游乐活动和体育竞技活动。旅游者通过属于自己的娱乐经历，使自己在工作中造成的紧张的神经得以松弛，用会心微笑或开怀大笑来抚慰心灵的种种不快，从而达到愉悦身心、放松自我的目的。

（三）教育价值

旅游者在旅游中见所未见、闻所未闻、尝所未尝，每一次旅游都会有新的收获。民族村落大多拥有悠久的历史，是中华民族文明发展的有形见证。民族村落中存在着珍贵的历史遗存，每件文物、每处古迹都在叙说着历史的故事，是历代社会政治、经济、日常生活方式的缩影，折射出了特定历史时期人与社会的关系，正是这些赋予了民族村落文化独具魅力的历史教育价值。深厚的文化底蕴、悠久的历史传统、高超的建筑艺术总会使旅游者耳目一新，少数民族文化也因此融入到旅游的全过程中。此外，通过参加各式各样的农业活动和民俗活动，旅游者可以了解不同地区的农业文化，学习农业技能，领略各式各样的风土人情，既开阔了旅游者的眼界，丰富其生活阅历，也能增长见识，达到悦神益智的效果。

（四）市场价值

旅游是人们离开自己的常住地，离开自己日常的生活环境，到异国他乡去体味另一种有别于日常生活的生活。民族村落以其丰富的历史遗存、和谐的规划布局、特殊的乡土建筑特色和浓郁的乡土文化氛围以及风景优美的田园风光和自然山水，吸引着众多的游人，满足了他们寻求补偿和解脱的心理需求，因此成为一种具有垄断性和可创新性的人类生态文化旅游资源。近年来，随着民族文化旅游的快速发展，越来越多的民族特色村落引起了旅游者的兴趣和旅游投资者的重视，地方政府也将民族村落旅游开发作为扶贫的重要途径，在基础设施建设、招商引资方面给予很多照顾和支持。继民族文化大省云南、贵州传统的民族聚落石林五棵树彝族村、西江千户苗寨、泸沽湖摩梭村等之外，中国西北、东北等地区的一些民族村落也得到了旅游者的青睐，如新疆喀纳斯村、延吉朝鲜族村等。

第二节 民族村落文化的旅游开发利用现状

中国是一个多民族国家，民族文化资源十分丰富。随着国家对民族地区开发力度的加大、可进入性的增强，民族文化旅游已经成为旅游开发中的重要组成部分。民族文化资源的集中地——村落，正成为"乡村旅游""休闲旅游""民族文化旅游"的重要的旅游目的地，吸引了大量海内外游客。与国外相比，中国的民族村落文化旅游相对开展的较晚。但作为一种具有浓郁乡土气息的独特的文化存在，在供应力与需求力双向作用的合力条件下，民族村落文化旅游便很快发展成为了中国近年来最具活力与潜力的旅游类别。

一 民族村落文化的旅游开发现状

（一）民族村落已成为"民族文化旅游"的主要目的地

从资源禀赋上看，民族村落原始的自然景观和古朴神秘的多民族文化，是民族村落旅游资源最突出的特色。乡村自然与文化旅游资源的多样性、异质性和独特性，具有较高的文化价值、科学价值、观赏价值和体验价值。正因为民族村落具有独特的乡村景观和浓郁的民族风情，对于绝大多数现代人尤其是对于远离大自然的现代都市人来说，有着巨大的"审美"潜力和旅游吸引力。贵州是中国的少数民族聚居区之一，少数民族人口占38%，其中苗族、侗族、布依族、水族、瑶族、彝族、土家族、仡佬族等世居的少数民族达17种之多，由于受历史、自然、经济、社会等诸多因素的制约，贵州经济发展相对缓慢，产业基础薄弱，工业化程度低，85%的人口居住在农村，形成了3万多个自然村寨。也正是因为如此，贵州至今仍保存了众多原始、奇秀的自然景观和古朴、神秘的民族文化，堪称"文化千岛"。目前，贵州依托这种独特的资源优势，大力发展乡村旅游，乡村旅游收入已达到全省旅游收入的三分之一以上。民族村落旅游作为乡村旅游的特色形式，发展迅猛，据统计，贵州开展旅游的自然村寨超过了1000个，经营实体达6万多户，其中著名的民族村寨有雷山的西江苗寨、郎德苗寨、六枝的梭嘎苗寨、黎平的肇兴侗寨、堂安侗寨等，已经发展成为贵州旅游的热点地区。

（二）各级政府高度重视

统计表明，到民族地区旅游的国内外旅游者人数在不断增长，为民族地区带来了可观的经济收入。在经济增长的刺激下，民族地区政府对旅游业的重视程度越来越高，许多民族地区为了缩小与其他地区的经济发展差距，寻求相对优势，把旅游业确立为本地区的"主导产业"或"支柱产业"。在民族地区旅游开发中，民族文化旅游是最主要的发展方向，但由于民族村落大多地理位置偏僻，经济发展相对落后，旅游基础设施不完善，知名度不高，影响了旅游开发力度。近年来，各级政府采取了诸多措施，大力促使民族村落文化旅游，使其得到快速发展。第一，积极申报各种遗产、名村、文物等重点保护项目，一方面有利于提高民族村落的知名度，另一方面希望保护民族村落的文化遗产。例如云南自2009年以来推动了民族特色村寨保护与发展项目，实施了36个特色村寨建设，培育和壮大了民族文化旅游产业。2013年成功进入了联合国教科文组织《世界遗产名录》——"红河哈尼梯田"，将人类梯田文化的杰作和农耕史上的奇迹展示给了全世界。第二，加大了通向民族村落的交通设施建设，提高了民族村落的可进入性。例如四川在加快民族地区旅游交通设施建设方面投入力度较大，先后建成凉山州西昌机场、阿坝州九黄机场、甘孜州康定机场，积极筹建稻城亚丁机场、马尔康机场、成都—九寨沟铁路以及民族地区通往周边省区的公路建设。第三，举办各种文化节庆活动，强化民族村落文化旅游形象。2013年贵州推出了83项旅游文化系列活动，向海内外游客充分展示贵州自然山水和原生态民族文化资源的独特魅力，其中大多以民族村落文化为主题，如松桃寨英滚龙文化艺术、龙里县草原乡苗族跳月、三穗寨头"二月二"祭桥节、苗族"六月六"等。

（三）产品体系逐步完善

早在 20 世纪 80 年代初期，贵州、云南等地区就开始选择一些特色民族村寨进行文化体验型的乡村旅游开发。经过 20 多年的发展，民族村落文化旅游已从旅游市场的边缘走进了旅游市场的中心。在强大旅游需求的催生下，民族村落文化旅游产品体系逐步建立并完善。民族村落文化旅游产品体系主要包括观光旅游产品、休闲度假旅游产品、民族风情体验产品、田园生活体验产品等。观光产品表现为田园风光、建筑群以及多姿多彩的自然地貌景观。完整的村落构建，包含了风景林、梯田、古道、民居、古墓以及村寨内其他具有历史、艺术、科学价值的建筑物、构筑物等，同时，由于民族艺术、民族传统习俗、民族传统技艺等共同形成了民族村落文化旅游的产品基础。休闲度假产品是依托民族村落良好的自然环境开展的娱乐、健身、疗养等产品。著名的休闲度假胜地如巴马瑶族长寿村、丹巴藏寨、凯里小黄侗乡等，在这里可以品尝美食、欣赏歌舞、康复养生等。民族风情体验产品始终是民族村落文化旅游开发的主要方向，它与其他旅游产品最本质的区别在于旅游吸引物的不同，民族风情体验产品的旅游吸引物是不同民族独特的民族文化、生活习性、民风、居住环境等。如内蒙古建立有具备规模设施和服务质量的草原民俗接待中心，以那达慕节、赛马节、马头琴文化节、安代舞艺术节、草原民歌艺术节、民族服饰大赛等主题举办节庆活动和专项旅游，展示草原民族文化。目前，田园生活体验成为了现代都市人出游的新宠，很多民族村落相继开发出了感受乡村魅力、体验农耕文化和田园生活的旅游产品，进一步完善了旅游产品体系，具体模式有田园农业旅游、农家乐旅游、科普教育旅游等。

（四）客源市场不断拓展

随着社会的发展和科学技术的高度发达，尤其是近年来公共节假日的增多，人们可供支配的闲暇时间日益增多，旅游已经成为人们日常生活中必不可少的一部分。与此同时，旅游消费者的旅游需求也逐渐出现多样化、个性化的特点。以民族文化为旅游吸引物的民族村落文化旅游由于满足了旅游者"求新、求奇、求异"的旅游需求，吸引了越来越多的国内外游客。中国多年的旅游发展主题与民族村落文化有关，如1995年的"中国民俗风情游"、2004年的"中国百姓生活游"、2006年的"中国乡村游"等，民族村落文化旅游的发展日趋成熟。黔东南州是贵州主要的少数民族聚居区，少数民族人口占全州总人口的81.87%，民族风情浓郁。近年来，黔东南州紧扣原始自然生态、原生民族文化、原貌历史遗存三种特色资源建设"原生态苗侗文化国际旅游目的地"，取得了巨大成就。2011年，全州接待游客人数2374.86万人次，旅游总收入187.29亿元，其中乡村旅游接待697万人次，旅游收入30.06亿元，占旅游总收入的35%。雷山西江、麻江下司、黎平肇兴、从江小黄等成为乡村旅游扶贫成功模式。目前，民族村落文化旅游客源市场主要以国内游客为主，但随着旅游基础设施的完善以及旅游产品的不断创新，国外市场逐步得到拓展。而且在以中青年客源市场为主的基础上，老年度假和儿童教育市场日益得到重视。

二 民族村落文化的旅游开发模式

（1）民族文化村寨模式

1. 模式内涵及存在问题

（1）模式内涵

民族文化村寨模式是以民族村落为依托，通过展示民族村落的自然风貌、民居、饮食、节庆和其他民俗事务，满足旅游者欣赏和体验民族文化的需要，并促进民族文化保护与村落经济、社会发展的旅游开发模式。这种模式适合于交通条件较好或离热点旅游景区较近的民族村寨，这些村寨拥有独具特色的民族风情和乡村景观，通过发展民族村落文化旅游，带动当地经济、社会发展，提高少数民族居民收入水平。

民族文化村寨模式的特点主要有：①在民俗文化保留较好的地区或少数民族的居住地直接进行旅游开发，民族风情是旅游开发的主要着力点；②开发与保护同时进行，追求经济效益，通过各类民族文化要素的展览实现利润最大化；③旅游者主要为普通的大众游客，被动观光游览，少量参与民俗活动；④由于民族村寨经济落后，资金缺乏，经营模式一般选用"政府＋公司＋农户"的形式，政府投资基础设施建设，村寨农户提供资源，公司以资金形式投入开发，开发商收益较大。

（2）存在问题

当前的民族文化村寨旅游开发的形式表现多样，各地根据本地的实际情况，采用了适合于本地的开发模式，有的是以政府为主导的开发模式，即政府进行基础设施投资和运行，如贵州的西江千户苗寨；有的以基层传统社区为主导的开发模式，如贵州的上朗德村；有的是引进投资开发并以投资商为主导的开发模式，目前采用这种模式的比较多，如云南西双版纳傣族园。这些模式虽然不同，但都存在产权不明确、利益分配不均、社区参与层次低等问题，从而进一步导致了民族文化保护主体缺失和社区居民文化保护意识薄弱等问题。随着近年来旅游开发规模的增大，旅游开发对原生文化的冲击也越来越强，商业化氛围渐浓，乡土气息逐渐消失。此外，交错的利益关系打破了世代传承的村寨血缘、亲缘和地缘关系，在"功利主义"思想的影响下，村寨固有的人情关系逐渐淡薄。

2. 典型模式——西双版纳傣族园

（1）基本情况

西双版纳傣族园是国家级 4A 精品景区，位于西双版纳勐罕镇（橄榄坝），距州政府景洪市仅 27 公里。景区总体规划占地 336 公顷，南傍澜沧江，北依龙得湖。主景区由曼将、曼春满、曼乍、曼嘎、曼听五个保存最完好的傣族自然村寨为重要部分组成。五个村寨共有 309 户和 1487 人。世世代代，这里的傣族村民都以农耕为业，用勤劳、智慧创造和丰富了灿烂的贝叶文化。

20 世纪 50 年代，农垦大军奔赴西双版纳，通过 40 余年的艰苦创业，创造了上万亩连片胶园亩产 100 千克的奇迹，在祖国的西南边疆建成了全国第二大橡胶基地。20 世纪 90 年代，橡胶大幅跌价，面对经济的大滑坡，橄榄坝农场进行二次创业，进军旅游业。

傣族园是西双版纳目前唯一集中展示傣族历史、艺术、宗教、体育、建筑、服饰、饮食、生产活动及特色旅游商品的景区。它集自然景观与人文景观为一体，立足多姿多彩的傣族文化，发展多元化的傣家民俗旅游，主要活动内容有佛寺参观、傣族民居参观、旅游购物、赶摆、赕佛、天天泼水节、大型民族歌舞表演、篝火晚会以及做一天傣家人的"傣家乐"等活动项目。

2001 年 8 月傣族园通过国家旅游局验收，成为国家 4A 级旅游景区。据统计，傣族园在开业后的 10 年中，共接待中外游客 500 余万人次，旅游综合收入 2 亿元，上缴税收 500 余万元，上缴利润 2276.5 万元。傣族园直接安排员工就业岗位 1180 个，创造就业机会 2000 余个，实现景区五寨村民年人均旅游收入 4000 余元。

（2）开发模式

1998 年 11 月傣族园动工兴建，将橄榄坝曼听办事处的五个村寨连片开发，1999 年 8 月 1 日完成一期工程，开始试营业。刚刚开业的傣族园面临着资金的压力。傣族园通过招商引资、大力推行"公司＋农户"的股份制方式，缓解了资金压力。此种模式是由村民提供村寨资源，以其世代所居住的干栏式建筑群落、自然生态环境、田园风光和古老的佛教文化、长期生活劳作中所形成的丰富多彩的民族文化构成景区主背景，公司投入资金，对景区基础设施、接待环境进行改造。

傣族园在开发建设的过程中重视民族文化的保护工作，主要举措有：①公司对干栏式建筑给予建房补贴，截止 2009 年底，累计向 119 户村民发放建房补贴 60 万元，并出台了《傣族园五寨村民保护民族建筑及传统文化补偿方案》，从门票收入中提出 10% 用于保护传统民族文化；②扶持村民切身参与旅游服务获利来进行资源保护教育，对村民举办学习班，学习资源保护与环保的意义和目的，并鼓励村民开发自己的特色产品，走旅游发家致富的道路。

从整体来看，西双版纳傣族园根据自身的旅游资源条件，充分利用旅游发展优势，走出了一条独具特色的民族村寨文化旅游发展道路。发展旅游，让当地居民重新认识了傣族文化的价值和意义，使很多传统习俗再度回到人们的生活中，激发了当地居民的民族自尊心和自信心，也唤醒了他们保护本民族文化的意识。同时，我们认识到，旅游开发中的文化冲击与旺盛的旅游发展势力相伴随，在激烈的市场竞争中，原有的传统观念出现了弱化的趋势。此外，虽然当地村民参与旅游活动的积极性较高，但参与层次较低，以参与歌舞表演、当保安、做园艺、卖商品、开办傣家乐为主，很少参与傣族园的发展决策，保护民族文化的主体意识不强。

（二）主题公园开发模式

1. 模式内涵及存在问题

（1）模式内涵

主题公园开发模式是指旅游发展到了一定阶段后为了满足旅游者多元化需求而集中一个或几个民族的特色村落文化，以主题旅游的形式，在客源地的专门旅游场所进行集中展示，产生可持续发展效益的一种旅游开发形态。它是中国旅游由"卖方市场"转为"买方市场"的产物，表现形式为民族风情园、民俗文化村、民族文化村、民族文化博物馆等，产品集休闲娱乐与旅游景点为一体。主题公园开发模式对客源市场的要求较高，一般选择在大中城市或旅游热点景区进行开发建设。

主题公园开发模式的特点主要有：①在大中城市或客源市场较为集中的地区开发建设，主题文化凝练是成功与否的关键；②产权明晰，民族文化开发与保护主体意识较强；③产品开发趋于多元化，集观赏、参与、休闲娱乐为一体，旅游互动环节较多；④以市场化为导向，采用企业化经营模式，经营目标主要为经济效益最大化。

（2）存在问题

主题公园开发模式是一种以民族文化为载体的，以自然环境或人造环境为依托的具有特定主题的能够满足旅游者多样化休闲娱乐与审美愉悦需求的文化旅游形态。它的最大特点就是主题文化的挖掘与不断的创新。近年来，民族文化主题公园取得了巨大的发展成就，但也出现了大量的问题，如选址不当、缺乏新意、题材雷同、市场乏力等。此外，还存在设计不够精致、文化挖掘不够深刻、真实性缺失等问题，极大的影响了旅游者的体验度。

2. 典型模式——云南民族村

（1）基本情况

云南民族村位于云南省昆明市西南郊的昆明滇池国家旅游度假区内，占地面积 1340 亩，距市区 10 公里，是反映和展示云南 26 个民族社会文化风情的窗口，是国家 4A 级旅游景区、国家民委民族文化基地、CIOFF 中国委员会民间传统文化基地和国家民委全国首批民族工作联系点之一。云南民族村作为全国著名的主题文化公园，将云南少数民族的文化风情、建筑艺术、音乐舞蹈、宗教信仰、生活环境浓缩于湖光山色之中。

云南民族村始建于 1991 年，当时，为迎接中国第三届民族艺术节在昆明召开，云南省政府和昆明市政府于 1991 年 6 月 12 日在昆明市海埂农场召开现场会。决定在国营昆明市海埂"五七"农场的基础上建设民族文化风景旅游区（取名云南民族村），以集中展示云南省 26 个民族的民俗风情和灿烂文化。1992 年 2 月 18 日，以白族村、傣家寨的建成开放为标志，云南民族村正式出现在昆明市的滇池之滨。

经过多年的开发建设，已建成开放的有傣族、白族、彝族、纳西族等 25 个少数民族村寨。同时还建有滇池大舞台、民族团结广场、风味食品城等集观赏、游乐、度假、水上娱乐、餐饮服务为一体的旅游配套设施。民族村周边有云南民族博物馆、海埂公园、昆明滇池高尔夫、滇池温泉花园酒店、怡景园度假酒店、云南红塔体育中心、云南海场体育训练基地、西贡码头海鲜美食区等一系列的综合配套设施。民族村依托旖旎的村寨风光、浓郁的民族风情，以及完善的配套设施，吸引了大批海内外游客，取得了较好的社会效益和经济效益，年接待游客超 130 多万人次，占滇池国家旅游度假区游客量的 20% 以上。

（2）开发模式

云南民族村隶属于昆明滇池国家旅游度假区，由度假区组建的云南民族村有限责任公司负责开发，以市场需求为导向，走企业化经营路线。民族村是一个以展现民俗民族风情为特色的主题公园，是以民

族文化为旅游资源开发而成的舞台化、人工化的民族村寨旅游区，其
核心产品为人工模拟的民族村寨，主题形象定位为"民族文化欢乐
园、休闲度假目的地"。

自 1992 年开放以来，云南民族村采取边经营边建设的"滚动发
展"方式，建设成了昆明重点旅游品牌，在西南地区和全国范围
内均享有较高知名度。经过 20 年的努力，云南民族村已形成汇集 25
个少数民族文化精髓的主题公园，园内重视各民族文化遗产特别是非
物质文化遗产的抢救保护、传承和展示，同时展示国家级民俗类非物
质文化遗产节庆活动，包括火把节、泼水节、目脑纵歌节等 10 余项，
以及木鼓舞、锅庄舞、傈僳族民歌、彝族海菜腔等国家级歌舞类非物
质文化遗产 30 余项，还有户撒刀、苗族刺绣等国家级刺绣等国家级
手工艺类非物质文化遗产 20 余项。

同其他主题公园一样，云南民族村面临着市场不断变化和竞争加
剧的威胁，其影响和在云南旅游业中的重点景点地位有明显下降趋
势。同时，虽然云南民族村在满足旅游者多样化、休闲化娱乐需求方
面有了较大了进步，但与原生态民族文化村寨相比，游客体验性还稍
逊一筹，面对周边原生态民族文化村寨的迅速崛起，云南民族村的经
营与发展有很多方面值得认真去思考。

（三）生态博物馆模式

1. 模式内涵及存在问题

（1）模式内涵

生态博物馆模式是对自然环境、人文环境、有形遗产、无形遗产
进行整体保护、原地保护和居民自我保护，从而使人与物和环境处于
固有的生命关系中，并和谐向前发展的模式。[1] 生态博物馆是一种新
兴的博物馆形态，它是传统博物馆与民族文化村寨模式的结合。这种
20 世纪 70 年代发端于法国的"另类"博物馆运动，试图以"没有围
墙"的方式将一地一族之原生态文化加以就地保护。就在贵州梭嘎

---

① 谢芳芳：《生态博物馆：一种富于生命的保护与开发形式》，《中国旅游报》2010
年 6 月 14 日。

苗族生态博物馆建成之后的十余年间，生态博物馆在中国如雨后春笋般迅速发展。在贵州、云南、广西、内蒙古已建立了不少于30座生态博物馆，广西的民族生态博物馆"1＋10"工程更是在政府的规划下大力推进。

生态博物馆模式的特点是：①生态博物馆的内容（藏品）是文化遗产，其所包含的文化多是由强势文化所包围的弱势文化；②生态博物馆强调的是在文化的原生地进行整体保护，生态博物馆的面积就是社区的面积，展厅就是整个自然村；③在中国特殊的国情下，生态博物馆项目产权以国有资产为主，是以政府主导、专家指导、村民参与的方式建立的，在边远贫困民族地区不可能出现村民自发地建生态博物馆，政府主导是一个长期的过程；④原生态文化保护是生态博物馆建设的主要目的，基本原则是"保护为主，开发为辅"。

（2）存在问题

西方发达国家的生态博物馆保存的多为工业化社会的文化，一般产生于关闭的历史原址，例如矿区、钢厂、发电厂，许多以前的工人失业或退休，成为此类博物馆的创办者。而我们的生态博物馆是前工业化的农业化社会村寨，这意味着我们保存文化不仅比西方国家保存的文化更久远，而且因为社会和经济处于封闭状态，所以也更落后、更原始，从而也更难于保护。目前，生态博物馆面临的最大矛盾就是原生态文化保护与经济发展两者之间的平衡，最大的困难就是资金的供给，最大的障碍是村民对生态博物馆的理解以及对原生态文化保护的意识。

2. 典型模式——六枝梭嘎苗族生态博物馆

（1）基本情况

梭嘎苗族生态博物馆地处贵州省六枝特区境内。社区内生活着一个苗族的支系——"箐苗"支系，也称作"长角苗"支系，所辖12个社区（自然村寨）共有4000多人，至今仍过着男耕女织的农耕生活，延续着一种古老的、以长角头饰为象征的独特的苗族文化。这种文化非常古朴，有原始的平等、民主风尚，有丰富的婚恋、丧葬和祭祀礼仪，有别具风格的音乐舞蹈和十分精美的刺绣艺术。为保护和延续这支独特的苗族文化，中国和挪威政府在此共建了中国第一个生态博物馆。梭嘎生态博物馆作为中挪两国间文化合作项目，受到两国政府的极大关注，1997 年 10 月 23 日，中国国家主席江泽民和挪威国王哈拉尔五世在北京出席了该项目的签字仪式。

1998 年 10 月 31 日，由挪威开发合作署提供 70 万挪威克朗（折合人民币 88 万元）和中国各级政府投资 100 万元人民币的中国第一座生态博物馆建成。生态博物馆由 3 个部分组成——12 个箐苗村寨原貌、信息资料中心和居民新村。梭嘎生态博物馆资料信息中心建设面积 420 平方米，配有档案室、展览室、视听室等，濒临消失的有形和无形文化遗产被储存在这里。同时，用传统工艺、传统材料、整体维修保护了村内 10 幢百年以上极具特点的民居，初步解决了村内水、电、路问题，新建了希望小学，编写了 10 万多字的《中国贵州六枝梭嘎生态博物馆资料汇编》。梭嘎生态博物馆的开馆，填补了中国乃至亚洲在"世界生态博物馆运动"中的空白。2008 年被省旅游协会、省风景名胜区管理协会等机构评为"贵州省十大魅力旅游景区"之一。在开馆后的十年里，梭嘎生态博物馆共接待国内外专家学者、旅游观光者 20 多万人次，在生态博物馆的效应影响下，社区经济得以全面发展，仅文化遗产核心区陇嘎寨，直接受益就达 2000 万以上。

（2）开发模式

梭嘎生态博物馆建立以来，在没有任何工作模式和经验可以借鉴的情况下，始终坚持"政府主导、专家指导、村民参与"的工作思路。2000 年确定的"六枝原则"使中国的生态博物馆建设与持续发展有了明确具体的方针。"六枝原则"强调：村民是其文化的主人，有权认同与解释其文化；生态博物馆的核心是公众参与，必须以民主方式管理；旅游与保护发生冲突时，保护优先，损害长久文化的短期行为必须制止；文化遗产的保护必须与整体环境的保护相结合；在一个生存的社区建立生态博物馆，社会发展是先决条件，在不损害传统价值的基础上，必须提高居住于此的居民的生活水平。

博物馆首先成立了由博物馆馆长、有威信的寨老、寨主和传统手工艺较好的村民为主组成的社区管理委员会，并民主选举产生了馆

长、副馆长，12 个村寨都选出了联络员。每年，博物馆组织社区 12
个寨的村民代表召开座谈会，以交流谈心的形式探讨社区发展变化和
文化遗产的保护、传承工作。此外，梭嘎生态博物馆还十分重视民族
节日和民族活动的开展，协助社区居民搞好一年一度的"跳花节"
"祭山节"和"耗子粑节"等活动。生态博物馆信息资料中心认真对
社区民族传统文化进行了收集整理，内容包括箐苗的婚丧嫁娶、音乐
舞蹈、神话传说、宗教礼仪等，建立了一整套箐苗文化档案资料。博
物馆还会同六枝特区完成"梭嘎箐苗社区文化空间"国家级非物质
文化遗产名录和"梭嘎箐苗彩色服饰艺术"的申报。

　　梭嘎生态博物馆是中国作为抢救、弘扬民族传统文化、民族文
化生态和民族文化传统的工作模式的第一次尝试，取得了一定的成
效和宝贵经验。当前，生态博物馆社区民族原生态文化保护面临着
巨大挑战和严峻考验。首先，梭嘎生态博物馆面临着资金的困境，
随着挪威与中国合作项目的结束，梭嘎生态博物馆失去了资金的援
助，被迫走上自我发展之路。在一个交通闭塞、经济落后，还过着
自己自足的生活状态的山村，发展现代经济对原生态文化造成的冲
击是可想而知的。现在，越来越多的年轻人走出山寨谋生，古老的
农耕方式逐渐被抛弃，独特的文化传统走向衰落。其次，生态博物
馆的建立主要是政府和专家的行为，而要巩固它则要将文化主导权
交到村民手中。而现实是，生态博物馆的概念并没有很好地得到村
民的理解，他们对文化保护和传承的问题并不感兴趣，他们关心的
是如何致富，生态博物馆给他们带来的好处是什么。显然，生态博
物馆面对的是村民的"冷漠"。

　　当然，无论存在什么样的困难，生态博物馆都是中国民族村落文
化保护利用的有益尝试，我们不能简单的肯定或否定这一模式，只有
在实践中不断地探索和总结，才能在民族村落文化保护与旅游开发之
间找到合理的缓冲区。

第三章　旅游开发下民族村落文化变迁

文化变迁（Culture Change），也被称为社会变迁或社会文化变迁，是一个内涵丰富又较为复杂的概念，不同学科的研究者从不同的专业角度给出了不同概念和定义。其中对旅游开发所带来的社会文化变迁，涉及较多的是社会学、人类学等相关学科，它们注重从文化传播、文化采借及文化涵化等方面来分析变迁问题。它们认为文化的变迁是整个文化结构、文化系统的变迁。这种变迁既包括物质文化的变迁，也包括非物质文化的变迁。张晓萍在《旅游人类学》一文中提出，文化变迁主要包括以下五个维度：变迁的特征、变迁的层面、变迁持续的时间、文化变迁的程度、文化变迁的速度等。[①]

在中国民族地区乡村现代化的进程中，旅游业扮演着重要的角色，随着旅游业在民族地区那些资源禀赋较好的村落中开展，其对民族村落产生了极大的影响，很多村落在旅游开发中，无论是外在形式还是内在实质均发生了很大的变化，甚至引发了村落文化的变迁，那么，旅游开发中民族村落文化变迁的现状如何、是否存在旅游开发下民族村落文化变迁的一般特征？对于这些问题的研究将有助于民族地区村落文化的良性变迁，也更有助于让我们认清民族村落旅游业发展的未来方向。

---

① 张晓萍：《旅游人类学》，南开大学出版社 2008 年版，第 177 页。

第一节　旅游开发下民族村落物质文化变迁

所谓民族村落物质文化，是指民族村落为了满足自身生存和发展，在村落中所创造的物质产品及其所表现的文化，包括民族村落生产文化、生活文化和生态文化三方面的文化要素或者文化景观的物质表现方面。下面将对民族村落中，因旅游开发而直接引起的、较易感知和较有代表性的物质文化变迁内容进行如下的分析。

一　民族村落传统产业文化的变迁

（一）民族村落传统产业文化及其特征

中国许多民族村落大多地处偏远地区，其原有传统产业基本以农牧业为主，这种产业形态是其在特定的环境和技术条件下所形成的，并在历史发展过程中，经过日积月累，渐渐形成了与之密不可分的产业文化，在这里产业文化是指民族村落在农牧业等生产实践活动中所创造出来的与之有关的物质文化和精神文化的总和。民族村落中的传统产业文化又渗透到了村落文化的方方面面，涵盖村落文化的物质、制度和精神的三大层面，并逐渐形成了与其相适应的民族村落价值观、人生观和世界观。而其具体表现又可概括为各民族村落所特有的生产、生态和生活文化。有关这三方面的具体情况，在本书的第二章中已有较为系统的论述，这里就不再进行赘述。

民族村落传统产业中的农业指的是广义上的大农业，即包括渔业、林业等产业在内的农业。中国少数民族众多，各少数民族在生产实践中所形成的产业文化均有所不同，按类型进行细分，有以农业为基础的产业文化、以牧业为基础的产业文化、以渔业为主的产业文化、以林业为主的产业文化及以上几种产业文化的综合型产业文化等。当然不论民族村落的产业文化类型和其具体表现形式如何，均有一些相似的产业文化特征，大致表现为内敛式的自给自足生产和生活方式、产业文化的地域多样、产业文化的民族多元性及产业文化的历史传承性和乡土民间性等。

（二）旅游开发下民族村落传统产业文化的变迁

1. 旅游开发与民族村落产业的变迁

20 世纪 80 年代之后，中国许多民族村落相继开展有关民族旅游的开发活动，使得村落中原有的传统产业随之发生变化，除了原有的传统产业农牧业之外，旅游服务业这项第三产业逐渐出现在民族村落中。这种民族村落传统产业的变迁具体表现形式为：在旅游开发初期，民族村落中传统产业仍占据主要地位，因为这一时期，旅游业处于开发阶段，加入这个行业的村民规模有限，大部分村民仍以进行农牧生产为主业。随着旅游开发的进一步深入，村民参与旅游业的规模也会逐渐增加，民族村落中的旅游产业在整个原有产业结构中的比重会不断增加，出现新旧产业并存的状况，尤其是在旅游淡旺季较为明显的民族村落中，这种表现往往较为明显，因为淡季的存在，村民不能也不会完全依赖于旅游业来维持家庭生存，即便个别家庭中的主要收入来自于旅游业，也不会完全丢弃传统的农牧产业。随着民族村落旅游业的发展，在那些旅游开发较早，发展较快、较成熟的民族村落中，旅游业有完全取代民族村落中传统产业的趋势，并逐渐成为村民安身立命的根本。如四川白马藏族厄里寨以传统的高山农耕业和畜牧业为主要经济来源，随着村寨旅游的旅游开发，旅游业日益成为当地重要的经济来源。

2. 旅游开发与民族村落产业文化的变迁

旅游开发所引起的民族村落传统产业变迁，改变了民族村落原有的产业结构和产业基础，给村落带来了较为明显的经济效益，但众所周知，经济基础决定上层建筑，随着旅游业在民族村落中不断发展，势必将会给原有民族村落带来许多影响，其影响的程度和民族村落旅游开发的程度密切相关，这种影响涵盖民族村落经济、社会和环境等各个方面，随着时间的推移，将会引发和带动民族村落社会文化的深层次变革，从最初的民族村落物质文化变迁开始，逐渐渗透到制度和精神文化领域，并使民族村落原有的各文化事项不断变迁。民族村落产业文化的变迁，从根本上改变了村落在原有传统产业基础上，所形成的保守、封闭、甚至是僵化的文化理念，朝着开放的以市场经济为基础的现代文化转变。民族村落在旅游开发过程中，村民有了商品和市场经济意识，使得其思想观念和思维方式等均发生了变化，随着经济收入的增加，民族村落的基础设施和整体面貌得到了改善，在物质条件的基础上，村民的生活方式和文化生活均发生着变化，甚至增强了村民在村落管理中的参政议政意识和政治话语权，这些变化每经过一定时间，最终会带来村落原有的制度文化变迁。民族村落因旅游开发而带来的现代化价值观念，极大增强了民族村落的文化和族群的认同感和自豪感，同时，对民族村落原有精神文化也带来了极大的冲击，在旅游市场经济的作用下，功利主义的价值取向，使民族村落产生了拜金主义、利己主义、诚信缺失、伦理失序、道德滑坡等许多负面问题。

（三）研究案例

有关旅游开发所引起的民族村落传统产业的变迁研究，在很多学术文献中均有涉及，下面是两个较为典型的实例，通过引用这两个实例，就可对民族村落在旅游开发中传统产业的变迁状况有一个具体了解。

1. 旅游开发与丽江束河古镇的传统产业变迁

"束河古镇处于丽江所有景区的核心部位，是游览丽江古城、玉龙雪山、泸沽湖、长江第一湾和三江并流风景区的枢纽点。从丽江古城往北约四公里，便见两边山脚下一片密集的村落，这就是被称为清泉之乡的束河古镇。目前束河古镇，已直接和间接安排村民就业500多人，300多户农民直接参与了旅游服务业，其中从事餐饮、酒吧的60户。鼎业集团的绿化、环卫、保安给农民创造了356个就业岗位。服务区开辟了纳西风味小吃一条街，束河古镇农民有30间铺子开业，交通运输业也形成了一项产业，农民购买出租车63辆，每辆车平均每天纯收入100多元；购买骑马220匹用于旅游服务，每天100匹马出工。同时，束河古镇旅游开发，通过组织旅游合作社的形式，让村民以股东身份参与旅游开发。据统计，2002年束河古镇劳动力总数为2041人，从事农业的劳力为1918人，占94%，其他产业123人，占6%。2006年，劳动力2269人，从事农业的929人，占41%，从事建筑和旅游的 1340 人，占 59%。"①

2. 旅游开发与阳朔木山村、兴坪渔村传统产业的变迁

"木山村是广西阳朔县阳朔镇木山村委会的一个自然村，现有 150 户 595 人。该村位于阳朔县中部偏南，享誉中外的著名景点书童山和雪狮双岭就在该村，这两个景点也是张艺谋导演的《印象·刘三姐》的主要实景场地。改革开放之前，木山村的主要传统产业是种地以及圈养牲畜和种植果树等副业的生产。全村约有农田 400 亩，耕地 150 亩，菜地 90 亩，人均占有耕地较少，平均下来每人只有 1 亩左右。加上交通不便，村民一直是过着自给自足、与世无争的自然经济生活。因为缺少耕地、石山偏多，不能发展规模经济，导致无法从根本上增加村民的经济收入。直到阳朔旅游业的整体兴起后，木山距阳朔县城仅有几公里，所以村民纷纷来到阳朔县城从事旅游及其相关行业的工作，全村青壮年约有 250 人，去阳朔打工的就有几十人，占到青壮年总数的 20% 左右。2004 年由张艺谋指导的大型山水实景演出《印象·刘三姐》落户阳朔，吸收了附近几个村的民众参与到景区的演出和日常工作当中，其中木山村现约有 70 人在该景区工作。据笔者统计，目前木山村直接从事旅游业的人数占到全村总人口的 35% 左右，间接从事旅游业相关工作的人数则达到 10%。木山村的前任村长徐朝信说：'以前我们都是靠天吃饭，收成的多与少自己没办法决定。可现在不同了，旅游发展得好，去到阳朔和《印象·刘三姐》景区打工成了年轻人的主业，哪个还愿意呆在家里种田。'这说明木山村的生计方式在旅游经济的影响下，发生了历史性的转变。

兴坪渔村也是广西阳朔一个地少人多的村落，在有限的耕地上种植一些苞谷、红薯、花生、黄豆以及蔬菜等，以此为主要生计方式一直延续至今。2000 年以后，渔村的旅游业逐渐步入正轨。据原村长介绍，这几年渔村旅游收入可以占到人均收入的 30%—40%。基本

---

① 贾红海、李荣、薛庆君：《论束河古镇旅游业的发展》，《现代商业》2007 年 17 期。

上家家户户都在村子道路的两旁摆摊设点，一下船进入村口，就有数十名妇女儿童在一旁叫卖自己做的手工艺品和烧烤、食品等。村民赵元舟说，过去大家一年四季都在田地里，现在旅游搞起来了也没那么多时间去管果树和田地，有些村民花钱请外村的人去管，有的就旅游、农产两头跑，跟过去大不相同了。此外，还有一些比较有经商意识的人家开设农家乐旅馆和饭店，招待游客或考察团队。这样一来，不仅促进了当地旅游产业的发展，而且也带动了农业生产。尤其是旅游餐饮服务使得渔村的蔬菜和家禽家畜生产得到提升，渔村的农业围绕旅游业进行生产，不再是自产自销，相应的报酬提高很多，其生产积极性也被激发。渔村生计方式由第一产业向第三产业转化的过程中，实现了两者的结合、渗透，改变了其原有的生产结构，扩大了农村非农业的比重，促使渔村在开发特色旅游经济的基础上，走自我发展的小康村落建设道路。"①

二 民族村落景观文化变迁

（一）民族村落景观文化

所谓民族村落景观文化，是指民族村落在长期的生产与生活的实践活动中，与其所处的生态环境进行长期的相互作用下，所创造出来的物质文化和精神观念。景观是某种意义和理念的载体，这种理念和意义是通过一系列外在符号表现出来的。这里所说的符号是一个广义概念，具体说就是景观的物质存在，都可被看作是一个个具体符号，正是这些符号构成了景观的固态文化内涵。其具体景观包括各民族村落的空间布局形态和各种地上景观，如农田、道路、村舍、村落中的公共建筑和其他景观等。

（二）旅游开发下民族村落景观文化的变迁

1. 旅游开发下民族村落景观变迁表现最为突出

目前，国内在关于乡村旅游开发所引起的村落景观变迁问题中，

---

① 吴磊：《漓江流域民俗旅游资源开发及其文化变迁——基于广西阳朔县木山村和兴坪渔村的比较》，广西师范大学 2008 年硕士学位论文，第 21—23 页。

民族村落景观变迁表现的尤为突出。这是因为，对大多进行旅游开发的非民族类普通村落来说，游客的主要需求是体验原生态的乡村文化，进而达到游憩休闲、放松身心的目的。普通村落在旅游发展中的开发重点在于，如何为游客提供具有乡村风情的食宿及其他农事参与性服务项目，也就是说，非民族村落的旅游性质是一种具有很强休闲娱乐性质的农业旅游。而对于那些古村落来说，如安徽的西递和宏村、陕西的党家村等，游客的主要旅游需求是体验古村落的各种文化，在这类旅游中，古村落的景观不论是从景观保护而言，还是从旅游需求而言，其景观都是不能随意进行变化和改造的。但对于旅游开发下的民族村落来说，情况就有所不同了，因为游客的主要需求是通过对民族村落的游览活动，来体验其村落民族文化的方方面面，最终满足游客对民族异文化的好奇心。因此，在这类旅游需求的驱使下，民族村落为了能让游客体验到原汁原味的民族文化、吸引和扩大村落旅游接待规模，往往会在村落景观建设和改造方面下功夫，力求使村落景观能很好地体现出民族村落的民族特色和文化内涵。这些景观建设的主体大多以政府和旅游企业为主，以村民自发建设和改造为辅。不过因旅游开发而进行的景观建设和改造，将会带来民族村落景观及其文化的日益变迁。而有关民族村落的景观变迁，是民族村落在进行旅游开发之后，所出现的最明显和最容易感知的变化。

2. 民族村落景观变迁内容

民族村落的景观变迁，一方面是由于在旅游开发中，村落基础设施的建设和完善所带来的景观变迁；另一方面则是民族村落为了迎合旅游者的异文化需求，对村落景观进行民族文化建设和改造所带来的变迁。这些建设和改造活动大多是由政府主导来完成的，建设和改造的具体内容是：村落社区内不同功能区的规划；村落中的基础设施、旅游设施和服务设施与村落环境的建设和改造；旅游景观（点）的建设等。

3. 民族村落景观文化内涵的变迁

传统民族村落的空间形态和景观是人与自然和谐共生的结果，是特定历史条件的产物和时代的文化符号，是区域民族历史发展的缩影，更是民族村落社区居民社会生产活动与民族文化的体现，其景观文化均具有一定的历史渊源性，具有极高的历史文化价值和旅游开发价值。随着民族村落旅游开发的不断深入，传统民族村落的整体面貌和原有景观都发生了很大的变化，使村落原有的分布形态和微观生态以及景观空间布局等发生了一定程度的变迁。民族村落景观文化由传统的乡土性向现代化、城镇化和特色化的方向转变，其景观内涵由与传统农牧业社会文化的相适应，转变为与新兴的第三产业社会文化的相适应。

值得一提的是，许多民族村落在旅游开发之前，因现代化进程、新农村建设等诸多社会经济和政治原因，使得民族村落景观已没有太多民族特色。而在进行旅游开发之后，为了满足游客对民族村落文化体验的需求，一些民族村落在政府或旅游企业的主导下，对村落原有景观进行了彰显民族文化特色方面的打造和建设，无论这种景观打造和建设的实质如何，但至少从形式上，对民族村落的景观以及其文化进行了一定程度的保护和传承。也有许多民族村落在旅游开发中，由于缺乏政府或企业等组织的有效规划和管理，很多村落景观的改造和建设活动都是由村落中参与旅游业的村民所自发进行的。这种行为大多各自为政，使得很多民族村落处于景观建设和改造的混乱状态，加之村民大多文化水平有限，景观改造和建设大多缺乏民族文化内涵和特色，甚至出现对原有民族村落景观的破坏。

（三）研究实例：旅游开发与泸沽湖落水村景观的变迁

"2004 年 10 月 27 日，云南省政府决定实施泸沽湖环境整治'八大工程'建设，要求 3 年完成。2005 年初，泸沽湖环湖道路工程、里格民族文化生态旅游示范村项目工程、泸沽湖综合规划编制、洛水摩梭民俗观光村恢复项目工程、泸沽湖旅游区污水处理系统工程、泸沽湖旅游区垃圾处理场、国家'863'泸沽湖高原湖泊污染控制技术工程和湖滨带生态恢复工程八大项目相继启动。"①

"2006 年 2 月 24 日，云南省政府明确提出了'要努力把沪沽湖建成文化内涵丰富、自然景观优美、生态环境良好、特色鲜明的国内外著名旅游胜地'，并决定实施'八路一桥'和'女儿国'旅游小镇、沪沽湖支线机场等一批旨在改善旅游基础设施条件和提升旅游品牌形象的重大建设项目。三年投资 8000 多万元，征用土地 236 亩，拆除各种违章和不协调建筑 78 户，共 3.15 万平方米，景区基础设施和村落面貌有了明显改观。"②

三 民族村落传统建筑文化的变迁

（一）民族村落传统建筑文化

民族村落传统建筑文化是民族村落与其自然环境不断作用的产物。不同地域的民族村落，其传统建筑文化内涵、风格及建筑价值观也都有所区别。所谓民族村落传统建筑文化是相对于现代建筑文化而言提出的一个概念，传统系指文化传统，民族村落传统文化的总体决定了其传统建筑的基本形态。民族村落传统建筑文化的特点是具有民族特色和地方色彩。民族村落中的传统建筑是民族村落传统文化和民族特色的最精彩、最直观的传承载体和物质表现形式。

1. 民族村落传统建筑与村落生态环境的相适应性

中国民族地区的村落建筑，是承载区域民族文化的重要物质载体，并形成了内涵丰富、各具特色的民族村落传统建筑文化。各少数民族的建筑文化从选材、建筑工艺及手法、室内空间设计和布局以及装饰装潢等方面都十分清晰地展现了民族村落与生态环境、生产方式的相适应性。如中国大多数民族村落中的传统建筑，在建筑材料的选择上多为就地取材，并多以木材质为主要内容。在中国西南和东南地区的很多民族村寨中，建筑样式多采用"干栏"式的设计，房屋均

---

① 和世民、王鹏：《泸沽湖环境保护整治圆满完成》，《丽江日报》2008 年 1 月 28 日。

② 苏建华：《九万里风鹏正举——丽江泸沽湖旅游业发展与前瞻》，《云南经济日报》2008 年 1 月 22 日。

为上下三层，下层圈养牛、羊、猪、鸡等禽畜，中层住人，上层堆放粮食和作祭祀场所。这种"干栏"式建筑十分适应当地湿热的气候环境，可起到防水、防潮甚至是防猛兽袭击的作用，这些都与其村落所处的生态环境有着直接的关系。

2. 民族村落传统建筑文化的内涵与特征

很多民族地区的传统建筑，在空间设计和功能布局上，集堂屋、卧室、厨房、粮食仓储、牲畜圈棚等多种功能于一体，这体现了传统农牧业社会所特有的自给自足的经济形态。在居住空间方面，人们十分重视堂屋的设计，不论是三开间还是五开间的房屋，正中的一间都设为堂屋，多是供奉祖宗和神灵的地方，一般不准外人随便进入，也不准堆放其他杂物，更不得用作卧室。中国南方的苗族等村寨，大都将火塘放在正中的堂屋里，火塘在他们生活中占据着重要地位，并且每年都要举行火塘祭祀，祈求家人安泰。堂屋是宗教文化在民族村落传统建筑中的体现。因此，在民族村落中，往往会在建房之前与之中，举办各种具有神秘色彩的仪式。很多民族村落的传统建筑在装饰装潢方面，一般都渗透着族群文化和宗教文化的色彩。如四川平武县白马乡厄里寨的白马藏族的住房均为"杉板房"，依山而建，与众不同的是其房屋顶部有一只大公鸡雕塑作为装饰，据说白马藏族的祖先在一次战斗过程中，因一只公鸡的啼叫而躲过了敌人的袭击，从此，白马藏族就将公鸡作为族群的吉祥物和保护神，并将这种文化展示在其传统建筑中。总之，各民族建筑的特色和风格既是该民族的物质文化形式之一，也是其精神文化的产物。

（二）旅游开发下民族村落建筑文化的变迁

在民族村落中，最能体现其建筑文化的莫过于村落中的民居建筑，当民族村落进行旅游开发后，许多村落中的村民都以家庭为单位，以提供旅游食宿为主要参与方式。随着旅游开发的深入和村落旅游竞争的加剧，村民以努力扩大接待规模作为其深度参与和提高竞争优势的主要手段，这种行为具体表现在对原有家庭接待设施的改建和扩建，从而引发了民族村落传统建筑文化的变迁。虽然，不同地域和民族其建筑艺术风格等各有差异，但其传统建筑功能、布局、空间、结构、建筑材料及装饰艺术等方面却有着共同的特点。因此，根据这些共同的特点，笔者就旅游开发所带来的民族村落传统建筑文化的变迁进行了如下论述。

1. 传统建筑规模和功能的变化

首先，民族村落中的民居建筑在被用来进行旅游接待时，为了扩大其旅游接待能力，往往会增加建筑规模，这种规模大小的变化主要表现在建筑面积的增加上，在土地资源有限的情况下，还包括建筑空间上的增加，而建筑规模的扩大会直接引起民族村落原有建筑外观的变迁。其次，建筑功能发生了变化。传统民族村落民居建筑的主要功能在于满足个体家庭的居住和生活需求，并且如上文所述，这种传统建筑在功能上是以适应传统农牧业生产方式为最大特点。而旅游开发下的民族村落传统建筑，其功能就不只是为了满足家庭居住和生活的需求，而更多的地是为满足旅游接待的需求，其建筑在功能上发生了根本性的变化。具体表现为，在民居改造和建设中，为了方便游客自驾车的停放需求，在周边和院落内增加了小型停车场，为了方面车辆的出入而进行院落大门改造，为了给游客提供舒适方便的住宿条件，在民居建筑中建造了现代化的卫生间等。

2. 传统建筑技术和内部空间布局与陈设的变化

在旅游开发前，民族村落中的民居建筑在很大程度上仍沿袭了传统的构建技术，这也使得民族村落的建筑风格得到了基本的传承和保持。随着民族村落旅游开发的进行，为了满足和扩大旅游餐饮和住宿能力，扩大了建筑面积和规模，在这种情况下，民族村落民居建筑往往采用现代化的建筑材料和技术，来弥补传统建筑因材料和技术的欠缺所带来的对建筑面积和空间规模扩大方面的限制。

在民族村落传统建筑的内部空间布局与陈设方面，也发生了很大的变化。现实中的大量调研显示，许多参与旅游接待的家庭将其家庭建筑的空间布局分为了居家生活部分和旅游接待部分。在居家生活部分，其内部空间布局和陈设方面均发生了现代化的变迁。有些较为传统的家庭，仍保留了供奉神灵和祖先的类似堂屋的设计，而在室内家具等陈设方面却采取了传统与现代相结合的风格。而在那些区位优势较好，现代化程度较高的民族村落中，其建筑与城市现代化建筑的内部空间布局和陈设方面基本趋同。在旅游接待部分，其内部空间布局和陈设上主要以方便和满足游客基本需要为主，尤其是餐厅与住宿招待的内部空间，均尽量按照现代化的餐饮与住宿接待设施标准来进行布局和陈设。如许多家庭在餐厅的设计中有大厅和包厢，住宿接待的房间内部许多都采用了标准间标配和陈设。

3. 传统建筑装饰装潢的变化

民族村落传统建筑的装饰与装潢元素，主要来自建筑材料、建筑技艺与色彩运用等方面。首先，中国民族村落的建筑材料大多采用木质。它既是一种建筑材料，同时也起着很强的装饰作用。其次，传统建筑技艺与现代建筑技术有很大地区别，如中国西南地区许多少数民族地区的传统民居，大多采用了穿斗式的木构架方式，木材的连接多采用榫卯的技法，这些技法使民族地区的传统建筑具备了独特的风格，其对传统建筑的装饰发挥了重要作用。此外，建筑的外观装饰与色彩运用也极为丰富。

值得注意的是，民族村落中传统建筑的装饰技法还具备一些实用功能，同时，每一种建筑装饰都有着深刻的文化内涵。随着旅游开发，其建筑在装饰装潢方面因建筑材料、技术等方面的改变而发生了变迁，虽然仍会保留一些传统的民族特色，但功能和文化寓意已悄然发生了变化，不但没有了实用功能、而且技法粗糙，仅仅为了装饰而装饰，失去了其原有的生命力和内在的文化寓意。

（三）研究实例

1. 旅游开发与普卡旺村建筑文化的变迁

"2013 年，云南省贡山县独龙江乡普卡旺村在整乡推进整族帮扶综合发展项目，将普卡旺村建设成为一个旅游生态村。每户村民都有两栋具有独龙族特色的新房，一栋是自家的安居房，另一栋是旅游接待用的客房。'人民网'在走访云南独龙乡普卡旺村是这样记述的，'在边防民警的带领下，随机走进村民普清华家里，这是一栋 87 平方米的房子，三室一厅、一厨一卫，墙壁雪白，地上铺了黄色木板，客厅里摆放着沙发，沙发上铺着独龙族特有的独龙毯，茶几、电视、卫星电视接收器、影碟机、洗衣机一应俱全。'村民普清华告诉记者，他家以前的木屋不足 20 平方米，现在政府免费帮忙盖起了新房子，还有两个房间专门用作旅游接待房。"①

2. 旅游开发与落水村建筑文化的变迁

"在落水村旅游开发之前，无论上落水的老民居，还是下落水的新民居，它们都是全木结构的房屋，四壁用削皮后的圆木，两端砍上卡口衔楔垒摞而成，屋顶则用木板铺盖，上压石块，整幢房屋不用一颗钉子，也不用砖瓦，不仅冬暖夏凉，而且用衔楔整架结构而特别防震。这就是摩梭人的木楞房。（现在）建筑外观虽属摩梭居住的木楞结构，但局部形式已发生改变，传统的摩梭建筑楼层为二层式，为满足游客人流量，如今三层、四层房屋也拔地而起，破坏了泸沽湖的天际线；建筑内部格局也与传统也背道而驰了，原来的祖母房、经堂、花楼、草楼围合而成的三合或四合院被改成了宾馆标间的形式，内部装饰随即也变得毫无摩梭特色；材料在细部上，抄袭外来商人房屋处理方式，融入现代材料，破坏了建筑的原汁原味感，失去了原有的价值。"②

四 民族村落传统饮食文化的变迁

（一）民族村落的传统饮食文化

民族村落饮食文化是民族村落在其所处的地域自然环境中，经过长期的生产与生活实践而形成的。其内涵十分丰富，是民族村落文化的重要载体和表现形式。作为一种文化现象，它主要包括三个层次：物质层次包括饮食结构和饮食器具；行为层次包括烹饪技艺、器具制作方式和食物保存和运输方式；精神层次包括饮食观念、饮食习俗和蕴含其中的人文心理和民族地域特征等内涵。

（二）旅游开发下民族村落传统饮食文化的变迁

民族村落的传统饮食文化受其传统产业和自然地理环境和民族传

---

① 《独龙江畔整乡推进建设普卡旺村打造生态旅游示范村》，云南网：http://www.yunnan.cn，2012 年。

② 金鑫、樊国盛、陈坚：《从泸沽湖旅游开发谈传统村落的保护与发展》，《中南林业科技大学学报》（社会科学版）2013 年第 4 期。

统文化的影响，形成了具有地域和民族特色的饮食习俗。这种饮食习俗在传统社会中具有一定的稳定性。民族村落在进行旅游开发之前，因大多地处偏远地区，受经济水平的限制，许多村落在饮食习俗方面没有较为明显的改变，基本承袭了传统的饮食习惯，随着社会经济的发展和交通运输条件的改善，民族村落在饮食文化方面也慢慢发生了变化。尤其是那些进行旅游开发的民族村落，其传统饮食文化的变迁尤为突出。具体变迁情况如下。

1. 饮食观念、结构和烹饪技法的变迁

随着旅游开发，民族村落的村民因旅游收入的增加，而使家庭生活水平得到了较大的改善。首先是其饮食的观念发生了转变，不再是吃饱就行，而是要吃好，增加了营养的饮食要素。其次是饮食结构的改变，表现为食材结构中的主副食、零食及调味品等种类的日渐丰富；肉食、奶制品和菜品种类在日常饮食结构中的增加等。在民族村落旅游开发中，餐饮服务是民族村落旅游收入的重要来源，许多民族村落在为游客提供原汁原味的民族饮食的同时，还十分注重烹饪技术的提高和传统菜品的创新——如很多民族村落在饮食中较多的借鉴了川菜的口味和烹饪技法。这些对当地饮食文化的变迁起了重要的推动作用。

2. 饮食习俗的转变

因民族传统和宗教等原因，不少民族村落都有饮食习俗：如很多少数民族不食狗肉等；一些食物按照传统一般在特定的节事习俗中才会进食，并伴有一定的饮食礼仪习俗；在村落日常的婚丧嫁娶中，其宴席饮食习俗均有一定的规格和讲究等。而在旅游开发中，为了满足游客多样化的饮食和口味需求，一些民族村落开始改变了传统饮食文化的习俗，很多原先在特定的节日才会有的食物被搬上了游客的餐桌，或将一些饮食的礼仪习俗进行淡化和丢弃。

（三）研究实例：旅游开发与丽江纳西族"三叠水"的变迁

"以纳西人引以为豪的'三叠水'为例，这原本是纳西族富豪之家招待贵宾的一套宴席，非常排场，颇有'满汉全席'的味道。有'大三叠''小三叠''素三叠'之分，每种又分为预席、果碟、正席三个程式。此外，菜的品种和数量也有规定。当然，现在一般人消费不起，也不需要消费如此之多的菜肴，各宾馆饭店往往根据客人的菜价确定菜肴的品种、数量。人们只需花几十元，就能吃到所谓的'三叠水'。同时各家'三叠水'的内容也个不相同，各家有自己的说法。为了满足不同层次的游客的需求，丽江人对'三叠水'进行了改造和简化，游客完全可以根据自己的需求去感受不同的'三叠水'。另一个事例是丽江粑粑。与丽江人谈起丽江粑粑，他们往往可以列出十几种，甚至几十种粑粑。但实际上，面向游客、满街摆卖的只是其中的一种：油酥千层粑粑，它只是众多粑粑中做法较为精致、口味较为大众化的一种。很多丽江人甚为不满，'仿佛我们丽江只有那一种粑粑似的'。同时，古城里面向游客出售的丽江粑粑，其实大多数是从两三家生产厂家批发来的，许多丽江人认为那不是丽江粑粑，'我们不吃那么甜、那么腻的粑粑'。由此可见，饮食文化变迁过程的直接动因就来自旅游活动中游客的不同需求。"①

五 民族村落服饰文化的变迁

（一）民族村落中的服饰文化

中国少数民族众多，各民族均有着自身独具特色的服饰文化。少数民族服饰文化是各民族在生产劳动过程中，为求自身的生存和发展，在长期的生产与生活实践中所形成的最具特色的文化类型，是其民族文化的重要内容和物质载体。各少数民族多姿多彩的服饰，具备表现形式多样、特色鲜明、独具风格等特点。其中包含着各民族的生活习俗、色彩喜好、审美情趣、宗教观念等种种文化心理，折射出各民族多元的审美价值观，并蕴含着各民族不同的道德价值观。

（二）旅游开发与民族村落服饰文化变迁

不同的自然环境、生产方式和生活方式，造成了不同的民族性格

---

① 宗晓莲：《旅游开发与文化变迁——以云南省丽江县纳西文化为例》，中国旅游出版社 2006 年版，第 46—47 页。

和民族心理，也形成了不同的服饰风格和服饰特点。服饰作为一种物质文化现象，其产生与变化总是与社会的经济发展变化相适应的。新中国成立以来，随着经济的不断发展和现代化进程的推进，少数民族地区的村落社会生产力得到了很大发展，民族村落中少数民族群众的生活水平也逐渐提高，在这种社会经济基础上，加之受新中国成立之初的政治因素影响，民族村落在服饰方面发生了巨大变化。如今，购买和穿戴所谓现代样式的成衣已成为一般家庭的消费趋势。现代化生活节奏的加快和生活环境的改变，使得传统民族服饰因制作、穿着费时费力与现有的生活节奏产生了矛盾，村民不再愿意花费大量时间来制作传统民族服饰，而这种观念的变化，同时加剧了传统服饰的传承危机。

在各少数民族文化中，服饰文化往往是最吸引人的地方，许多游客在体验民族风情的旅游过程中，经常对各少数民族的服饰文化表现出浓厚的兴趣。除了极其偏远的民族村落，在一般民族村落中除了老人和重大节庆活动之外，人们很少穿着民族服饰。旅游开发下的民族村落，为了满足游客对其传统文化服饰的好奇心，纷纷将民族服饰文化作为其商业卖点。许多民族村落开展了一些有关民族服饰文化的旅游项目：如民族服装表演展示、民族婚庆、节庆的演绎和传统歌舞表演等；或是针对游客开展民族服饰销售，甚至还有关于民族服饰文化的专题介绍和展览；而那些参与到村落旅游开发中的村民，为了增加经营收益和展示其民族文化，也开始在日常的个体经营中穿着民族服饰。民族村落参与旅游开发，客观上促进了传统服饰文化的复兴与传承。但这种因旅游开发而产生的复兴与传承，却在一定程度上引起了民族村落服饰文化的变迁。许多民族的传统服饰一般以手工加工为主，制作时间较长。在旅游开发中所出售和展示的民族服饰，往往手工制作较少，与传统服饰在面料、染色、工艺、刺绣等方面也有着很大的差别，服饰文化在旅游开发过程中出现了商业化、粗糙化、改良化和舞台化的现象，民族服饰的传统功能和文化内涵也随之发生了变迁。

（三）研究实例：旅游开发与东纳藏族服饰的变迁

"'东纳'为藏语，意为系有黑缨的长矛。据考，其先祖来自原西康地区（现今为西藏昌都一带），现主要居住在河西走廊西端的肃南裕固族自治县祁丰藏族乡。一段时间，东纳藏族的民族文化开始衰退，在宗教活动和婚嫁场所，东纳藏族人基本放弃了传统服饰，无论男女全部改穿汉族服装。近年来，由于旅游文化产业的发展，当地政府将东纳藏族文化作为对外旅游宣传亮点，这在客观上提升了当地藏族群众的民族自豪感和民族文化认同，使得藏族文化得以复兴。为了强化和表达自己的民族归属感，东纳藏族人在节日庆典和宗教活动等场所开始兴穿藏族服装。但是，传统的服饰制作技艺早已流失，仅有的几位掌握裁剪技艺的老人也年事已高。除了保留下来的传统服饰，当地人多半从附近的青海、甘南等地购买服装成品。在旅游文化、商业文化的相互作用下，东纳藏族服饰向商业化、形式化方向发展，传统服饰中的文化因素、情感因素逐渐流失，服装及饰品的图案格式和内容也具有了现代气息，形式更加自由，色彩更加绚丽。在特殊的节庆期间，除了个别中老年妇女穿戴传统的羊皮袄和饰品外，年轻人的服装基本上都是舞台演出式的新款藏装，传统服饰文化的中断使得东纳藏族服饰在形式和内容上让位于现代舞台装。"[1]

六　民族村落生态文化的变迁

（一）民族村落生态文化

民族村落的自然生态环境对其村落文化形成起着至关重要的作用，在长期生产与生活实践中，民族村落形成了独具特色的生态文化。这种文化是村落文化的重要内容。民族村落的生态文化是由特定的民族或地区的生活方式、生产方式、宗教信仰、风俗习惯、伦理道德等文化因素构成的，其核心是村落在历史发展过程中所形成的生态

---

[1]　尕藏尼玛、完玛草：《甘肃东纳藏族服饰文化变迁论述》，《宜春学院学报》2012年第 10 期。

景观文化和对待自然生态环境的基本态度。世世代代沿袭传承下来的针对生态资源进行合理摄取、利用和保护，能够使村落与自然和谐相处，并形成了可持续发展的知识和经验。

（二）旅游开发下民族村落生态文化变迁

旅游开发对民族村落生态文化变迁的影响主要表现在两个方面，一是对民族村落生态物质文化的影响；二是对民族村落生态文化、价值观念的影响。中国民族村落分布广泛，各民族村落所处区域、地理环境和自然条件不同，在与民族村落传统产业的相互作用下，形成了特色鲜明的村落生态文化，这种生态文化既有物质表现形式，也有精神内涵——如云南红河哈尼族梯田景观就是哈尼族村寨生态文化的物质体现。在现实中，许多同一民族村落因其不同的地域差异而呈现出不同的生态文化——如藏族村落有些呈现出的是草原景观生态文化、而有些是森林生态文化或农耕生态文化等。

民族村落在进行旅游开发后，旅游业对村落生态环境有着很大的影响。首先，在旅游开发中，因旅游设施的建设和经营活动而产生了大量的垃圾，甚至对有些村落中的土壤、水体等生态环境及野生动物的生存空间等造成了污染和破坏。如"梅里雪山风景名胜区是一个非常典型的生态脆弱区，雨崩村是梅里雪山海拔最高的村寨之一，每天约产生 200 千克垃圾，其中 40 千克是香客产生，30 千克是游客产生，130 千克是村民及客栈产生的。"①

随着村落旅游开发的不断深入，其村落产业基础发生了变迁，村民都投身到旅游经济的发展中，村落原有生产方式逐渐被替代，其生态景观也随之变化或消失，取而代之的是越来越现代化和城镇化的村落生态文化。更重要的是，旅游开发增强了民族村落中居民的商品经济意识，在经济利益的驱动下，许多民族村落在旅游开发和经营中不惜破坏其赖以生存的生态环境，以往村落中的和谐生态文化观念逐渐变迁为以经济利益为主的功利性生态观念。

---

① 王荣红：《风景名胜区旅游垃圾实证研究——以梅里雪山雨崩村为例》，《云南地理环境研究》2010 年第 6 期。

（三）研究案例：旅游开发与雨崩村生态文化变迁

"地处云南德钦现云岭乡的雨崩村，延续着藏族的传统习俗，雨崩村对木质森林资源的利用是非常审慎的，如对于住宅建材的获取和利用，雨崩村就规定每年仅允许盖一间新房，建房所需木材需由本家家长申请，经家长会讨论决定所需木材的数量后开具证明，户主到行政村办理采伐许可证后，才能到'日卦'线之下的集体林中采伐。近年来，随着为满足旅游者'宿'和'食'的需求引发社区对木质森林资源的新的利用，雨崩村民不断新建家庭旅馆。据统计，截止到2007 年，雨崩村共新建 10 间家庭旅馆。与传统民居相比，新建的家庭旅馆建筑面积一般比普通民居略大，平均每栋要多消耗 30% 左右的建材。此外，雨崩村要给旅游者提供烤火、吃饭、洗澡等必要的服务，还需要消耗大量薪材。即使在村民已经开始使用部分替代能源的情况下，与 1999 年每天 50 斤左右的户均薪材消耗量相比，2007 年雨崩村户均薪材的消耗量已经上升至每天 60—120 斤左右，而增加的部分基本可以判定来自于旅游需求。

此外，每年食用菌类和药材的采集时间大约在 4—10 月之间，与雨崩村旅游接待旺季存在明显冲突。由于劳动力不足，旅游接待的投入产出比更高，雨崩村民开始把本村山林部分非木质资源采集权以一定价格出售给外村村民，甚至是外地菌类、药材收集商。这个看似帮助村民实现效益最大化的交易，实则蕴含很高的环境风险，因为这些对雨崩村前途漠不关心的外来资源采集者，会以经济利益最大化为唯一目的，疯狂利用这些珍贵资源。事实证明，前几年在雨崩村很常见的虫草、贝母、胡黄连等珍贵药材现在都难以见到了。"[1]

第二节　旅游开发中民族村落制度文化变迁

民族村落制度文化是这些村落在物质生产过程中所结成的各种社

---

[1]　扬子江、杨桂花：《旅游对梅里雪山雨崩村自然资源利用传统影响研究》，《思想战线》2009 年第 3 期。

会关系的总和，是村民为了自身生存和社会发展的需要而创制出来的有组织的规范体系，主要包括村落现代政治管理体制、规章制度和村落民间的礼仪俗规、乡规民约等内容。

一 民族村落组织制度文化的变迁

（一）民族村落组织制度文化

受农耕文化影响，传统的民族村落因不同的地理环境和村落组织受血缘与地缘因素的影响，往往以血缘宗族或宗教文化为纽带，形成联结着各个家庭的村落组织制度，进而形成了各自的组织制度文化。这种文化是民族村落制度文化的主要内容。民族村落传统的组织制度文化以血缘宗族观念、乡规民约、宗教信仰等形式而存在。新中国成立以来，民族村落组织管理被纳入到国家政治之中，成为国家政治管理体系中最基本的单元，原有的传统组织形态和组织制度文化受到了极大冲击和改变，加之因技术进步、意识形态变化、经济、社会发展等环境因素，使得民族村落组织发生了彻底的蜕变。不过民族村落传统的组织制度文化由来已久，根深蒂固，对中国民族村落有着很深远的影响，即便现今的民族村落组织由国家统一组建和管理，民族村落中的传统组织制度文化依然被许多村民自发遵循，在村落日常事务的管理中发挥着一定的作用。

（二）旅游开发下民族村落组织制度文化的变迁

1. 旅游开发与民族村落组织制度的变迁

民族村落处于传统社会形态下，以往的组织制度及其文化对于民族村落管理等方面确实具有较强的适用性。但当民族村落进行了旅游开发之后，这些村落的功能和社会形态发生了转变——即由农牧业社会形态转变为旅游服务型社会形态，这时民族村落原有的组织制度及其文化，已不能适应村落旅游经济发展的新情况了。在没有新组织制度出现之前，民族村落在旅游开发和经营过程中，往往会出现无序开发和竞争的混乱局面，这会给村落社会经济的发展带来伤害。如1990年，泸沽湖正式对国内游客开放，1992年正式对国外游客开放，落水村进入了旅游高速发展的时期，游客逐渐增加。

由于没有制定任何规章制度，情况混乱，处于无序发展状态。为了争夺游客，摩梭人家之间经常发生争吵，甚至打架，游客"被宰"现象也时有发生。

许多民族村落为了促进旅游业的可持续发展，适应因旅游开发而出现的新型经济、社会关系，要么会对原有组织制度进行适当的重组和改良，要么会成立和制定一些新的村落组织和管理机构，这些做法势必会引发民族村落组织制度文化的变迁。此外，国家或地方出台的相关旅游法规与规范，对民族村落原有管理制度也有一定的影响。如落水村的那些与旅游管理有关的规章制度（除了丽江沪沽湖省级旅游区管理委员会颁布的规章制度外），落水村村民讨论通过的村规有"落水村民小组村规民约""沪沽湖旅游饭店协会反不正当竞争公约"和"沪沽湖旅游景区酒店协会章程"。村规民约明确提出，村民有义务保护摩梭母系文化和秀丽的水山、正确处理旅游业与农业的关系、严禁买卖承包的土地等。出租承包土地，必须向村民小组申报批准。对旅游服务、饭店的价格和安全工作也都有明确规定，以防止出现20世纪90年代初那种恶性竞争。

2. 旅游开发与村落组织制度文化的变迁

目前，在中国许多民族村落，现代化的组织制度在日常事务中发挥了重要作用，但在特殊和重大的村务管理中，现有的组织制度有时会变得束手无策，这时民族村落传统的组织制度文化——如村落世代传承的一系列带有本地特色的乡规民约和民间习惯法，往往能发挥其作用。许多藏族聚居地区的民族村落遇到一些难以处理的重大村务和人事纠纷时，在村落官方机构无法解决的情况下，会邀请当地寺院的某位有威望的高僧佛活来进行问题的裁决。由此可见，民族村落在旅游开发过程中，除了要充分发挥村落中基层行政组织的力量之外，对于那些针对旅游开发和管理而出现的新型现代组织制度，在具体的实施过程中，还应充分考虑民族村落原有社会文化等因素，将对原有组织制度文化的改造和创新进行相应的本土化，才不会使其"水土不服"——如不正当竞争、收益分配不均、社区参与不公等各种问题，甚至影响到村落的社会稳定。因村落旅游开发而出现的新的组织制度文化，要想在较长的时期内稳定存在并不断发挥作用，就必须充分考虑到民族村落在旅游开发过程中的各方利益相关者的利益诉求。因为一种组织制度之所以能长期存在，就在于它能较好地平衡社会中各利益方的利益博弈，只有当各方利益达成一致，人们才会摒弃旧制度而采用新制度。也就是说，只有在平衡了民族村落各利益相关者的博弈后，新的组织制度才会被认可和接纳。为了使传统组织制度文化能更好地发挥其组织协调作用，民族村落在旅游开发过程中，完全可以考虑将其嵌套在新的组织制度中，从而使民族村落的组织制度文化因旅游开发而得以传承，并引导民族村落组织制度文化良性变迁。"如雨崩村保存了具有藏族传统特色的村落形态、民居建筑外观和内部装饰、传统节日及歌舞等传统民俗。而这一切得益于该村在发展旅游时制定和严格实施的'藏族传统民俗传承制度'。该制度的具体内容包括雨崩村每家每户在修建客栈等接待设施时，必须保持藏族传统建筑风格；所有接待户在为游客提供娱乐活动时，只能开展弦子、锅庄等藏族传统舞会，禁止开办现代舞厅等。通过该项制度，雨崩村解决了乡村旅游发展与传统民俗传承难以协调的问题。"①

（三）研究实例：旅游开发与雨崩村制度文化的变迁

"雨崩村原本是梅里雪山深处一个闭塞、落后、极端贫穷的藏族村寨。2000 年以来，雨崩村民逐步把生产生活的重心从传统的农业、畜牧业转向旅游业，并产生了巨大的依赖。'家长会议制'是雨崩村拥有正式户名的 33 户家长组成的民主会议制度，是雨崩村乡村社会的权力基础，负责本村重要村务的决策与管理，它包括：村规民约的制定与修改、各户建房所需的木材砍伐指标、与邻村冲突的化解、旅游参与及分配等等。雨崩村旅游管理制度中的'轮换制'和'代税制'，就是通过'家长会议制'确立下来的村民参与旅游服务的组织形式和分配制度。在雨崩村，马帮服务的'轮换制'是指 33 户村民

---

① 刘相军、张杨：《梅里雪山雨崩乡村旅游管理制度创新实践与启示》，《吉林农业》2011 年第 5 期。

按照一个固定顺序，每轮每户出一人一骑运送一位旅游者。当完成了本次的运送服务之后，他必须等到其他村民都完成一次牵马服务后，才能接待下一位旅游者。这项制度反映出村民'平等参与、平均受益'的旅游参与原则。在政治上，33 户村民通过'家长会'获得了平等的参与权，没有任何农户能够支配其他农户的意愿实现完全利己的个人目标；任何违反共同意愿的行为都是不被接受的，将被排除到参与行动之外。在操作层面上，旅游马帮服务是一种劳动密集型的经营活动，只要是正式雨崩村民，拥有一匹马匹，他就有权参与旅游马帮服务并从中受益。调查表明，33 户村民从马帮服务中的收益在 1 万元到 3 万元之间，相差不大。目前，雨崩村拥有独立客栈的村民委 6 户人家，其他 27 户村民是家庭接待。据统计，2006 年 6 户客栈接待量占到了全部份额的 90%，旅游总收入约为 80 万元，其中最高一户收入达 15 万元人民币；27 户村民的家庭接待仅仅占 10% 的接待量，共获利约为 8 万元，其中收入最少的仅有 1000 元。在这种状况下，'代税制'产生了，它是'家长会'确立下来的强制性旅游住宿收入的再分配制度。2006 年，雨崩村规定：留客户（接待经营户）应向轮到户（当值户）交纳每位客人住宿费的 50%。'代税制'在本质上是 27 户家庭接待户向 6 户客栈经营户对住宿费进行 50% 的抽头。'代税制'是乡村社会通过强制性再分配制度进行的一种自我调节机制。它一方面承认参与经营活动的竞争性，另一方面对竞争而引发的收入差异进行再分配，因而在一定程上缓解了旅游收益不均而造成的社会紧张。"[1]

二　民族村落节庆文化的变迁

（一）民族村落节庆文化

中国少数民族都有自己独特的节庆文化，各民族节庆文化是在漫长的历史过程中形成和发展起来的重要民族文化。这种文化展现

---

[1]　陈飙、杨桂华：《梅里雪山雨崩村旅游社区参与的组织形式与分配制度》，《思想战线》2008 年第 3 期。

了各民族的历史风貌和文化生活，在民族节庆中，各民族独特的民族风情和文化气质得到了充分的展示。节庆文化一般包含着物质、行为和精神三个层面。其中节庆习俗与仪式是民族节庆文化的重要行为层面，因此，人们有时会将节庆文化看做是一种民族风俗和习惯。从民族节庆文化的精神层次上看，节日文化中蕴含着一个民族在历史发展过程中形成和积淀下来的宗教信仰、价值观念、文化心理和审美情趣等。在民族村落中除了本民族所共有的一些节庆文化之外，有些村落还因地域、族群、事件和人物纪念等因素而形成了村落自有节庆文化。

（二）旅游开发与民族村落节庆文化的变迁

目前，许多民族村落的传统民族节庆文化越来越淡化。究其原因，一方面是受乡村现代化和城镇化建设的影响，人们生活节奏加快，为了生存和发展人们无暇顾及传统的节事活动；另一方面是受汉族节庆文化的影响，许多民族节庆被同化和取代。在旅游开发的民族村落中，节庆文化又被当做重要的旅游资源，进行了重新发掘和打造，被用以吸引旅游者的眼球。在一些民族村落中，有许多节庆文化或进行商业化运作，或被搬上舞台，以表演的形式展示给游客。旅游开发在客观上对民族村落节庆文化的复兴和传承，起到了促进和推动作用。但是这种节庆文化只停留于表面形式，其文化的核心和实质已发生了变迁。这是因为民族村落中的传统节庆文化，是在漫长传统社会的生产和生活过程中形成的，其文化内涵和特征与传统社会产业基础、社会形态和民族心理相适应的。而民族村落在旅游开发中所展示的节庆文化，是在旅游产业经济基础上出现和完成的，经济基础的变化决定了其节庆文化内涵的变迁。民族节庆文化具有一定的稳定性和变异性，随着民族村落旅游开发的不断深入，其节庆文化内涵与价值的变迁是不可避免的。

（三）研究案例：旅游开发与云南楚雄彝族火把节的文化变迁

火把节是彝族、白族、纳西族、基诺族、拉祜族等民族的古老且重要的传统节日，有着深厚的民俗文化内涵，蜚声海内外，被称为"东方的狂欢节"。云南楚雄每年在固定时间举办的大型彝族火把节，已成为楚雄节庆旅游的重点项目。节庆期间有非遗展演、街头巡演、祭火盛典、万人左脚舞、撒火把、民族歌舞表演、焰火表演、篝火狂欢等文艺活动，身着盛装的民族村落表演者手持火把，进行隆重的"火把巡游"。跟着巡游队，游客能够亲自体会"祭火、大三弦、阿细跳月、左脚舞"等精彩项目。接下来是热情的火把狂欢活动：大家高高举起手中熊熊燃烧的火把，戴上各自喜爱的面具，与亲朋好友一同环绕着篝火边唱边舞，尽情享受火把节的快乐。

　　火把节不仅是彝族文化的象征，也是彝族传统中最为重要和盛大的节日。它体现着彝族的原始火崇拜，同时体现着彝族人民在漫长的历史发展过程中逐步形成的各种禁忌习俗、饮食与服饰文化。但当其成为节庆旅游开发项目后，其节庆的传统文化内涵并没有得到充分的展示，其体现和反映彝族民族和宗教文化的仪式被简化或淡化，而在节庆当中又增加了符合游客需求的表演和娱乐活动，很多活动和仪式均是以表演的形式进行，节庆的娱乐性远远大于其文化性，火把节的功能和文化内涵发生了变迁。

三 民族村落社会结构的变迁

（一）民族村落社会结构

　　民族村落中的社会结构是指村落中占有一定资源、机会的成员的社会结构组成方式及其关系格局，主要包含村落中的人口结构、家庭结构、村落组织结构、分工结构、收入分配结构、消费结构与社会阶层结构等若干重要内容。社会学中的社会结构更多的是指社会阶层结构。村落社会结构具有复杂性、整体性和相对的稳定性等特点。

（二）旅游开发与民族村落社会结构的变迁

　　新中国成立以后，民族村落的内部社会结构因政治、意识形态等原因，与传统社会下所形成的民族村落社会结构相比，其村落社会阶层被简化；以宗教、血缘和宗族为纽带的村落组织结构被弱化；村落家庭结构由原来的大家庭向现代核心家庭转变，人口结构和分配结构均发生了较大变化。但因民族村落一直延续原有的产业形态，因此，村落内部社会结构仍然具有传统村落的乡土性、内聚性和封闭性等特征。

　　民族村落在进行旅游开发之后，村落中的产业基础发生了变化，在旅游业这种第三产业的影响下，民族村落原有的带有乡土性、封闭性的内部社会结构逐渐转变为多元开放的社会结构。尤其表现在村落内部社会组织结构、分工结构、收入分配结构、消费结构与社会阶层的变迁上。

　　1. 旅游开发与村落组织结构、职业构成与分工结构的变迁

　　随着民族村落旅游开发的进行，村落中原有的组织结构发生了变化，原有行政组织的管理职能发生了转变，甚至出现了与旅游开发经营相关的新的组织和制度，如许多村落成立了旅游开发管委会，有些村落中还有一些外来的旅游投资公司和开发公司，使部分村落中的组织机构在性质、层级、功能和结构等方面均发生了变化。

　　随着民族村落中旅游业参与人数的不断增多，村落中人口的职业结构发生了变化，除了原有的第一产业之外，从事第三产业的劳动力增多，并且职业类型多与村落旅游开发的项目类型密切相关。

　　民族村落自旅游开发之后，在传统产业的基础上出现了新的产业类型，产业结构发生了变化，村落中的分工结构也因产业结构的不同而发生变化。民族村落过去是性别分工，大多是"男主外，女主内"，但在旅游开发过程中，村落中的女性在旅游经营中体现出了优势，她们积极地参与到村落的旅游开发与经营当中。此外，村落的年龄分工结构方面也发生了变化，因旅游业参与的灵活性，村落中不同年龄的人都可从事一些力所能及的工作。

　　2. 旅游开发与村落收入结构和消费结构的变迁

　　在旅游开发下，民族村落社区参与旅游发展为村落带来了新的收益，但因种种原因，社区参与存在不充分和不平等的现象，新的收入来源对村落原有收入分配制度和分配结构产生了较大冲击，贫富差距加大。旅游开发下的民族村落消费结构也发生了转变，在旅游开发之前，中国的绝大多数民族村落地处经济落后地区，购买力有限，再加上传统消费观念的影响，其消费主要以生存资料为主，以解决温饱为消费的主要目的，对于耐用品和非耐用品的消费十分有限，消费水平

处于较低水平，结构非常单一；旅游开发下的民族村落，因村落旅游经济投入小、见效快，对于那些参与其中的村民来说，其家庭收入水平得到了很大的提高，在消费能力增加的前提下，消费观念、消费内容和消费结构均发生了巨大变化，除家庭消费水平的增加之外，更多的是将消费重点放在旅游接待规模的扩大、旅游项目的开发以及旅游的日常经营管理当中。

3. 旅游开发与村落社会阶层的变迁

在社会学中，狭义上的社会结构更多地指向社会阶层结构。随着民族村落旅游开发的不断深入，在上述村落社会结构的变化中，村落中的社会阶层也会发生改变。在通常情况下，衡量社会阶层的三个维度是财富、权力和声望。民族村落在旅游业发展的过程中，那些经济基础较好，头脑灵活的村民，家庭财富水平较之前有了很大提高，尤其是在旅游开发中，民族村落涌现出了一批本土旅游精英，很多都成为了当地的名流。伴随部分村民财富的增加，其经济地位的提高势必会带动社会和政治地位的改变，甚至成为村落中的新权贵。在旅游发展的过程中，随着村落中贫富差距的逐渐拉大，相关利益者的博弈也会越来越激化，最终引起村落内部社会阶层的分化。

此外，在旅游经济的影响下，民族村落内部社会出现了由社会行政性整合向契约性整合的转变。在旅游经营过程中，外来人口、流动人口逐渐增多，家庭结构和人口结构均受到一定的影响。"……在过去的 9 年中，云南德钦县雨崩村户均人口数，由 51.6 人/户降为 41.82 人/户，家庭人口规模小型化和户均劳力减少的趋势明显，这一现象出现的根本原因是雨崩村现行的以户为单位平均分配旅游收益的乡村旅游管理制度，小家庭可以获取更高的人均收益。"①

（三）研究实例：旅游开发与云南傣族园社会结构的变迁

"傣族园景区是云南省一个集自然和人文景观于一体的特色村寨

---

① 杨子江、杨桂花：《旅游对梅里雪山雨崩村自然资源利用传统影响研究》，《思想战线》2009 年第 3 期。

风景区。20 世纪 90 年代后期，随着傣族园的建设和开放，社区人口的职业构成发生了变化，主要体现为非农产业的劳动力增多。现在，超过半数的农业劳动力以旅游业为主，只在农忙时投身农业。社区参与中变化最明显的是妇女从农业劳动中脱离出来，他们开始经营旅游工艺品以及旅游的食宿接待服务、摆水果摊等。由于旅游业吸引了大部分的女性劳动力，农活主要落在了男人的肩上。在这种情况下，旅游发展促成了土地转租和劳动雇佣现象的出现。从事旅游业的大部分家庭开始把土地租出去，还有不少家庭雇佣外人割胶或耕种田地。傣族园公司也给村寨带来了新的工作机会，五个村寨中被招收为公司职工的村民有 83 人，这些村民主要从事管理、导游、演员、园艺、保安、环卫等工作。随着旅游参与内容和方式的差异，旅游从业者内部也产生了分层。那些介入旅游业较早的村民，依靠积累的资金和经验，开始涉足投入较高、投资回报较大的旅游经营活动。旅游业带动村寨民族手工业、餐饮业、建筑业、运输业、住宿业、小商业等的发展，形成了社区经济结构的多元化，促使村民收入总量及收入构成的多元化。社区村民的收入来源包括出售旅游商品、公司支付的土地资金、景点补偿、工资收入、傣家乐食宿接待收入、农副产品销售收入等。"[①]

四　民族村落社会性别文化的重构

（一）民族村落社会性别文化

社会性别文化是指人类社会对男性、女性及其相互关系的观点和看法，以及与之相适应的性别规范和组织结构。对于社会性别文化的认知一般是以平等的社会性别文化和不平等的社会性别文化加以区分。在不平等的社会性别文化中，既包括传统社会中男性地位高于女性的性别文化，也包括少数女性地位高于男性的性别文化。新中国成立以后，虽然从法律和制度的层面上对男女社会性别的平等加以提倡

---

①　孙九霞：《旅游人类学的社区旅游与社区参与》，商务印书馆 2009 年版，第 247—250 页。

和保障,但在现实生活中,男女社会地位的不平等仍然广泛存在。当然,在中国个别少数民族中,确实存在一些女性社会地位高于男性的性别文化,但从总体来看,大部分少数民族的社会性别文化同样表现为男女社会地位的不平等。目前,许多民族村落少数民族妇女的现状是:政治上参政议政机会少,参与社会活动的机会更少,在社会及家庭事务中的作用有限;经济上妇女就业机会少,缺乏经营技能,缺乏资金;文化教育方面与男性相比,她们受教育及学习的机会少,文化水平低,文盲率高。①

(二)旅游开发与民族村落社会性别文化的变迁

从目前来看,旅游开发为民族村落中的妇女发展提供了契机。实践证明,民族村落旅游开发中妇女比男性更具优势。因为旅游业作为一种服务性产业,其服务性贯穿于旅游的食、住、行、游、购、娱的各个方面,与男性相比,女性一般都较为细腻和更有耐心;女性更注重外表,具有爱美的天性;女性一般比男性更多地关注人类的衣食住行。因此,女性更容易参与到民族村落旅游开发的各种服务中去。

随着近年来许多民族村落旅游开发的蓬勃发展,可以看到女性在村落旅游发展中扮演着重要角色。首先,她们自身是民族旅游资源的重要组成部分。少数民族妇女的服饰、传统工艺制作等,所体现出来的本民族性格与内涵向来对游客具有很大的吸引力;在各民族旅游传统习俗与歌舞表演中,也大多是由女性来承担主要角色。其次,少数民族妇女在旅游活动中承担了主要的接待工作,在餐饮、住宿、购物、讲解等旅游活动中都能看到她们的身影,在很多情况下,她们在民族旅游发展中所起的作用往往是男性所无法替代的。再次,在许多关于民族旅游从业人数的统计数据中,女性从业人数远远超过男性从业者。② 随着民族村落中女性参与旅游业程度的不断加大,她们的经济收入有所增加,其在家庭中的地位得以改善。在

---

① 杨顺成:《反贫困应注重妇女的广泛参与》,《林业社会》1999 年第 3 期。

② 孙新:《基于性别分析的乡村社区妇女参与民族旅游问题研究——以青海省互助土族自治县小庄村为例》,陕西师范大学 2009 年硕士学位论文,第 2 页。

家庭日常事务的决策中，因掌握了一定的经济收入，而逐渐在家庭中获得了较多的话语权。最后，除了经济地位的提高，民族村落旅游开发还为女性村民提供了更多的与外界交流和学习的机会，在此过程中，她们开阔了视野、增长了见识。在与游客的接触过程中，受外来游客、尤其是城市游客的示范作用，她们在卫生习惯、生活方式、饮食习惯、穿着打扮等方面变化较大。因在旅游参与过程中，大量接触各种游客，其社交能力也得到了前所未有的提高，甚至有些女性成长为旅游经营与管理的专业人士。更重要的是其传统观念亦发生了变化，主要表现在对妇女的传统角色的定位、婚恋观念、生育观念、消费方式等诸多方面。

对于村落中的性别文化来说，民族村落旅游开发实质在于为村落中的女性提供了一个走出家庭、走入社会的产业平台。根据马斯洛需要层次理论，民族村落中的女性在自身经济地位不断提高和观念的不断转变过程中，其需要层次将会由原来的生理需要、安全需要，逐渐产生社会需要、尊重感的需要甚至是自我实现的需要。民族村落的旅游开发，在客观上对促进村落社会性别文化由传统向先进的转变做出了重要贡献。

当然，民族村落在旅游开发中，村落社区性别文化变迁，会根据不同民族和不同村落的具体情况而有所区别。如云南泸沽湖落水村，在村落旅游发展中，社会性别的建构表现为一种多元发展的态势。落水村摩梭人一直保留和延续着母系氏族社会的传统，其女性地位普遍高于男性。旅游业使当地社区的经济水平提高了，生活质量也明显改善，可摩梭女性在家庭和社会中的地位却大不如前了，同时，男性在其中的活动却被赋予了更高的社会价值。可见，旅游开发对村落族群社会性别文化的影响会因具体的文化因素和特定的历史场景而各不相同。

目前国内的大多数相关研究认为，村落旅游业为妇女带来了诸多好处，但在实际中仍然存在一些不利之处。如对那些旅游淡旺季显著且没有完全脱离传统农牧业的民族村落来说，旅游业无疑加重了村落中妇女的劳动负担。表3-1是青海省互助土族自治县小庄村有关妇女在旅游淡旺季日常时间的一般安排情况。

表 3 - 1 小庄村土族妇女旅游淡旺季日常时间的一般安排情况①

时间 \ 安排	旅游淡季（5—10 月）	旅游旺季（冬季）
上午	6：30—7：00 起床，收拾屋子、做早饭	5：00—5：30 起床
	8：00—9：00 吃早饭	5：30—9：00 下地干农活
	9：00—12：00 干家务活做针线活（包括刺绣品）做午饭、看电视	9：00—11：00 打扫卫生、采购货物、旅游接待的准备工作，如烧茶、洗菜、打电话找人来表演与帮忙、做午饭
下午	14：00—17：00 做家务、做针线活	11：00—17：00 旅游接待工作
	17：30 左右做晚饭	17：00—20：00 下地干农活
晚上	18：00—21：00 吃饭、收拾、做针线活（包括刺绣品）、看电视	20：00—21：00 做晚饭、打扫卫生
		21：00—22：30 制做刺绣品
	21：30 左右休息	23：00—0：00 休息

（三）研究实例

1. 旅游开发与广西阳朔"月亮妈妈"的诞生

"'月亮妈妈'原名徐秀珍，广西省桂林市人。只有小学三年级文化程度，七十有余的徐秀珍，是阳朔远近闻名的导游，很多人可能不知道她的真实姓名，但一提到'月亮妈妈'，几乎无人不知。起初，与村里其他农妇一样，徐秀珍也没有什么特别之处。但在卖饮料过程中，与老外交流的困难使徐秀珍认识到了外语的重要性，并萌发了学外语的决心。1998 年 9 月，她破格取得了国际导游的资格。多年来，徐秀珍接待了很多外国游客，她自己也自学了英语、法语、西班牙语、日语、韩语等 11 门外语，可以进行简单的交流，成为了当地的名人。徐秀珍待游客如亲人一般，让他们十分感动，于是亲切地称她为'月亮妈妈'。徐秀珍的人格魅力使'月亮妈妈'美名

---

① 孙新：《基于性别分析的乡村社区妇女参与民族旅游问题研究——以青海省互助土族自治县小庄村为例》，陕西师范大学 2009 年硕士学位论文，第 70 页。

在世界广为流传，许多游客都慕名前来请她做导游，并彼此成为了好朋友，她在不知不觉中充当了中西方文化交流的使者。接着徐秀珍利用'月亮妈妈'的声誉，动员丈夫和儿子开办家庭旅馆，扩大了服务规模。在农家旅馆竞争激烈的情况下，徐秀珍还推出了特色旅游服务项目。她常常将游客带到自家田地采摘蔬菜、瓜果，进行劳作体验，还把家里的老式农具搬出来向游客展示，满足了城市居民对农活、农田好奇的需求，使家庭旅馆办得有声有色，很受游客喜爱。"①

2. 小庄村妇女参与村落旅游开发状况

"小庄村位于青海省互助土族自治县，距省城西宁 30 公里，距互助县城威远镇 1 公里，是县城行政区域内的一个土族聚居的城郊自然村，全村含 3 个社、146 户居民，人口 550 人，耕地面积为 837.22 亩，人均不到 2 亩。2006 年，全村农村经济总收入 212.2 万元，其中农业收入 38.22 万元、牧业收入 31.27 万元、旅游业收入 88.28 万元。全村农民人均纯收入 2748 元，其中人均旅游业收入达到 1605 元，占人均纯收入的 58%。旅游增收成为农民增收新的经济增长点。20 世纪 80 年代中后期，小庄村利用独特的土族民族文化优势和区位优势，开始了村落民族旅游业的发展。到 2008 年 9 月，村庄民族旅游接待户有 45 家，村庄中 95% 的劳动力都直接或间接从事着与民族旅游接待服务相关的各种活动。"②

"值得关注的是，在小庄村最初的村民参与社区民族旅游发展历程中，村落中的土族女性在旅游开发过程中扮演了必不可缺的重要角色，对整个村落民族旅游的发展起了重要的推动作用。小庄大部分妇女的文化程度比较低，基本都处于初中以下文化程度，在小庄村近 20 年的民族旅游发展历程中，在只有个别女性参与民族旅游接待活动的初期，其主要经营活动是以民族歌舞表演和刺绣销售为主，尤其

---

①　吴其付：《从普通村民到社区精英：中国旅游精英的典型个案——以阳朔"月亮妈妈"为例》，《旅游学刊》2007 年第 7 期。

②　孙新：《基于性别分析的乡村社区妇女参与民族旅游问题研究——以青海省互助土族自治县小庄村为例》，陕西师范大学 2009 年硕士学位论文，第 35 页。

是刺绣制作与销售成为女性村民的专利。正是由于这些经营活动的性质使得社区妇女与男性村民相比，从一开始就在民族旅游社区参与方面具备了明显的优势。"①

"小庄村在随后的民族旅游发展过程中，女性日益在民族旅游接待活动中占据主要地位，甚至可以说对整个社区民族旅游的发展起了决定性的作用。小庄村的旅游经营活动种类也在社区民族旅游发展过程中得到不断的丰富与完善，除了民族歌舞表演与刺绣销售等传统经营活动之外，综合了轮子秋表演、安召舞表演、婚礼表演、服装展示、刺绣展示、篝火晚会等服务项目的'土族农家院'，成为目前小庄村主要的经营方式。在传统的歌舞表演主要包括安召舞、迎客歌舞、酒曲、花儿演唱等，而这些表演活动现在也主要由小庄村的土族妇女来承担。刺绣经营主要是对'针扎'与'前搭'的制作与销售，而土族盘秀由于制作工序繁琐，一个盘秀成品需要花费的时间和精力远远大于一般的刺绣成品，因此，目前小庄村主要以刺绣加工与销售为主，而盘秀基本都是由年龄较大的土族妇女制作完成，数量较少，但出售的价格往往要比普通刺绣高得多。按照土族传统习俗，'轮子秋'是男女老幼都可参加的民族体育活动，但如今作为民族旅游表演项目的'轮子秋'基本上是由村庄中的年轻女性来承担，男性村民则很少参与此项表演。土族婚礼表演中的新娘一般由村庄中年轻漂亮的土族妇女来扮演，而新郎则是请男性游客来参与表演，在传统的土族婚礼中'纳什金'（媒人）一般都是由男性来承担，而在土族婚礼表演中，'纳什金'都是由中青年妇女来扮演，婚礼中的其他歌舞表演者也基本由女性来完成。此外，服装与刺绣展示也全部由妇女来承担，'土族农家院'为游客提供的餐饮服务也都是由各家庭中的女性成员来承担，部分家庭中的男性成员也会从事一些如采购等的次要工作。"（图 3 - 1

---

① 孙新：《基于性别分析的乡村社区妇女参与民族旅游问题研究——以青海省互助土族自治县小庄村为例》，陕西师范大学 2009 年硕士学位论文，第 37 页。

至3 - 6，表3 - 2）①

图3 - 1　小庄村土族刺绣　　　　图3 - 2　小庄村土族盘秀

图3 - 3　小庄村轮子秋表演　图3 - 4　小庄村土族婚礼中的"纳什金"

图3 - 5　小庄村土族婚礼表演　　图3 - 6　土族安召舞表演

---

　　① 孙新：《基于性别分析的乡村社区妇女参与民族旅游问题研究——以青海省互助土族自治县小庄村为例》，陕西师范大学2009年硕士学位论文，第52页。

表3－2 小庄村社区民族旅游经营活动分类与不同性别村民参与情况①

	经营活动大类	经营活动的细分种类	性别参与状况
互助土族自治县小庄村社区参与民族旅游经营种类（注：★表示妇女参与；●表示男性村民与妇女的共同参与）	土族农家院经营	自主经营农家院	●
	土族农家院租赁	收取租金	●
	歌舞表演	迎客歌舞	★
		安召舞	★
		酒曲、花儿演唱	●
	婚礼表演	新娘扮演	★
		纳什金（媒人）扮演	★
		婚礼歌舞表演	★
		敬酒人	★
	民族工艺展示	服装展示	●
		刺绣展示	★
	刺绣加工与销售	针扎加工与销售	★
		前搭加工与销售	★
	盘绣加工与销售	盘绣制作与出售	★
		盘绣收购与出售	★
	导游讲解	土族风俗介绍	★
	轮子秋表演	轮子秋表演	●
		安召舞表演	★
	帮工	厨师	●
		备餐	★
		服务员	●
		卫生打扫	●

第三节 旅游开发中民族村落精神文化变迁

精神文化是文化层次理论结构的要素之一，它作为观念形态与物质文化、制度文化并列。所谓精神文化是指属于精神、思想、观念范

---

① 孙新：《基于性别分析的乡村社区妇女参与民族旅游问题研究——以青海省互助土族自治县小庄村为例》，陕西师范大学2009年硕士学位论文，第53页。

畴的文化，是代表一定民族的特点并反映其理论思维水平的思维方式、价值取向、伦理观念、宗教信仰、心理状态、理想人格、审美情趣等精神成果的总和。民族村落的精神文化与其民族所拥有的精神文化具有较高的一致性。

一　民族村落传统价值观的变迁

（一）民族村落中的传统价值观

所谓民族村落的传统价值观，是指一个民族在长期的历史过程中，形成的对客观事物的价值和重要性的较为一致的评价和看法。传统价值观往往是民族村落文化的内核，是村落传统文化的深刻凝结。在中国的民族村落中，传统价值观大多是由民族的宗教信仰发展而来的，宗教信仰中蕴涵了对于勤劳、勇敢、正义的赞扬和提倡，包含着强烈的生命意识、鲜明的善恶观以及朴素的生态观念，形成了民族村落早期的传统价值观。因此，民族村落的宗教信仰是其传统价值观的根基。中国民族村落传统价值观与汉族儒家文化有着很大的相似性，在其传统价值观中也十分注重家庭观念，以家庭观念为其传统价值观的核心内容。这是由于许多少数民族社会主要以村落为基础社区，民族村落社会以宗族血缘为纽带，血缘、族缘和地缘三位一体相互重叠的村落结构，是少数民族传统文化的社会基础。在民族村落的生产与生活中，人们以传统农牧业为根本，以善良、互助、谦虚、勤俭、坚韧等价值观来约束自己的日常行为，形成了较为稳定的村落社会价值观。此外，民族村落中的传统价值观在很大程度上与其民族村落中的文化艺术相关联，并反映在民族村落文化的物质文化、制度文化和精神文化的三个层面中，形成了民族村落中非常具有民族特色的审美价值观。

（二）旅游开发与民族村落传统价值观的变迁

目前，中国的许多民族村落地处相对偏远和弱势的民族地区，经济发展落后、现代化水平低，与现代文化存在较大的差异。民族村落的传统价值观是在长期的、特定的自然和社会历史环境的实践中所形成的，基本的产业基础在整体上决定了民族村落价值观的传统属性，具有鲜明的地域特色和特殊的价值取向和评价。然而，随着国家和少数民族地区综合实力的增强，民族地区的开发程度逐渐加大，在这一过程中，其传统价值观受到了很大的冲击，面临着严峻的挑战。在中国少数民族地区，国家和地方政府在推进少数民族地区经济发展中，因旅游业具有前期投资小、见效快、行业参与壁垒和技术要求低等特点，往往成为首选的地方经济发展方向。其中，对一些资源基础较好、特色鲜明、具有一定开发潜力的民族村落进行民族文化的旅游开发是少数民族地区发展旅游业的重要形式之一。但随着旅游开发在民族村落中的不断深入，许多问题和矛盾也相继出现，这些问题和矛盾的焦点，基本集中于因旅游开发而带来的商业文化价值观与民族村落中的传统的冲突上。在一些旅游开发时间较长，发展较快的民族村落中，这种价值观的冲突在民族村落旅游发展的长期过程中，甚至引发了民族村落传统价值观的变迁。有关旅游开发而带来的民族村落传统价值观的变迁表现在诸多方面，本书选取最为突出的三个方面，进行较为系统的论述。

1. 旅游开发对以宗教信仰为基础的民族村落传统价值观的冲击

佛教、伊斯兰教等成熟的宗教在一些少数民族漫长的发展过程中成为其传统文化的核心，为少数民族的生活与交往提供了系统的价值评价与选择标准。所有的宗教都推崇美德——善良、诚实，自我节制，舍己为人，重义轻利等价值观念。民族村落旅游开发带来了现代商业文化，商业文化下的价值观与民族村落传统文化价值观相比，最大的差异表现为，商业文化价值观对一切事物的根本看法和评价以商业价值的大小作为根本标准，追求商品交换过程中的经济利益最大化。在中国许多民族地区，自古以来在以农牧业为传统产业的基础上，形成了以家庭为单位的自给自足的经济形态，重农轻商是传统社会发展的一贯政策和基本观念。不但如此，中国少数民族地区的民族村落，还因宗教信仰的影响，形成了以宗教信仰为基础的传统价值观。而不论是古代商业文化还是现代商业文化下的价值观，其根本原则和基本理念均与民族村落传统价值观中非功利性的基本理念有着根本性的差异。

在中国，大多数进行旅游开发的民族村落，在未开发之前均处于较贫困的状态中，其商品经济意识十分淡薄。在民族村落旅游开发过程中，村落本身及其文化成为了重要的旅游开发资源，其资源的旅游开发均是以现代商业化的运作方式来进行的。也就是说不论是民族村落本身还是其原有文化，是否能带来经济利益成为了评判其价值大小和是否进行旅游开发的重要依据。商业化的旅游开发运作方式，为民族村落带来了较为明显的经济效益，许多民族村落在较短的时间内摆脱了贫困，走上了富裕之路。在这种强烈的经济利益刺激下，民族村落中的传统价值观念逐渐发生了转变，其商品经济的意识不断增强，并开始有意识的将商业文化下的功利性价值观移植到民族村落旅游开发过程中。在获得更多经济利益的驱使下，这种价值观念得到了不断强化，使得许多进行旅游开发的民族村落，出现了过度商业化的现象，不符合商业经营规范、违背基本宗教伦理道德的欺骗和欺诈行为大量存在。这对民族村落传统价值观中的善良、诚实、诚信、勤劳等基本观念和村落社会风气造成了一定冲击和破坏。如落水村以走婚的名义提供性服务开始出现，2004 年 6 月 5 日，中央电视台在《共同关注》栏目对沪沽湖因旅游开发而出现的卖淫等问题进行了曝光。

2. 旅游开发对以家庭为核心的民族村落传统价值观的冲击

旅游开发，对民族村落以家庭为核心的传统价值观的冲击较为突出。旅游开发促进了民族村落的经济发展，但因参与民族村落旅游开发的时间、程度及经营范围的不同，使得民族村落旅游收益分配不均衡，引发了民族村落的贫富差距，激发了民族村落中的个人意识，甚至改变了村落中原有的社会结构。在村落家庭经济差距的刺激下，村民产生了在旅游开发中获得更多的经济收益的动机，这种行为势必引发民族村落旅游业的激烈竞争，甚至演变为恶性的旅游竞争。在这种商业化的过度竞争中，民族村落中原有的价值观受到了很大的冲击，为了经济效益，兄弟反目、邻里纠纷，甚至导致宗族和村落间出现冲突。这对民族村落中的在以血缘、宗族和地缘等因素的综合作用下所形成的家庭伦理价值观造成了很大的打击。

3. 旅游开发对以艺术文化为载体的传统审美价值观的冲击

在民族村落中，从音乐歌舞到绘画织绣，从民居房舍到庙宇亭台，从饮食酒水到服装配饰，无不展现着传统审美价值观。民族村落的艺术文化并非是与其生活脱离的事物，而是生活的本真，是衣食住行的直接载体。它使民族村落中的少数民族生活充满了审美价值，而这种审美价值是其生活经验与心灵智慧的凝结。在民族村落传统文化中，人与自然、人与人的和谐与美好，生活的从容与优雅，精神世界的沉静与自由，全部蕴蓄其中。

在旅游开发过程中，民族村落的审美价值观同样受到了极大的冲击。其最突出的表现，就是传统文化的传承与保护。在云南，丽江纳西古城的原居民已经基本搬出，住进了现代化的房子里，他们在古城里活动基本是从事旅游业，"纳西古城逐渐成为没有纳西人的古城"；在藏区，能够说唱格萨尔史诗的老人已经屈指可数；在黑龙江，赫哲族正宗的皮制手工艺面临失传；在黔东南，留住在苗寨里的老人和孩子们以古乐和歌舞表演招徕游客，他们在和游人齐歌共舞之余兜售各种商品。古老的社会与文化发生了很大变化，那些古乐和歌舞曾经是伴随着神圣仪式和真实的节日庆典的，现在它们被用来换取商业利益，民族村落的传统文化虽然在形式上得以保存和传承，但在商业化甚至是过度商业化的文化资源开发和经营过程中，民族村落原有文化中所蕴含的审美价值观被演变为村落艺术文化的符号、形式和外壳。

（三）研究实例

1. 旅游开发与云南傣族园村寨的家庭传统价值观的转变

"社区居民参与旅游经营活动后，在以往的社会交往中加入了频发的经济交往。经济交往的竞争性，也给他们原来和谐的人际关系加入了许多不和谐的音符。无论是因为开发傣楼还是经营傣家乐，同类经营中面对的是客源的竞争。为了争夺客源，居民之间的吵架也就成了家常便饭。傣族村寨的女人喜欢嫁在本村，这使全村人中80%的人家相互之间有千丝万缕的亲戚关系。但自从搞了旅游，为了拉客、为了赚钱，原来的好亲戚也有了矛盾。有位大妈说起与外省一家的关系很是伤感：'我是他们的舅妈，他小时候跟着离了婚的母亲，过得很可怜。我就经常把他叫到家里来，杀鸡什么的做些好吃的给他，有人欺负他，我就护着。前两年他们还有看看我，给套衣服什么的，现在不来了，不知道为什么，他们把过去的一切都忘了。有两年不来家里了，路上遇见还是打招呼的。可能是公司安排客人到我家，他们不高兴吧。'其实，这位大妈的外甥一家疏远她的主要原因是外甥媳妇由于开傣楼产生了矛盾而影响了亲戚关系。"①

2. 旅游开发与湘西凤凰苗族村寨的传统价值观的转变

2012 年清明节期间，笔者前往湖南湘西凤凰古城进行旅游考察。在凤凰古城附近的几个苗族村寨，由于凤凰古城旅游业的带动，村民从事起了苗族村寨的旅游开发。在前往村寨的路上，一个张家界当地的土家族男性导游嘱咐大家："到了苗族村寨会有许多孩子围上来给游客唱歌或兜售一些草编的小东西，甚至会向你要钱，你们最好不要买他们的小东西，也不要给他们钱，这些孩子应该去学校上学，但家里大人为了让他们赚钱，很多都不好好上学了，我也是当地人，如果你买他们的东西或者因怜悯而给他们钱物，会让小孩们觉得钱来的特别容易，这样会让他们觉得读书没用，从小好吃懒做，总想着不劳而获，学会欺骗别人，如果你怜悯孩子们，就给他们一些学习用具，鼓励他们去上学。"听到这番话，笔者对这个导游刮目相看。刚进入村寨的停车场就有一群孩子围上来，果然出现了导游描述的一幕，这些孩子大多是 10 岁以下，他们三五成群，或兜售东西，或大声唱着"欢迎叔叔阿姨到湘西来……"的自编歌曲，或告诉你他想买铅笔，让你施舍一点钱。这个苗族村寨比较落后，活跃在村子里的孩子们随处可见。笔者看到一个大概只有四五岁左右的可爱的苗族小女孩，刚要准备拿相机照相，她却说"两块钱"，让人当时觉得很意外。这些孩子从小因民族旅游开发而变得功利，他们本该是在父母面前撒娇的天真无邪的孩子，但家长们却让孩子们通过这种方式补贴家用，这不仅让人开始深思旅游开发到底给村寨带来了什么。

---

① 孙九霞：《旅游人类学的社区旅游与社区参与》，商务印书馆 2009 年版，第 151 页。

二 民族村落宗教信仰文化的变迁

（一）民族村落的宗教信仰文化

宗教信仰是一种意识形态，它作为一种精神风俗，与人类的生产、生活、工作和学习等各个方面有着千丝万缕的联系。宗教信仰在民族村落社会生活中发挥着极其重要的作用。如藏传佛教、南传佛教和伊斯兰教在不同的少数民族中被广泛深入地信仰，信仰藏传佛教的有藏、蒙古、土、羌、普米、怒、裕固等民族，信仰南传佛教的有傣、阿昌、德昂、佤、布朗等民族，信仰伊斯兰教的有回、维吾尔、哈萨克、东乡、撒拉、柯尔克孜等民族。天主教、基督教在近代比较广泛地进入中国，与一些少数民族的文化也有深入的结合与融合。当然，有些少数民族没有形成统一的宗教信仰，其宗教信仰多属原始宗教的自然崇拜和祖先崇拜，信奉万物有灵，同时又受道教、佛教的影响，使多种信仰交融并存，并形成了崇拜、祭祀与禁忌的信仰风格。

宗教是文化的重要内容，在中国的民族村落中，各种宗教信仰已全面融入到了民族村落的日常生产与生活之中，形成了民族村落特有的宗教信仰文化，并在村落各种文化形态中得以展现。

（二）旅游开发与民族村落宗教信仰文化的变迁

1. 旅游开发下的商业文化对民族村落宗教信仰的冲击

在中国，民族村落几乎都保持着固有的宗教信仰，其宗教信仰与村落中传统社会的物质基础有着较强的适应性，广泛地延伸到了民族村落的方方面面，在生产与生活中随处可以感受到宗教信仰的影响，其对保护和传承村落文化和维护村落传统社会秩序发挥着重要作用。民族村落在进行旅游开发活动后——从文化传播的角度来看——其已成为商业文化传播的重要载体。所谓商业文化由来已久，是人类文化发展史上的重要文化类型，它是在生产领域和流通领域中因商品经济活动而产生的特有文化现象，是随着商品交换的产生而产生并与商业实践相始终的。

旅游开发不但带来了民族村落中物质文化和制度文化的变迁，其精神文化也同样发生了变化。因商业文化与社会现代化进程和村落旅游产业有着高度的适应性，加之国家意识形态等因素的共同作用，使其很容易在民族村落中扎下根来。现代商业文化的开放性、多元性和功利性与传统宗教信仰的神秘性、约束性、乡土性等相比，其在民族村落的旅游开发中似乎更受青睐、更有优势，很容易被村民尤其是村落中的年轻人所接纳。自旅游开发后，民族村落中的老年人基本保持着之前的宗教信仰文化，而年轻人则有所动摇，这种影响在那些没有统一宗教信仰的民族村落中表现得更为突出。如在四川羌寨中，对旅游开发后村民的宗教信仰调查显示，有35%的年轻人已经不再保持原有的原始宗教信仰，24%的人还保持着，并且绝大部分是40岁以上的中老年人。有41%的被调查者对宗教产生怀疑，认为宗教很神秘，但在生活中所起的作用不大。

2. 旅游开发与民族村落宗教文化淡化与世俗化

世俗化是西方宗教社会学提出来的理论概念，主要用来形容在现代社会发生的一种变化——即宗教逐渐由在现实生活中无处不在的地位和深远影响退缩到一个相对独立的宗教领域里，政治、经济、文化等层面逐渐去除宗教色彩。民族村落在旅游开发过程中，最初往往是将与生产生活相关的世俗文化作为旅游资源进行开发——如饮食文化、服饰文化、建筑文化、节庆文化等。但随着民族村落旅游开发的加深，村落中的宗教信仰文化因其巨大的神秘性，也逐渐成为旅游开发的对象。在具体的开发中，既有将村落中的宗教场所加以开放的，也有将村落中某种宗教仪式进行商业化演绎的，更有将村落中体现宗教文化的节庆加以开发的。如泼水节是体现傣族宗教信仰文化的重大节庆，现在的每年4月中旬，云南西双版纳景洪市傣族泼水节已被开发为云南著名的少数民族节庆旅游项目。民族村落中的宗教信仰文化在进行旅游开发之后，宗教场所逐渐变为旅游景区，一些与宗教相关的节庆文化和宗教仪式被开发为商业表演活动，这些活动虽然在形式上为游客展现了民族村落宗教信仰文化，但在民族村落社会内部，宗教信仰文化原有的神秘性和神圣性被过度商业化与符号化所取代，沦为了谋取经济利益的工具。宗教信仰文化在村落日常生活中的作用和影响被越来越世俗化。

（三）研究实例：旅游开发与厄里寨白马藏族宗教信仰文化的变迁

"厄里寨地处四川平武白马乡，总面积约200平方公里，人口约400人，在白马人家，每家每户都有火塘。以前火塘设在正房，一家人烤火取暖、做饭烧茶都在火塘上，吃饭、睡觉、待客则在火塘边。传统火塘是在地面挖一坑，火塘中央放一铁三脚架（白马语：扎伊），扎伊上放锅或铜壶用来煮饭、烧水。现在的火塘是从松潘传过来的，用铜打造的长方体火炉与传统火塘相比，更为方便洁净。如今，厄里寨很多人家改用新火炉，只有老寨子一些人家还保留着传统的火塘。不论新式火炉，还是传统火塘，都不准人从其上方横跨和踩踏，否则会激怒火神和灶神。火塘正面设有碗柜，两边则以左为尊。左上位是男主人的座位，家庭其他男性成员依次就坐；右上位是女主人座位，其他女性成员依次就坐。若有客人，主人就会按身份让座。客人应等候主人安排，不可轻易落座。当然，随着旅游开发，厄里寨人逐渐不严格讲究座次了。而且，现在厄里寨的新式楼房结构与传统'板屋土墙'房已大不相同，一般会有专门的厨房，火塘也就从大堂移到厨房，因此禁忌就不再那么严格了。"①

三　民族村落旅游开发与族群认同

（一）族群认同

族群是指人类在社会历史发展中区分我族及他者的分类方式之一，在民族学中指地理上靠近、语言上相近、血统同源、文化同源的一些民族的集合体，也称族团。一个民族通常包含多个族群，一个族群通常包含多个民系。在中国的广大民族村落中，除了由单一民族组成的族群之外，大多数民族村落都是由一个占主体的民族与其他民族组成的杂居族群。

认同是一个心理学和社会学术语，认同大致可以分为两类：一是

---

① 周如南：《白马人宗教信仰调查报告——以四川省平武县白马乡厄里寨为例》，《昆明学院学报》2011年第2期。

自我认同，是指自己对自我现况、生理特征、社会期待、以往经验等各层面的觉知。二是社会认同，是个人拥有关于其所从属的群体，以及这个群体身份所伴随而来在情感上与价值观上的重要性认知，亦即个体身为一个群体成员这方面的自我观念。

族群认同是一个复杂的心理活动，是指在心理或感情层面上将世界划分为"我们"和"他们"的思维活动。这种区分更多地来自与他群接触时一种文化上的自觉，这种自觉是建立一个族群的最基本特征，因为族群认同是人们与那些与其自身有着不同起源和认同的人之间互动的产物。

（二）民族村落旅游开发与族群认同

1. 旅游开发之前的民族村落族群认同

中国民族村落大多经济发展落后，村民收入和生活水平较低，在很多民族村落文化中，其民族宗教文化与乡村文化在一定程度上互有叠加。在改革开放后的现代化建设过程中，以汉族文化为主的现代文化发展较快，这种文化是建立在现代化市场经济的物质基础之上的，与民族地区村落传统文化相比具有一定的现代性和先进性，因此，在现代化进程中，现代文化的传播具有强势文化的优势，对民族村落传统文化形成了很大冲击，在国家教育政策和管理政策的共同作用下，民族地区出现了汉化和同化的现象，由于自身民族文化的劣势地位，许多少数民族地区，尤其是民族村落，普遍存在一种对自身族群和文化缺乏认同的自卑心理。

2. 旅游开发下的民族村落族群认同

在旅游开发过程中，民族村落当中的各种文化成为了旅游开发的主要内容，并给村落社区带来了较大的旅游收益。民族村落文化在旅游创收的过程中，体现出了其传统文化的价值所在，在与游客的不断接触中引发了对其自身的重新认识，当他们逐渐意识到在之前被自己认为"落后"的村落文化，居然会在进行旅游开发后吸引了很多不同国家和民族的人们，这极大的刺激了民族村落对自身文化的认识，他们开始对村落民族、宗教及历史文化进行了重新定位，这种增强了的民族认同感和自豪感，使民族村落文化和族群得到了重新构建。如在对青海互助北山浪士当村的有关"旅游业提高了当地知名度"的调查中，有98.5%的居民表示赞成，此项平均值和标准差分别为4.73和0.48，表明居民感知极为强烈并且意见非常一致。再如在沪沽湖开展摩梭文化生态旅游前，几十年的社会变动使摩梭人传统的文化特色几乎消失殆尽——服装趋于汉化，传统民族歌舞销声匿迹，宗教甚至最体现摩梭人的文化特质"交阿注"也难以幸免。而如今，旅游者的频繁光顾，刺激了摩梭人群体意识的复苏，他们意识到了自己文化价值的独特性，开始不惜遗力地再现自己的文化。[①]

3. "旅游族群"的产生与民族村落族群认同的实质

在目前的旅游人类学中，存在着"旅游民族"概念的提法。所谓"旅游民族"是一种因为旅游活动的开展而产生的对该民族文化的重新认识，并加以"旅游进行式"表述的一群人。那么，民族村落在旅游开发过程中所产生的族群和文化认同，同样是因旅游开发活动而产生的村落族群与文化的重构。民族村落族群特性，在很大程度上是在旅游开发中对民族村落原有族群与文化进行展示和表现的，这种以旅游方式所展示出的民族村落族群特性只是其部分特性，且这种旅游方式下的族群特性展示和表现存在舞台化、符号化和过度包装的商业等行为，与民族村落族群在真实生活中的具体情况存在一定的差别，是在旅游情境下所进行的"我者"与"他者"的族权区别与认同，其村落族群认同的实质和文化内涵已发生了变迁，从而形成旅游开发下的村落"旅游族群"。

（三）研究实例：旅游开发与小庄村的族群认同

下文是2008年笔者在小庄村调研中，村落中的旅游开发带头人席玉秀的一番话："后来由旦柱（村民名字）出钱我们去了趟青海湖，发现那里旅游的人很多，我看见一个藏族尕娃拉了两匹马给客人照相用，我就在那看了一个小时，骑马照相那个尕娃一个小时就挣了近百元。我们到那里都穿着我们的服饰，那里的客人问我们是哪里

[①] 杨慧、刘永青：《民族旅游与社会性别构建——以宁蒗落水村摩梭妇女为个案》，《民族学人类学的中国经验人类学高级论坛》2003卷，第271页。

的，我说我们是土民，没人知道！我们在那里卖了 100 元左右的刺绣品，就在卖刺绣的时候我们遇见了一个北京人，他拿了个很高级的照相机，我想他可能就是个记者，因为那时那么好的照相机只有记者们拿着呢，他和我们喧（聊天）了会儿后对我们说了一句话，就是这句话一下子把我点醒了，他说'你们的财富就是你们自己，就是你们的民族！'然后又问我们会不会跳舞，我们说会，然后我们三个就在草滩上给他跳开了，我们一边跳一边唱，这样就吸引了很多人围上来看，其中有很多外国人，他们给我们照相，问我们合影要钱不，我们说不要，跳完了之后，客人们给了我们很多钱，还有他们的吃的，我当时感动的哭了，心里就想赶紧一步跨到家，想着回去我们自己赶紧搞起来。当时我们也不知道什么旅游什么的。"①

"在小庄村调研中，参与村落民族旅游接待的部分村民认为，村庄应该保持一些原有的土族建筑特色，而在小庄村的村庄整治工作规划中，似乎并没有如何将小庄村打造成为一个民族旅游村的任何内容。下面就是村落中部分村民对村庄整治的一些个人看法：'原来村子周围的树也砍完了，村子上老人们反对，但没办法'；'游客来我们小庄就是来看那些土墙土门和老房子的，现在千篇一律的谁家都是砖墙，外地客人们来了就说这和我们那边的一般农村差不多'；'客人说卫生搞好，土墙没必要拆'；'当初大家的意思是把村子的广场修大一点，再在广场上放上两个我们土族的大轮子，又可以做停车场，客人多的时候大家就在广场一起热闹，那样多好，现在规划成了这样就不好了'；'我们小庄搞旅游，努力到现在不容易啊，领导可以到云南贵州看一下取点经，但是现在村庄土族文化破坏成这样了。'"②

从上述这些话中可以看出，小庄村在旅游开发过程中，增强了村民对自身文化和族群认同，但这种民族文化的认同是在为更好地进行旅游开发的基础上产生的，其认同感的实质发生了改变。

---

① 孙新：《基于性别分析的乡村社区妇女参与民族旅游问题研究——以青海省互助土族自治县小庄村为例》，陕西师范大学 2009 年硕士学位论文，第 42 页。

② 同上书，第 50 页。

第四节 旅游开发下民族村落文化变迁的特征

一 旅游开发下民族村落文化变迁的不可逆性

任何文化都会发生变迁，这是文化发展的一般规律。这种变迁既包括纵向的变迁，也包括横向的变迁。纵向变迁是指文化特质随着时间的发展而不断发展，不断积累和进化的变迁过程；而横向的变迁则是指文化在同时期中不同地域之间的文化传播与内涵化的过程。

"二战"以后，人类迎来了大众旅游时代，旅游逐渐成为人们的生活方式、消费方式，成为日常生活当中不可或缺的内容。自20世纪80年代改革开放以来，中国的发展突飞猛进，人们的经济条件和生活水平有了极大的提高，真正进入到了大众旅游时代，在这种全社会旅游需求及其旺盛的情况下，人们对少数民族文化产生了浓厚的兴趣，把少数民族地区作为主要的旅游目的之一。而少数民族地区由于历史发展、地域条件等因素的限制，经济、社会长期处于较为落后的局面，急需摆脱贫困。在市场巨大旅游需求的驱动下，加之旅游业的开发因其特有的见效快、技术要求低等的开发优势，理所当然的成为了少数民族地区发展经济的最佳选择。在少数民族地区旅游开发中，对民族村落进行旅游开发成为主要形式之一。旅游业属于第三产业，少数民族村落在进行旅游开发之后，村落中的产业基础发生了变迁，势必会带来民族村落原有文化的变迁。当然，民族村落中的旅游开发大多是对原有传统文化的开发，因其内涵、功能和所依托的物质基础发生了变化，这种用以旅游开发的村落文化只是保留了原有传统文化的外在形式，其文化的实质却发生了变迁。

国内外不少民族民俗学家、人类学家、历史学家等对少数民族地区的旅游开发持极大的否定态度，他们认为旅游开发活动破坏了当地的原生态文化。但我们必须清楚的意识到，即便不对这些少数民族地区进行旅游开发，仍最终逃脱不了全球现代化浪潮的洗礼，何况现代社会中人们的旅游需求是不可抵挡的，少数民族地区对民族村落的旅游开发只是该地区现代化较快推进的一种方式而已，现代化进程是人类社会发展中不可逆转的趋势，旅游需求也是不可逆转的，因此，旅游开发所带来的民族村落文化变迁更是不可逆的。那么，在这种现状之下，如何在保护中进行民族村落旅游开发是我们解决此类问题的重点。

二　旅游开发下民族村落文化变迁的层次特征

对于旅游开发下民族村落文化变迁的分析，是一个十分庞大、复杂的问题。在研究中，如何区分和界定哪些是因旅游开发而引发的村落文化变迁，是分析的难点所在。在实际情况中，民族村落中的许多文化变迁确实是由旅游开发活动而直接引起的。关于这一结论，可以从目前有关该类问题的研究成果得到印证。那些因旅游开发而直接引发的民族村落文化变迁，我们姑且将其界定为旅游开发中民族村落文化变迁的表层文化变迁。对于那些看似和旅游开发有关，但又无直接关联性的民族村落文化变迁，我们根据其关联程度将其分为文化变迁的中层和深层。所谓表层文化变迁，是指民族村落在旅游开发之初的一段时期内，因旅游开发而带来的民族村落文化变迁现象，这些变迁现象是一种人们能够直接看得到、摸得着的文化变迁。这种民族村落的表层文化变迁往往是从民族村落的传统产业文化、景观文化、传统建筑文化、饮食文化、服饰文化等物质文化层面开始，逐渐影响到民族村落中的诸如组织制度文化、节庆文化、社会结构、社会性别文化等制度文化层面的中层文化变迁。随着民族村落旅游开发的不断深入，最终会引发村落原有价值观、族群认同和宗教信仰等精神文化层面的深层文化变迁。

在因旅游开发而引起的不同层次的民族村落文化变迁中，以物质文化为主的表层文化变迁表现出了现代化的特征，这种现代化又导致了这一层面文化在变迁过程中丧失个性，呈现出同质化的特征。在以制度文化为主的民族村落中层文化变迁中，出现了组织制度文化的契约化、村落社会结构的复杂化、节庆文化的形式化和表面化及村落社会性别文化的重构等特征。而在以精神文化为主的民族村落深层文化变迁中，表现出的特征则是，传统价值观的商业化和功利化、族群认同的强化和宗教信仰的淡化和世俗化（见图3-7）。

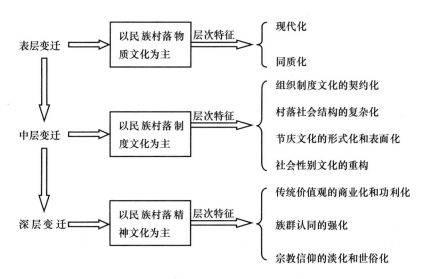

图3-7 旅游开发下民族村落文化变迁的层次特征

三 旅游开发下民族村落文化变迁的地域不平衡性

中国有数以千计的民族村落，大多分布在中国的西南、西北和东北部地区，不同区域的民族村落旅游开发的内容、时间和程度等不同，因此，其发展状况也表现出明显的地域差别。有关目前中国旅游开发下的民族村落区域发展状况，笔者以图3-8展示出来，并对各地区旅游发展的大致状况进行标识。

西南地区是中国少数民族种类分布最多的区域，尤其集中在云南、贵州两省。云南因其众多的少数民族文化资源和多样的自然地理环境，而成为中国民族旅游开发最早、发展最快的省份。在这一区域的民族旅游开发中，民族村落旅游成为主要的开发内容。近些年来，随着贵州旅游业发展速度的加快，以云贵两者为代表的西南地区民族村落旅游开发成为了中国民族旅游发展的重点区域。其中纳西族、傣族、苗族、藏族、白族、侗族、布依族、土家族、瑶族、彝族、羌族、壮族、哈尼族等成为该区域中民族村落旅游开发的重点对象。由于这一区域民族村落旅游发展较早，旅游淡旺季不是十分明显，因

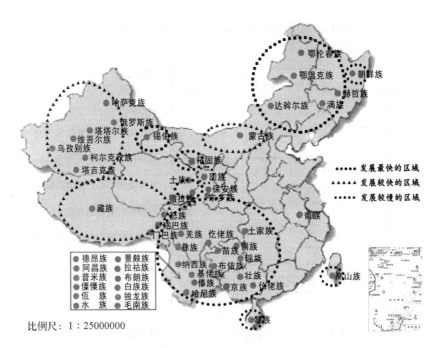

比例尺：1：25000000

图 3 - 8　旅游开发下中国民族村落区域旅游发展状况

此，由旅游开发所引起的村落文化变迁问题也很快显现了出来。随着旅游开发的不断深入，商业化等因素所带来村落文化变迁的速度和程度也在不断加剧。国内许多相关学者，也对这一区域内的民族村落旅游开发做了大量的研究，从最初的如何进行旅游开发到如今的旅游影响研究，学者们逐渐开始将目光转移到西南地区旅游开发中民族村落文化变迁的问题上，并取得了许多成果。这些足以说明民族村落旅游开发较早和发展较快的西南地区，在旅游开发过程中所引起的文化变迁问题是最为显著和突出的。

而幅员辽阔、民族分布较多的西北地区，却因自然环境、区位条件、交通条件等因素的限制，其民族旅游业开发和发展较为缓慢。随着国家西部大开发政策的实施，西北地区抓住机遇，纷纷将发展民族特色旅游业作为区域发展的主要产业，在近十多年的时间里，这一区域的民族旅游业取得了较快的发展，涌现出了一批特色民族旅游村落——如新疆、内蒙古、甘肃等地区。虽然其旅游开发和发展速度整体上比不上西南地区，但其发展势头强劲，潜力巨大。值得注意的是，这一区域的民族村落旅游开发不但较晚，而且因气候条件限制，旅游淡旺季十分明显。因此，这一区域的民族村落在进行旅游开发时，旅游业并不能完全取代民族村落原有的传统产业，往往形成民族村落原有产业和旅游业并存的形式，这使得这一区域的民族村落因旅游开发而带来文化变迁，并没有像西南地区表现的那样显著。

中国的东北地区，自然条件优越，农业发达，受工业化、现代化和城镇化影响，其少数民族被汉化的程度较为明显，因少数民族文化资源匮乏，其民族旅游发展较为缓慢，部分区域因旅游开发所带来的民族文化变迁并不十分明显。

值得一提的是，中国的部分穆斯林少数民族因地区经济发展、宗教信仰和开放程度等因素的影响，民族村落参与旅游开发的情况不多，如回族、东乡族、保安族、撒拉族等穆斯林民族。其村落文化变迁受旅游开发的影响十分有限。

四　民族村落旅游开发形式影响其文化变迁的内容和程度

中国的民族村落在进行旅游开发时，由于适宜旅游开发的资源、条件和优势特色有所不同，所采用的开发形式也有所不同。目前，中国的民族村落旅游开发的主要形式有乡村旅游、村落民族风情旅游、生态旅游、民族风情主题公园等。在不同的旅游开发形式下，民族村落能够满足的旅游需求就会有所差异。而不同的旅游需求决定了民族村落旅游开发内容、民族村落开发形式的不同，意味着在开发过程中所涉及的村落文化范围和层次不同。

进行乡村旅游开发的民族村落，其开发的内容大多以提供食宿及参与农事旅游活动为主要内容，这种旅游形式要求村落提供具有乡土气息的环境文化，因此，其对村落旅游文化的变迁影响程度相对较小。那些进行生态旅游开发的民族村落，除了提供游览过程中的食宿服务之外，还以提供生态旅游交通、向导等相应服务为主（云南落水村和香格里拉雨崩村等均属于这类情况），民族村落的生态旅游开发形式对民族村落文化变迁的影响程度主要体现在饮食文化、建筑文化、组织制度文化和生态文化等方面。而进行民族风情旅游开发的民族村落，则以村落民族特色文化为旅游开发的主要内容，这种开发形式对民族村落的文化变迁影响程度往往较大，在开发过程中，不但涉及民族村落的饮食和建筑文化，还会涉及到村落的景观文化、民俗节庆文化，甚至是宗教文化等。从上述内容可知，民族村落不同的旅游开发形式在很大程度上决定了其村落文化变迁的内容和程度（见图 3 - 9）。

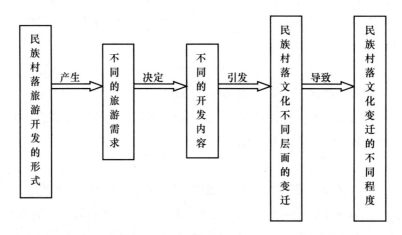

图 3 - 9　民族村落旅游开发形式影响其文化变迁内容和程度

第四章　旅游开发中民族村落文化变迁引发的突出问题与思考

　　刘艺兰（2011）认为，内在的发展动力或者与外在的不同民族之间的交流都会引起"一个民族的文化的变迁"，"当环境发生变化，社会成员以新的方式对此做出反应时，便开始发生变迁，而这种方式被这一民族所拥有的足够数量的人们所接受，并成为它的特点以后，就可以认为文化已经发生了变迁。"① 这个定义突出了文化变迁的几个特征：第一，文化变迁动因的综合性与复杂性特征。集中表现为动因组成成分的多样性以及各动因之间关系的复杂性。内在的寻求发展的动力与外在的不同文化的相互接触与融合都可以成为文化变迁的动因。而内在与外在的因素又会相互融合，共同形成文化变迁。同时，在现代社会的背景下，由于无法形成完全封闭的系统，即无论该民族村落文化如何相对封闭，总有与现代文明或其他民族文化相融合的地方——如使用工业化生产的各种生活用品、使用通用语言（如普通话）的现象等。而该民族的人主动或被动地接受其他民族的文化现象，都不能简单地归结于是外来文化对其的冲击。外部环境只是文化变迁发生的原因之一，而非全部。所以，旅游开发也只能作为其文化产生变迁的一个促进原因。即使没有旅游开发，文化变迁也会产生。第二，文化变迁的渐进性特征。对于一个文化而言，只有当变迁表现的足够明显时，才能认定该文化发生变迁。在文化变迁开始时期，接

---

　　① 刘艺兰：《少数民族村落文化景观遗产保护研究——以贵州省榕江县宰荡侗寨乃例》，中央民族大学 2011 年博士学位论文，第 11 页。

受其他文化或主动学习其他文化的人数一定只占该民族总人数的极少部分；由于内外各种因素的共同作用，当发展到一定数量后，就成为一种变迁后的文化。这个过程是与时间发展、外部文化冲击程度和冲击频率成正比的。第三，判断文化变迁的重要衡量标准之一是该民族成员从心理上对新文化的认可程度。只有相当数量的该民族成员都认可或接受新文化时，才能确定该文化已经发生变迁。相对于现代都市社会来说，民族村落是一个具有独特文化特色的旅游资源，在对其进行旅游开发时，作为一个相对封闭的系统，当旅游开发活动施加于民族村落时，往往会引起其文化变迁。而由文化变迁所产生的相关问题，是值得深入思考的。

第一节　旅游开发中民族村落文化变迁引发的问题

民族村落文化的封闭性、神秘性、民族性、地域性等特点，使其呈现出一种显著有别于现代都市文化的独特性，因此，文化的巨大差异成为了现代旅游开发的重要前提。在其原本缓慢、自发、封闭的发展过程中，引入了外在的人为因素——围绕旅游活动进行的各种开发行为，外来的文化与原生的文化不可避免地会产生各种相互作用，而大量的研究结果都表明，旅游开发会加速当地的文化变迁，由此产生的一些问题令人关注。

一　文化失真，不利于当地旅游的持续发展

（一）旅游开发主体强烈追逐经济利益容易导致当地的文化染上过于浓厚的商业化色彩

对经济利益的渴求是现代城市文化的一个突出表现，无孔不入的现代经济活动渗透在现代社会的每个角落，原本相对封闭的民族村落文化面对现代文化的冲击，也不可能完全避免其经济化的影响。对于中国的民族村落文化而言，其主要诞生于自给自足的农耕文化，换言之，缺少现代经济意识是民族村落文化的一个重要表征。但作为旅游

开发活动的主体——譬如当地政府、旅游开发商以及当地居民，出于地方政府财政收入提高的迫切要求、追求经济利益的根本目标以及家庭收入的切实提高、家庭之间互相攀比经济收入等目的，努力满足旅游者的需求，往往会将原本淳朴的文化改造成能挣取金钱的旅游产品。当把追逐金钱的文化纳入自己原本排斥金钱的文化场景之中，当这种主动接纳从个别行为扩展为大多数人的选择时，就会产生文化变迁。这种文化变迁与原有的文化存在本质上的区别，大大异于本民族村落文化，由此产生严重的失真。这种文化变迁使得目的地原本朴实的文化不可避免地带有浓烈的商业化气息，表现出"商铺林立"和"呈现城市化倾向"。[①] 在多种因素的作用下，当地很容易形成过度商业化的氛围。突出表现的问题有以下几个方面：

第一，游客需求的重要程度高于当地居民生活需要程度。景区建设与规划以满足游客的生活习惯为主，在景区内部及周边兴建商铺、餐馆、宾馆等现代接待服务设施，甚至为了追求盈利引入赌博、色情等项目，人为割裂各种旅游景观，破坏当地文化的原真性，导致特有的语言、建筑、礼仪风俗及民族服饰的减少甚至消失。

第二，为满足旅游者猎奇需求进行当地文化的扭曲化包装。以现代人、商人的眼光对原来的民俗习惯进行重新包装，突出离奇、神秘、甚至荒诞的特点，并将其舞台化、表演化，然后打包销售给游客，极大地损伤了当地的风俗民情，也为旅游者提供了一种虚假的旅游体验。

第三，盈利模式十分单一，主要以收取门票为主。为了在短期内见到经济效益，开发商不惜以"跑马圈地"的方式将原本属于当地居民生活的场所进行封闭，用以收取门票、过路费，给当地居民的生活造成不便，也对游客的旅游体验产生较大的损害。

第四，原有道德的约束受到经济利益的挑战。在赚取金钱的欲望与原有的传统文化、社会秩序之间，往往存在着一些不可调和的矛盾，当地居民很容易放弃或摆脱原有的限制，将金钱摆在第一位。这

---

① 陈一帆：《旅游区的商业行业》，《生态经济》2002 年第 10 期。

种主动的接受与认同将商业因素加入到当地传统文化之中，并进一步促使当地文化变迁，而趋向商业化的变迁本身又对商业化有着本能的认同，因此会形成文化变迁—商业化两者之间互为因果的螺旋式循环。

第五，年轻一代更容易被外来文化异化。在这种环境中成长起来的年轻一代会更容易接受外来文化，且对原生文化持有否定或漠视态度，这会进一步加剧文化变迁与文化异化程度。迅速商业化的生活环境无疑会使当地的生活环境发生恶化，显然不利于当地文化资源的可持续性利用。

（二）简单粗暴地复制其他民族村落的成功经验，导致个性丧失，是文化失真的突出表现之一

作为当地独特的民族村落文化，因为历史、地理、人文等原因，往往形成异于其他民族村落文化的特点，具有一定的独特性；但处于同一区域的民族村落，经常又因为地理位置、历史发展历程、经济发展水平、历史事件等因素的相似，而有一定的同质性。当地居民因为缺少教育往往不能精确地表达本民族文化的异质性特点，开发商又因为资金、效率等问题缺少深入研究当地文化的动力，它们只看到一定的同质性及其他邻近地区开发的成功就简单粗暴的将附近地区的成功经验照搬过来，甚至随意模仿那些原本离本地较远、完全不同的其他区域民族村落开发的模式，"印象系列"就是其中突出的表现。这种简单粗暴的开发模式导致的结果，就是原本具有独特风情的民族村落文化在被开发成旅游产品时成为千篇一律的同质性产品，人为地提升了竞争激烈度，减少了当地旅游的独特性，无法满足旅游者期待看到"不同"的愿望，降低了旅游者的旅游体验。

（三）旅游者成为加速当地文化异化的重要动力

文化是特定历史时期人类活动与自然环境互动的产物，文化变迁是必然产生的结果。倘若没有现代旅游开发活动从社会、文化、经济、生态环境等各方面介入到当地原生文化中，当地文化变迁的过程是缓慢的，是可以自我消化变迁带来的异于原有文化因素的。对于相对封闭的民族村落文化来说，在被引入了旅游活动之后，旅游者一方

面见证了受到工业浪潮冲击的民族村落文化变迁，另一方面作为现代工业文明的携带者，他们也成为强化当地文化变迁的动力和异化当地文化的重要力量。

民族村落文化是一种原本存在的社会文化现象，它具有封闭性、神秘性、民族性、独特性，可以使都市居民产生一种质朴、不世故、理想化、脱俗的印象。也正是因为不同于现代都市文化的特质，才使得民族村落文化可以对旅游者产生巨大的吸引力——产生所谓的"文化距离"，进而成为文化旅游资源开发的客观基础。① 由于旅游者本身的文化背景大都异于当地民族村落文化，其在文化旅游的过程中经常会对当地文化进行重新的解构与重读——这也是文化旅游的一种重要表现形式，其所有的行为都或多或少会受到自己原有的文化影响，因此在目的地旅游时会不可避免的包含自身文化观点。当地政府、开发商及当地居民为了迎合旅游者的需要，往往会对夹杂了旅游者所在地文化因素的重新解读进行认可，甚至因为对本地民族文化的自信不够而将旅游者重构后的文化作为自己民族的文化，在对后来或潜在的旅游者进行传播时有意识或无意识地将旅游者的理解掺入本民族对自身文化的理解，产生了当地民族文化的加速异化。

此外，伴随着现代信息技术的发展及传播速度的加快，旅游越来越成为一种大众普遍选择的休闲方式，旅游者对目的地文化的理解与看法会以更快的速度、更多的渠道向更多的潜在受众传播，在传播的过程中则会被符号化而不可避免地被贴上容易理解、具有现代都市文化以及具有快餐特色的标签。在寻求文化差异—产生旅游动机—旅游行为—传播反馈—吸引潜在旅游者的活动中，后来的、人数愈发增加的旅游者倘若未能体验到符合自己预期或与之前旅游者描述有差异的当地文化，他们则会用各种方式表达自己的不满；反之，能满足期望的旅游者则会通过各种途径来表达对民族文化的认可。为了获取经济效益或者提供旅游者所期待的地方文化旅游体验，当地会不遗余力地

---

① 吴宗友：《黄山市文化旅游资源漏损问题暨开发的动态模式研究》，《经济问题探索》2005 年第 12 期。

"创造"游客所期待的新"当地文化"。这会导致本地的原生态文化趋同于旅游者所在环境的文化，从而加速文化变迁，并会导致民族旅游出现文化严重失真，甚至假借、移植他族文化的现象。例如，泸沽湖走婚风俗后来被异化成为去云南旅游寻求"艳遇"。民族村落变迁的文化也因为包含了旅游者带入的文化，而对外来的文化更容易接纳，这也进一步加强了变迁的速度与程度。丧失了独特性的民族村落文化，则丧失了持续开展旅游开发与旅游活动的基础。

（四）"文化掮客"的推波助澜进一步解构原有的民族村落文化

"掮客"（Broker）一词来源于经济学，指处于独立地位、不以自己拥有的资本从事交易、只为买卖双方充当交易中介以获取佣金的中间商人。随着社会的发展及旅游活动的大众化趋势增强，旅游者对异地、异族文化的向往导致了其最终旅游行动的展开。而旅游经验的匮乏、关于旅游目的地相关信息获取的缺失，导致需要通晓客源地及东道主双方语言和文化的人帮助两者沟通，协调双方信息获取不对称的情况。随着旅游活动在当地开展，文化掮客由当地土生土长的居民扩大为因寻求就业机会慕名而来的且并不深入了解当地文化的打工者，甚至包括财大气粗的旅游公司、主动或被动引导游客的各种媒体、急需发展 GDP 的地方政府以及相关专业的专家学者的集合体。民族村落自有导游——文化掮客的重要组成部分之一——也由通晓多地文化的高素质村落居民变为经过简单培训、对民族村落文化未能深入了解和认同的低素质人员。由开始的随机讲解、随机线路参观发展成为固定线路参观，为了满足旅游者期望而反复重现某些场景（如节庆活动本身只在特定节日举行，为了满足游客需要则成为了日常性、程序化表演的现象），甚至将原本没有的情节根据游客要求或想象加入到村落生活场景中（如在绣楼前增添"抛绣球抢亲"等场景）。文化掮客与旅游者从开始的朋友关系发展为简单的金钱买卖关系。文化掮客在旅游线路选择、旅游目的地的文化景观设计、旅游地形象塑造、旅游活动的开展及旅游期望的满足等方面全方位影响着旅游者。在强势的开发商、地方政府、外来打工者、学者及旅游者面前，民族村落居民成为了弱势文化群体，东道主的文化被外来文化冲击甚至同化。

（五）年轻人群对外来文化的认可预示着传统民族村落文化可能消逝的结局

对于相当地区的民族村落而言，由于现代社会的影响，老年居民的农耕或农牧方式已经发生较大变化，年轻人多外出打工或留在本地从事旅游相关工作，其语言习惯、着装方式、思维习惯等本民族文化的外显方式都发生了较为明显的变化。在面对相对强势的外来文化时，其往往代表着更为先进的生产力与生活方式，年轻人群的认可、向往甚至模仿都会进一步地导致该地区传统文化的削弱甚至消亡——当更为坚守传统文化的老一辈人去世后，认可外来文化的年轻人将成为民族村落文化主流观点的倡导者，而对外来文化的向往往往意味着对本民族文化的舍弃。从长远来看，这会使得传统文化的传承与发展呈现出更多的隐患。

二 利益失调，降低当地社区参与度

（一）在旅游开发全过程中，民族村落居民被摒弃于核心权力之外

相对于现代都市而言，民族村落的经济条件相对落后，开展旅游活动的重要目的之一即发展经济、提高居民收入、改善居住环境、提升居民素质，这"是解决山区贫困的关键，是从以前输血式扶贫转向造血式的扶贫模式之一"。[①] 倘若背离这一目的，民族村落旅游开发的状况即使再好，也不能称之为成功。何况，作为综合性的产业，如果脱离了民族打落的参与，就不能建立有效的公众参与机制与互动机制，也不可能开发良好的旅游产品。然而，在实际的民族村落旅游开发活动中，在前期的旅游规划、利益分配等问题上，村落居民所起到的作用几乎可以忽略不计——既未能建立社区参与渠道，更没有形成可供实际操作的社区参与的方式；而且大多数民族

---

① 王茂强：《贵州喀斯特山区农村社区参与乡村旅游开发模式研究》，贵州师范大学2006年硕士学位论文，第6页。

村落本身就处于欠发达地区，缺少资金、技术，本地居民受教育水平较低，普遍缺乏现代社区参与意识、争取自身合法权益的意识与能力，缺乏对旅游开发的参与热情。脱离了民族村落全程参与的旅游开发活动，却要想使之能够切实提高民族村落的各种利益，这种做法本身就是一种悖论。

同时，资源的归属权问题也会导致民族村落的参与热情降低。对于当地居民来说，民族村落往往是生活时间弥久、多代繁衍的地方，即使是在今天的社会制度下，其管理权的天然拥有也是理所应当的。但在现实生活中，对于民族村落的旅游开发经常是由当地政府组织，由开发商承包、委托经营并进行具体操作的，对于世代生活在民族村落的村民来说，他们反而被排除在管理与规则制定的权利之外。在这种开发模式下，容易导致两种结果：一种是，整个村落被开发商承包，村落居民由于村落的经营权出让被彻底排除在外，只能离开祖辈生活的地方外出打工求生，他们容易产生消极情绪甚至是敌对情绪，对旅游开发活动缺少热情，大都减少参与活动，对旅游者在目的地的各种活动抱有冷漠甚至敌视态度，从而降低旅游体验，最终不利于当地的旅游持续发展。另外一种是，旅游开发活动给当地创造了一定的就业机会，但因为利益分配不均，村落居民会产生不平衡心理，与开发商在争夺利益的过程中处于劣势的地位会导致其把负面情绪释放到游客身上，在对客人服务的过程中更注重短期利益，丧失原有的淳朴民风、宗教崇拜与对本民族的认同感。

（二）"旅游飞地化"导致民族村落收入漏损现象严重

利益分配不均往往导致"旅游飞地化"，造成旅游收入漏损，直接导致民族村落对旅游活动的参与程度降低。所谓"飞地"是指旅游活动的开展依托旅游资源及土地，但外来投资的主导地位导致了以经营收益为主，进而造成居民并未因为该项经营活动受益。针对民族村落开展的旅游活动往往具有旅游扶贫的目的，以实现"一产带多产"为综合发展目标。然而，旅游开发的主体地位往往是由资金雄厚、有现代经营理念的外来投资商占据，民族村落土地资源的所有权归国家，但使用权及旅游资源的原始创造者是村落居民，产权的不清晰导致村落居民往往被排斥于利益分配的主体之外（许洪杰，2011）。根据博弈论中的智猪博弈理论（Boxed Pigs），获取利润小部分的当地居民选择不作为，反而利益最大化（张彤、张军，2007）。因此，"居民倾向于出租有限的土地资源和旅游资源，而不是选择亲自经营"①，并且经常对旅游开发活动报以冷漠、不参与的态度——这进一步导致当地旅游开发收入漏损，被转移至其他地区甚至其他国家，这是"旅游飞地化"的必然结果。对于民族村落居民来说，他们并未因为旅游活动的开展而获益，相反，还要因为旅游活动的深入开展而付出环境恶化、生活不便等代价，由此产生冷漠甚至敌视的态度也是情理之中的。

（三）旅游开发可能引发物价上涨、贫富分化程度加剧

一些研究成果表明，旅游开发活动会引起当地物价上涨，生活成本增加。作为旅游开发商，因为其获利远远高于成本，物价的上涨幅度在其承受范围之内。对于旅游者来说，他们往往来自经济发达地区或国家，如果加上汇率因素，旅游地的物价对于其消费能力而言，常常是十分低廉的。加上旅游开发商与旅游者在当地居住的时间相对短暂，即使物价过高，在短期内也可以承受。但是对于本地的居民来说，一方面，由于他们在获取利益时被排除在核心权力之外，只能获得小部分利益；另一方面，因为他们长期生活在旅游地，其不得不承受持续的物价上涨，实际的购买力会下降。由此可能引发冷漠、敌视甚至犯罪活动，这不利于当地旅游活动的开展。

此外，学者研究表明，当地居民的文化程度越高，越有可能在当地的旅游开发活动中获得好的就业机会，取得良好经济效益；文化程度越低，就越有可能接受包装后的文化娱乐生活，对外来文化的冲击抵御能力较弱（余勇、钟永德，2009），更会因旅游活动的开展而增加花销，而收入与花费的增加幅度不成正比，由此引发的居民贫富分化也会带来各种问题。

---

① 陈友莲：《"旅游飞地"对旅游扶贫绩效的影响及其防范》，《市场论坛》2011 年第 12 期。

三　管理失控，各种冲突增强

（一）旅游者与民族村落居民之间不同文化背景所引发的冲突

从理论上讲，在民族村落开发过程中，应该形成以政府为主导、旅游开发商及当地居民共同参与的模式。但实际上，开发商往往通过委托经营等形式将该地区进行短期或长期承包经营，地方政府的主导与管理作用常常处于缺失状态，导致少数民族村落出现各种管理问题。

这种冲突主要是旅游者与当地居民之间的不同文化的冲突。一般认为，能使原本存在的民俗村落文化吸引旅游者前来观赏、体验的一个重要原因就在于：民俗村落文化与旅游者所在地区的文化存在较大差异。但随着旅游者的不断进入，其他地区的文化特点会对当地民族村落文化产生持续的作用——无论旅游者是主动还是无意识。"具有不同文化特征的旅游者在旅游地的活动，本质上是一个信息交流和文化扩散的过程"。① 随着旅游者的旅游行为的出现，会形成现代文化—村落文化、外族文化—本地文化、强势文化—弱势文化的冲击。如果没有旅游开发的介入，随着漫长的时间渐进，也会有各种文化的作用，但这种作用力是缓慢的、可融合的，可以形成新的文化特点。而有了旅游开发，就会在相对较短的时间内，随着旅游者进入频率的增强，将几种文化的冲击强化成冲突。在这个过程中，旅游者往往代表现代文化、外族文化、强势文化，相对而言，其所受冲击较小。但由于民族村落文化处于一个弱势文化、受高频率冲击的地位，最终容易导致民族村落文化濒于同质。在不断的冲突过程中，一但管理缺失，会造成游客与当地居民的直接矛盾，从长远来看还会因民族村落文化无法应对文化冲突而失去差异性。

（二）利益相关群体之间的经济冲突增强

除了文化冲突，利益相关群体之间的冲突也随着旅游开发的过程

---

① 龚胜生、何小芊：《旅游地文化变迁与整合的文化地理学透视》，《华中师范大学学报》（自然科学版）2007年第9期。

凸显出来。在对民族村落文化旅游资源进行开发的过程中，相对于了解原生文化的本地居民来说，外来的旅游开发商、经常代表现代工业文明的当地政府往往更具有权力与能力将其对民族文化的理解施加于原有文化。在中国具有社会主义特色的市场经济背景下，任何经济行为背后都会隐藏着政府的引导作用。地方政府为了完成各项经济指标需要招商引资。对于经济相对落后的少数民族村落而言，发展经济的需求更为迫切。对于开发商而言，因为需要回笼资金、追求经济利益最大化等因素，必然也会加入到争夺经济利益的过程中。同样的，村落居民在原本贫困的情形下，发现旅游活动能为自己带来切实的经济利益，必然会屈从于不利于长远发展但利于短期经济效益的各种过度旅游开发。旅游者的旅游开销则成为上述三者共同的争夺对象。作为旅游者也需要拥有自己的权益，比如购买性价比高的旅游产品、拥有愉悦的旅游体验等。相对于地方政府、开发商以及当地居民来说，旅游者在争夺利益的过程中往往处于最弱势地位。因此，当地政府、开发商、当地居民、旅游者之间围绕金钱必定会产生各种矛盾与冲突，随着该地的旅游开发深度增加，如若不能处理好四者之间的关系，冲突则会加强。

（三）旅游活动的开展与环境容量的冲突

旅游活动与民族村落的环境容量之间也可能会形成较大冲突。出于追求经济利益最大化的短视追求，无论是地方政府、开发商还是当地居民，都会迫切地以经济发展为最重要的目标，认为旅游者越多就越有经济效益。当旅游活动超出地方环境容量后，本地各种文化就会遭到较大破坏、自然环境也会恶化，最终的结果是不利于旅游的可持续性发展。

四　社会结构失衡，产生多种社会问题

民族村落文化异于现代文化的突出特征之一是其体现传统民族文化的群体模式，而其群体模式形成的主要原因在于"古代血缘宗法关系的长期继承"，如苗族的父子连名制、侗族的讲款制、瑶族的埋岩制等①，甚至这种宗法制度是高于国家法律制度的。相对于现代都市文化的开放性来说，民族村落文化则处于相对封闭且稳定的环境，这种自给自足的状态使得在村落与宗族内部中如何协调族群利益、村落整体的利益以及内部各成员之间的关系——即建立一定的秩序——显得异常重要。在许多民族村落中，常常以血缘关系为纽带建立起家庭—房族—家族（族长领导）—村落的结构（杨鹍国，1992），通过这样的关系调节村落内部与村落之间的各种纠纷；族长、家族、家长则成为这种组织机构能够顺畅运行的核心与枢纽，表现出明显的凝聚作用。而平日的各种节庆活动，既能加强这种秩序对整个村落的影响，也能强化民族认同感与向心力。

通过旅游开发活动，现代文化的开放性、流动性、广泛性与变革性打破了原有的封闭性、自给性、稳定性、等级性、礼俗性，体现出新型的国家制度对村落社会关系的影响。原有的宗族制度让步于现代法治社会的各种规范，原有的宗族之间、村落之间的联系被打破、重塑，原有的习俗被解构、包装并搬上舞台供游客参观，原有的家长制被冲击、被打破……种种冲突导致了原有的稳定的社会秩序被打破，但又无法在短时间内形成新的村落内部秩序，由此产生了各种问题。

第一，对于经济理解的不同所产生的问题。传统民族村落文化的农业经济有着自己独特的体系，农民生产的产品是为了满足家庭自身的消费，而不是为了在市场上获得最大的利润。现代市场经济的假设之一则是舒尔茨的经济人假设理论——即每个人都追求经济利益的最大化而理性地进行决策。在面对旅游开发所带来的经济效益时，追求经济利益最大化的家庭往往收益较多且处于高人一等的地位，而遵循传统观点的家庭则往往处于经济地位的劣势，甚至被村落内部的其他家族成员鄙视、嘲讽（如在大理，一些村落的白族家庭因为家庭贫穷盖不起豪华别墅而被其他村民嘲笑）。由此导致了家庭、宗族之间

---

① 杨鹍国：《民族村落文化：一个"自组织"的综合系统》，《中南民族学院学报》（哲学社会科学版）1992 年第 6 期。

的地位发生了巨大的变化，评判标准也由原有的传统标准变为新的以经济收入为主要依据，从而产生各种冲突与矛盾。

第二，民族认同感降低所产生的问题。在少数民族地区，原本的风俗习惯既表达了一种祖先崇拜，也有增强民族凝聚力与认同感的作用。而现代旅游开发活动往往将其重新包装并由当地居民表演给游客观看，对于当地居民尤其是生长在这种环境下的青少年来说，这大大降低了原有的神秘感与崇敬感。不再神秘的当地风俗成为了表演给游客的舞台剧，从而产生各种社会问题。

第三，国家与村落管理制度的冲突问题。对于现代国家来说，管理的重要依据之一是法律法规，而当地村落的管理依据往往是流传多年的习俗、规范。一旦产生纠纷，尤其是牵涉到外来的旅游者或开发商，究竟是依从于现代法律还是依从于多年的规范制度，是亟需解决的问题。

第二节　旅游开发中民族村落文化变迁的思考

一　民族村落文化变迁动因分析

在片面追求经济利益最大化的背景下，旅游开发成为了民族村落文化变迁的最重要的助力，在所有文化变迁的背后都能看到经济的重要影响。在此基础上，加之各种社会因素的综合作用，就导致了各种现象的发生。

（一）旅游开发主体的影响——基于"舞台真实"理论视角

"舞台真实"理论脱胎于社会学家戈夫曼的"拟剧论"。该理论认为，人们在社会生活中以不同的角色、在不同的场次进行表演。社会成员在社会舞台上扮演多种角色，使自己的形象服务于目的。他还提出"前台"和"后台"的观点。"前台"是指为观众表演的地方，"后台"则是演员为"前台"表演做各种准备的地方。为了"前台"表演的"真实性"和"可信度"，就有必要保持"后台"相对于观众的封闭性与神秘性。麦坎内尔（MacCannell）则将该理论引用到旅游业研究中，提出旅游业中的"舞台真实"理论，认为对"现代真实生活的破坏导致人们对异地、他人'真实生活'的迷恋已成为公开的话题。"①

生活在现代都市文明中的人们，因为文化的同质性，导致人们对生活在他处的、不一样的文化产生好奇心，当这种好奇心强烈到驱使其需要到常住地以外的地方去体验"不一样"的生活时，就产生了旅游行为。而旅游开发行为则是在洞悉这种好奇心的同时将原有的民族村落文化的"前台""后台"进行人为的筛选、解构、重构，通过各种"舞台"表演给旅游者。为了满足旅游者"体验不同文化"的强烈要求，"前台"所表现的内容一定要迥异于现代文明，当"前台"所展现的文化已经不能满足游客需求时，将会导致将"后台"的、原本应该封闭的、不呈现在外人面前的准备活动也展现在游客眼前。一般来说，"前台"能表演出来的文化是显性的，利于通过各种符号、形象展示于人前的，例如生活习惯、饮食文化、服装特色、节庆仪式等；"后台"则是更为隐蔽的，难以展现的隐性文化，例如对民族的认同感与自豪感、对传统文化的尊重甚至崇拜感情。当"前台"的显性的表演无法满足游客口味，旅游者不愿意为这样的表演付出大价钱时，为了获得旅游收入，旅游开发者往往将包装的手段也作用于"后台"，采用各种包装手段将其改头换面为显而易见的舞台表演。强行解构原有文化的行为会产生各种冲突，当冲突累计到一定程度时，原有文化就会发生质的变化，从而产生变迁。

（二）旅游活动主体客体相互作用的影响——基于"旅游凝视"理论视角

"旅游凝视"这个概念是基于福柯（Michel Foucault）的"凝视"理论的，也是厄里提出的旅游研究中的重要理论工具。刘丹萍认为，"旅游凝视"是"将旅游欲求（Needs）、旅游动机（Motive）和旅游行为（Tour 或 Travel）融合并抽象化的结果，代表了旅游者对'地

---

①　刘云：《论民族文化旅游中的舞台真实》，《云南财贸学院学报》（社会科学版）2007 年第 2 期。

方'（Place）的一种作用力。"① 成海（2011）则认为，"旅游凝视"不仅包括"游客凝视""东道主凝视"，还应该包括"旅游规划者凝视"即"政府凝视"等方面的内容，是"多个利益主体之间的'凝视'"。②

作为一个具有多种特性的综合性社会活动，旅游活动本身具有强烈的文化性。民族村落文化作为旅游开发的主要对象及旅游产品的内核，因为旅游者、当地居民、开发商、地方政府等各种因素的作用，往往会产生变迁。在旅游活动的进行过程中，"凝视"的主体有旅游者、当地居民、开发商以及当地政府等利益主体，民族村落文化往往是"凝视"的客体，即被作用者。在各旅游"凝视"主体对旅游"凝视"客体的建构"凝视"的过程中，不可避免地带有各主体的"自我"意识，而"自我"意识的存在正是基于"凝视""他者"行为之上；对民族村落文化而言，其文化是"自我"，其形成依托于外来游客、开发商甚至政府以及本身存在的东道主的"凝视"行为；除此之外，在各个"凝视"主体对当地文化的"凝视"过程中，其他"凝视"主体往往充当背景甚至是被"凝视"的对象，即成为客体的组成部分。因此，在错综复杂的"凝视"关系中，旅游者"凝视"与地方文化是相互依存关系：即没有游客的"凝视"需要也就无需当地文化的表征化、符号化与被"凝视"需要；东道主则因为"游客的凝视"不断地对自身文化进行表征与体现，同时根据游客"凝视"不断重复、修正甚至"发明创造"出可被"凝视"的文化；而旅游开发商和地方政府也会带有自身的意识，同时根据游客"凝视"、当地居民"凝视"的"凝视"需求及自我表征对民族村落文化进行解构与重塑。在多种需求的作用下，原有的民族村落文化可能因为需求的减弱而削弱甚至消亡，也可能表现出异化及创新。无论是削弱、消亡还是异化、创新，都会导致当地文化变迁（见图 4-1）。

---

① 刘丹萍：《旅游凝视：从福柯到厄里》，《旅游学刊》2007 年第 6 期。
② 参见杜聪贤《基于旅游凝视理论的民俗文化变迁研究》，《经济视角》2011 年第 8 期。

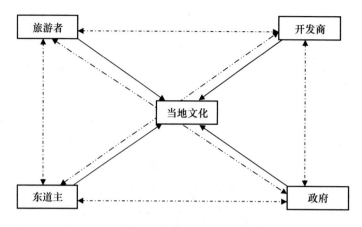

图 4 - 1　各利益主体及客体之间"凝视"作用

二　旅游开发与民族村落文化变迁之间的关系

对于整个人类社会和文化系统来说,变迁是一种常态。作为文化系统的一个子系统,民族村落文化随着内外环境的变化发生改变,当改变得到大多数本民族成员认可时,即发生文化变迁。对于民族村落文化而言,变迁是不变的,不变则是相对的。因此,对于变迁的民族村落文化而言,原有的传统文化可以通过博物馆、风俗表演、文字、影像等方式进行保存,并为今后研究及科普提供宝贵的资料,但是不必认为现有的或者传统的才是积极的、"好的"、不必改变的,而变迁的文化一定是消极的、"不好的",更不必谈变迁则色变,恐惧文化变迁。

尽管旅游开发对民族村落文化具有相当的积极作用——例如通过旅游活动促进传统文化的保存与再开发、获取资金以保护当地传统物质与非物质遗产、提高当地民族的自豪感与自我认同感等作用,但由于旅游活动具有综合性、文化性、影响的延迟性等特征,旅游开发对民族村落文化变迁的作用在实际上比想象的还要深刻、广泛,且因为其影响的延迟性,一般要等文化变迁之后才能评估旅游活动的积极或消极作用。在实际旅游开发活动中,由于过于追求经济利益及短视效应等原因,民族村落文化往往被过度开发,甚至被掠夺性开发。那些带有现代商业色彩的旅游开发活动的不断强有力冲击,使当地的民族村落文化加速丧失其独特性，文化变迁过度、过快。此外，由于民族村落大都处于自然条件相对恶劣、可进入性差的地区——也正因为如此当地的文化才具有独特性而不是过早被其他民族文化融合，旅游活动的大量开展对当地生态环境造成的破坏往往是不可挽回的。因此，既不能认为变迁一定是不好的，或者将当地的文化变迁全部归结于旅游活动的开展，也不能无视旅游活动可能带来的各种影响（尤其是消极影响），更需警惕旅游开发过度促使民族村落文化城市化、二元化、破碎化的可能结果。

在旅游开发中需要注重各方利益的合理分配，要从社会发展、生态环境保护、经济效益等多个角度综合考虑，以切实提高当地居民生活质量、保护地方文化传承与民族认同感、满足资源持续利用、公平分配经济利益等为指标，以保护性开发为唯一选择。只有这样，才能满足民族村落文化的可持续性旅游发展的最终目标。

三 应对突出问题所提出的对策研究

（一）厘清旅游产权归属问题，明确各方权责

中国的民族村落文化旅游开发会产生各种问题的关键原因之一，在于旅游资源及土地的产权归属一直处于模糊不清的状态。产权"实质上是由一系列权利组成的有机体系，它包括所有权、占有权、使用权、收益权、处置权等"。[①] 根据中国国家体制，资源的所有权归属于国家或者集体。在对民族村落进行旅游开发之前，民族村落的所有权归属于国家，资源的占有权、使用权属于当地居民，资源的处置权和收益权归属问题则模糊不清。在现阶段，并未有合理、完善的办法来解决这一问题，由此引发了民族村落旅游开发中的各种问题。而在原本就存在问题的产权归属中引入旅游开发活动，则增加了更多的利益群体，导致关系更加复杂。因此，有必要先解决到底有哪些利益主体，这些利益群体的地位及权利如何，产权归属如何处理等问题。

---

① 鲁明勇：《旅游产权制度与民族地区乡村旅游利益相关者行为关系研究》，《中南民族大学学报》（人文社会科学版）2011年第3期。

第一，明确旅游资源产权归属问题。作为旅游开发的对象及吸引旅游者前来体验的基础，旅游资源本身具备了社会属性、文化属性等特质，"正是因为旅游资源的公共属性，才使得在旅游资源开发利用过程中由于相关契约的不完全性而导致产权界定不清"。① 笔者认为，无论是自然景观还是人文景观，都是本国国民集体拥有的。因此，在进行旅游开发过程中，需要着重突出旅游资源的公共属性，那些圈钱、收取高额门票的方式都应给予否定；同时，因为民族村落是村落居民祖辈生活的地方，村落的文化离不开该民族世代的经营与传承，也应强化其对该文化遗产（物质文化与非物质文化）的继承权，肯定其对该民族村落文化的所有权；此外，在开展旅游活动的过程中，开发商新投入的、建立在当地原有文化基础上的相应辅助设施或新的旅游景点才是开发商拥有的私有财产，可以根据市场经营规则进行定价并收取相应费用——因为"附属设施不具有公共性"。至于其他相关群体，则必须依附在明确相关资源归属基础上才能进行利益划分的。

第二，识别相关利益主体。在研究如何使旅游开发保持持续发展的过程中，不容忽视的一环就是识别在旅游活动中牵涉的利益相关者。利益相关者（Stake Holder）理论从 20 世纪 60 年代开始，就受到了来自管理学、伦理学、社会学等学科的学者们的关注，西方对于利益相关者的定义多达几十种，例如，"利益相关者是指任何能影响组织目标实现或被该目标影响的群体或个人（Freeman，1984），是受一件事的原因或者结果影响的任何人、集团或者组织（Bryson，Crosby，1992），是任何能影响或为组织的行为、决定、政策、实践或目标所影响的个人或团体（Carroll，Buchholtz，1999）"。② 20 世纪末，旅游行业发展导致的伦理性逐渐成为关注的重点问题之一，"利益相关者理论较为清晰的理论框架和民族旅游目的地旅游发展涉及众多利益相关者"③，被当作

① 伍先福：《基于利益主体理论的古村落旅游开发研究》，湘潭大学 2007 年硕士学位论文，第 13 页。
② 刘静艳：《从系统学角度透视生态旅游利益相关者结构关系》，《旅游学刊》2006 年第 5 期。
③ 吕宛青：《利益相关者共同参与的民族旅游区家庭旅馆经营及管理模式研究》，《思想战线》2007 年第 5 期。

是研究旅游问题尤其是民族旅游问题的主要分析工具之一。最早应用于旅游相关问题研究并见诸旅游管理研究文献的是 1979 年出版的 *Tourism：The Good，The Bad and The Ugly*，其中强调旅游目的地发展和管理中需要"公众参与"。[①] "根据旅游利益主体理论的基本内涵，产权的完整性以及资产的专用性是衡量一个利益主体是否拥有旅游开发剩余索取权和剩余控制权的两个主要标准。合法利益主体意味着在古村落的旅游开发与管理中，他们拥有着无可非议的产权完整性与资产专用性。"根据这两个最重要的标准，旅游开发活动中合法的利益主体应该是产权完整性与资产专用性的交叉领域（见表4 - 1）。

表4 - 1 　　 旅游利益主体产权完整性与资产专用性矩阵分析

	产权完整性	资产专用性
产权完整性	全体公众 当地管理机构 民族村落原住民	国际遗产或村落管理机构 国家政府部门 当地旅游机构 旅游开发商 员工 旅游者 当地政府 民族村落村落社区 民族村落居民 相关保护群体
资产专用性	国际遗产或村落管理机构 国家政府部门 当地旅游机构 旅游开发商 员工 旅游者 当地政府 民族村落村落社区 民族村落居民 相关保护群体	民族村落的非政府组织 地方性、全国性的非政府组织 相关媒体 相关研究机构或个人 竞争者

资料来源：根据伍先福的 2007 年湘潭大学硕士学位论文《基于利益主体理论的古村落旅游开发研究》整理而成。

---

① 参见唐晓云、赵黎明《农村社区生态旅游发展分析——基于利益相关者理论》，《西北农林科技大学学报》（社会科学版）2006 年第 3 期。

根据相关文献研究，在产权完整性与资产专用性的交叉领域中，对旅游开发剩余索取权和剩余控制权拥有程度较高、对旅游活动开展的公平性、持久性起到较大影响的有当地政府、旅游开发商、当地居民、旅游者及相关从业人员。

（二）协调相关利益主体的利益，以达到动态平衡的目的

旅游活动的广泛性、综合性导致了在旅游开发过程中涉及到的相关主体非常多，彼此之间的关系非常复杂。从某种程度来说，保证旅游活动在民族村落中的持续发展是解决好相关主体的利益分配动态均衡问题的必然结果。因此，协调好相关利益主体关系，保证各方的合法、合理权利，建立良好的共生机制，是亟需考虑的问题。

（1）协调各方关系，建立共同的旅游发展目标是建立良好共生机制的重要前提

对于不同的利益主体，具有差异性的目标是不同利益主体产生的根本原因。在民族村落文化旅游开发中形成的主要利益主体有当地政府、开发商、从业人员、当地居民、旅游者等。作为当地政府、开发商以及从业人员，其主要诉求为经济利益最大化；当地居民除了关注经济收入之外，环境保护也是其重要的考量内容之一；对于旅游者来说，追求愉悦的旅游体验、寻求自我确认才是其主要目的。

此外，当地政府也有提升政绩的政治因素以及收取资金用以保护环境的目的。对旅游从业人员来说，经济利益之外的个人发展、获取信息以及交往需要也是其从事旅游业的主要影响因素。因此，如何保证在同一共生界面内不同主体的利益分配与目的协调，成为了解决民族村落文化开发的重要问题。

表 4 - 2 不同利益主体的相关目的

利益主体	经济目的	社会发展目的	政治目的	环境保护目的	自我发展目的
当地政府	5	5	5	3	0

利益主体	经济目的	社会发展目的	政治目的	环境保护目的	自我发展目的
开发商	5	0	0	3	0
旅游者	0	0	0	3	5
从业人员	5	0	0	3	5
当地居民	5	3	0	5	5

资料来源：根据相关资料整理而成。

注：根据其程度以0—5进行打分，0表示"无"，5表示程度最高。

通过表4-2可以看出以下几点：

第一，关于经济目的。除旅游者之外的其他主体都具有强烈的经济收入追求，而旅游者的花费成为他们共同追逐、分享的最主要部分。因此，为了保证旅游者的高消费以及客源的不断涌入，旅游地需要为旅游者提供满意的甚至超越其既往体验的旅游产品以及相关配套服务，从而获得高水平的顾客评价以及口碑效应所带来潜在客户。对于其他利益主体而言，在保证开发商经营目标的同时，需加强从业人员及当地居民的分配倾斜——因为作为文化旅游产品，从业人员的素质、工作态度以及当地居民的融入程度是保证产品和服务的最重要手段。对于当地政府来说，除了获取相关税收收入之外，还应从经营者的角色中抽离出来，更多地扮演协调者、监督者的角色，以解决各主体之间存在相互冲突等问题。

第二，关于社会发展目的。除了地方政府和当地居民表现出较为强烈的发展需求之外，其他利益主体也需加强对目的地发展的关注，只有当目的地主要组成部分（地方政府、当地居民）满足其主要要求时，才能满足其他相关主体的需求。在这个目标的协调过程中，当地政府要发挥主导与中介作用。一方面要积极引导各利益主体朝共同的发展方向努力，另一方面需及时地与当地居民就发展问题进行双向交流。

第三，关于政治目的。此为相关利益主体关注程度最少的目标，也是在今后旅游开发中政府政治色彩逐步淡化这一趋势的所在。当地

123

政府应弱化政治角色，除了制定必要的规定之外，不要过多干预相关市场，将旅游开发这一具有明显商业色彩的活动引导进市场，由市场的供求关系来决定其发展。当创造出良好的旅游环境时，当地政府的政绩水平也自然会因之提升。

第四，关于环境保护。研究表明，越来越多的利益主体已经认识到环境对旅游可持续发展的重要意义。对于民族村落文化这一旅游开发对象来说，除了保护其本来就比较脆弱的生态环境外，更重要的是要确保原有文化在现代化的冲击下能有原汁原味的、"博物馆式的"呈现。因此，要加强各主体对此问题的重视，并在一定程度上达成共识。

第五，关于自我发展。随着旅游活动的发展及教育水平的提高，旅游的教育功能越来越明显。满足旅游者、从业人员以及当地居民的发展问题，值得当地政府和开发商给予关注。只有旅游活动双方的个人发展需求都得到满足，才能为政府及开发商提供其迫切需求的资源。

（2）建立利益相关者双向沟通的动态均衡机制，形成 ESPE 共生模式

对于不同的利益主体，在形成共同目标的基础上，要针对上文所提出的民族村落文化变迁的突出问题，提出相应对策，形成以经济发展（Economy Development）为基础、社会综合发展（Society Development）为主干、法律法规（Policy）为准绳、生态与文化环境维护（Environment Protection）为底线的 ESPE 共生模式。应以当地居民为主体、以当地政府为主导、以开发商及从业人员为主营、以游客需求的满足为主线，保证各方的利益需求，协调各方权利与义务的相对平衡，达到旅游活动持续发展的目的。

根据 Mendelow 的权利—利益矩阵，按照利益主体不同的利益需求及其能获得自己相应权利的能力程度，可将利益相关者分为四个部分，见图 4 – 2 所示。

使其满意 (keep satisfied)	关键参与者 (key players)
最小努力 (minimal effort)	保证信息获得 (keep informed)

权利

利益

资料来源：楚璇：《旅游利益相关者视域内的旅游者行为规范》，湖南师范大学 2008 年硕士学位论文。

国家相关部门	当地政府 开发商
	旅游从业人员 旅游者 当地居民

权利

利益

图 4 - 2 利益相关者图谱：权利—利益矩阵
资料来源：根据相关资料整理而成。

从上图可以看出，之所以在民族村落文化的旅游开发过程中产生各种突出问题，根源之一在于相关的利益主体十分关注自己利益获取的程度高低，而这种获得权利的相对不平衡导致了各个利益主体的利益分配的不均衡。因此，在建立共生机制时，要充分发挥政府的协调功能，减少其获取利益的程度及权力。要加大旅游者和当地居民的利益保护程度，提高旅游从业人员的待遇，形成良好的均衡机制。具体措施如下：

第一，转变当地政府的角色。当地政府应从相关利益的争夺者中抽离开来，承担起中介者、协调者的责任，起到"损有余而补不足"的作用，既不能让开发商因资金优势而在旅游开发中获取过多的话语权以伤害其他利益主体的合法权益，也要防止旅游从业人员和当地居民凭借掌控直接对客服务的资源进行垄断，进而导致与开发商争夺利益。同时应与旅游者双向沟通，关注旅游体验的评价反馈，根据其反馈意见及时调整各方主体的关系。此外，近年来，地方政府对地价的推动作用是十分明显的①，这是导致开发商、当地居民及从业人员经济利益减少、成本增加的一个重要原因，也是旅游者旅游满意度下降的主要原因之一，因此，"利用廉价土地转化为真正提高当地的软硬件环境"是一项重要议题。同时，国家相关管理机构也应增强对相关部门的监督、领导作用，见图 4-3。

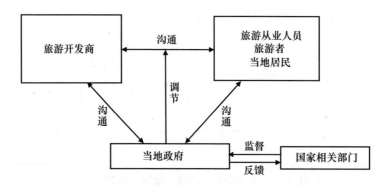

图 4-3　利益主体分配利益中政府的主导地位

第二，提升旅游从业人员的地位。旅游产品的消费与生产的统一性决定了旅游从业人员的工作特点是压力大、体力与脑力消耗水平高、工作倦怠度高等，而旅游从业人员又是保证旅游活动可持续发展、提升服务质量的重要影响因素。因此，提高相关工作人员的工作满意度、改善工作环境、扩充职场发展空间、完善自我发展的路径，也是亟需解决的问题。在实际旅游开发中，要全面考虑从业人员的生活与工作均衡，实行轮岗工作制以减少工作倦怠程度。要加强对优秀员工的奖励措施，保护面对无理取闹的游客饱受委屈的员工的权益。要增加授权，通过技术、资金入股等激励方式加强员工对所从事工作的认同感与自豪感，减少单纯靠小费、购物佣金盈利的方式，与旅游

_____

① 吴旬：《土地价格、地方政府竞争与政府失灵》，《中国土地科学》2004 年第 2 期。

开发商建立起良好的劳资关系。

第三，强化当地居民的主体地位。在进行利益分配的过程中，要将当地居民祖祖辈辈生活的环境（包括地理环境及文化环境）作为旅游开发投资中的重要组成部分，并且将旅游活动妨碍当地居民正常生活、工作等因素也作为旅游开发原始投入的组成部分，按照一定的评定方式将其折算为金额计入到原始股本内，以分红或其他方式进行补偿。要认识到，当地居民就是民族村落文化的活标本。因此，要在提升当地社会综合发展水平的同时加强教育引导，增强当地居民的民族自豪感。要重视年轻一代的民族文化传承问题，积极听取其意见并及时解决问题，使其能获取相应的利益分配。

第四，完善游客需求在旅游开发中的主线作用。旅游活动具有明显的经济特征，能否获得较好的经济利益直接取决于能否满足甚至超额满足旅游者的需求。换言之，所有旅游活动的开发应该围绕着旅游者的旅游需求来进行，如果提供的相应产品或者服务未能达到游客期望值，这种旅游开发活动是失败的。对于文化旅游而言，当地文化的"原真性"是游客期待体验的重要内容。要努力保护民族村落文化，可从其脆弱的文化与自然环境两方面共同入手。可引入自然环境保护区的保护方式，建立相应的缓冲地带以减少外来文化的巨大冲击——即从地理及心理上都建立核心区—缓冲区—外围区，根据不同游客的旅游需求提供不同水平的产品与服务，在满足旅游者期望的同时又能保护传统文化（见图4-4）。

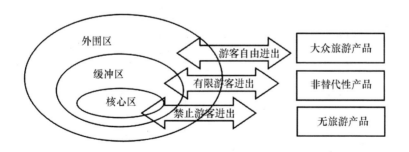

图4-4 民族村落文化保护模式与旅游产品的关系模式

在外围区，可根据顾客需求，在民族村落文化的基础上允许进行较大幅度的改动，目的是给予"走马观花式"的大众游客以强烈的视觉冲击和心理冲击，满足其猎奇的旅游心理。在缓冲区，对于以环境保护为主要目的的相关旅游者，因其具有较高的文化素质和较强的环保意识，可以将较大程度的、真实的当地文化展现给对方，在满足其自我教育与环保需求的同时尽可能地获取该种旅游者的相关资源以更好地保护文化与自然环境。至于核心区，应对除本民族之外的其他民族完全封闭，一方面可以维护民族村落文化的神秘感，另一方面可以加强本民族与其他民族的区别，同时起到"博物馆式"的文化保护目的。

基于以上思路，笔者提出 ESPE 共生模式（见图 4 - 5）。

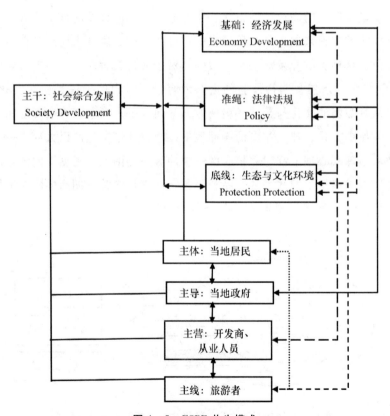

图 4 - 5 ESPE 共生模式

第五章　民族村落文化旅游
保护性开发

民族村落文化变迁是社会发展的必然规律。旅游开发是影响民族村落文化变迁的重要原因之一。旅游开发可能会加速民族村落文化变迁，但恰当的旅游开发也能为民族村落文化保护提供新的契机（保护性开发正是如此）。保护性开发必须以民族村落文化的保护传承为核心理念，产品开发、开发模式构建，都要以民族村落文化的保护、传承和发展为依据。保护性开发是少数民族村落发展旅游的必然选择，是延缓民族村落文化变迁的重要条件，更是少数民族村落居民参与旅游发展的根本保证。保护性开发是实现民族村落文化旅游可持续发展以及民族村落文化保护和传承的必经之路。

第一节　民族村落文化旅游保护性
开发的基本界定

中国的少数民族众多，独特的民族村落文化是民族旅游发展的核心资源。旅游开发像一把双刃剑，积极作用和消极作用皆有。它必然会对民族村落文化产生影响——至于如何影响，是产生积极影响还是消极影响，这取决于在旅游开发过程中对民族村落文化的态度，即如何平衡保护和开发民族村落文化的关系。① 要实现民族村落文化保护和可持续发展，应审视和总结已有旅游开发方式，选择恰当的旅游开

---

① 曹端波：《旅游发展中民族文化的保护与开发》，《贵州社会科学》2008 年第 1 期。

发模式，凸显民族村落文化"地方性"特征。只有这样，"旅游业发展才可能有选择地强化民族村落文化传统，保护和促进某些传统文化的发展"。① 针对民族村落文化旅游或者民族村落旅游开发方式选择问题，不少学者提出了"保护性开发"的思路，这为民族村落文化旅游开发提供了重要的选择。

民族村落文化旅游资源具有特殊性，为了保证它的可持续发展，对其进行保护性规划与开发尤为重要。民族村落文化还具有易损性和不可再生性特点，且由于现代旅游所带来的负面影响，对其必须进行保护性开发（谈国新、钟正，2012）。保护性开发既是开发思路也是开发模式，它的实施可以更好地平衡民族村落文化变迁与旅游开发的关系。保护性开发理念的提出，其根本目的在于真正实现民族村落文化保护传承以及旅游可持续发展。

对于民族村落而言，"保护性开发"首先体现为文化空间保护的开发理念。文化空间保护的内容包括：文化空间保护的原真性原则、文化空间保护的"文化自觉"及文化空间保护的制度设计。进行文化空间保护可以实现民族村落文化和文化空间的良性变迁，采取保护性开发的思路更是保持民族村落旅游可持续发展的战略选择（王虹，2011）。

对于民族村落这种聚落形态，在对其进行旅游规划与开发时，还可以采用历史保护体系实现旅游地可持续发展。历史保护（Historic Conservation）是为了降低文化遗产和历史环境的衰败速度。它的主要内容包括：对保护项目及其环境所进行的科学细致的调查、勘测、鉴定、记录、修缮等动态性管理活动。对古迹遗址、历史建筑（群）、传统民居及街巷和历史文化见证物等的修缮和维护。对经济、社会和文化结构中各种积极因素的保护和利用。对历史街区及其环境的改善和整治。对具有浓郁地方民俗特色的无形文化遗产、典型社会环境、历史文化传统、居民社会网络、生活方式、价值体系和信仰的

---

① 何景明：《边远贫困地区民族村寨旅游发展的省思——以贵州西江千户苗寨为中心的考察》，《旅游学刊》2010 年第 2 期。

回归和弘扬等。以此来维护文化景观多样性，使文化遗产旅游地协调共生，有机成长，可持续发展。① 这些历史保护体系中的保护工作者不仅有建筑师、规划师和文物保护者等，更要有广泛的社会调查和民众参与。另外，要利用现代化技术建立信息网络，建立与"历史保护工作相关的学术和职业动态网络和合作机制"②，获得多方反馈，进而建立起具备"多学科、全方位、延续性并具备内在协调管理机制的文化旅游地历史保护研究与实施体系"。③

在民族村落中对文化遗产进行开发，也要以保护性开发为思路，避免传统旅游开发模式对文化遗产的损害。宋志伟、徐永志等人（2011）总结了国内关于文化遗产旅游开发的几种模式——原生地静态开发、原生地活态开发、原生地综合开发和异地集锦式开发等，认为这些模式都有损害文化遗产的可能。他们以藏香原产地西藏尼木县吞巴乡为例，提出了民族文化遗产"保护性开发"思路，即民族文化遗产"除建立健全由法律、行政、经济、传承培训等构成的保障机制外，先行编制集文化遗产保护和旅游开发于一体的双主轴、一体化复合型规划，从而实现对文化遗产实行有效保护和合理开发利用……"④ 这一观点的核心内容在于重视规划编制，包括"核心文化遗产保护规划""空间规划"及"主要旅游产品与项目策划"。此外，在实施保护性开发时，还应适度进行旅游开发，要认清民族文化遗产发展的动态性和传承性，重视社区参与的持续性，使各个利益主体形成正确的民族遗产保护和旅游开发意识。

民族村落文化旅游保护性开发模式还可以由民族村落文化传承性变迁、民族村落的整体保护以及推行民族村落的保护与被保护构成（蒋秀碧、刘沙等，2010）。此外，在民族村落实施保护性开发的过程中，还必须完善保障机制、加强民族村落文化和生态环境保护、合

---

① 陈麦池、黄成林：《古村落型文化遗产旅游地历史保护体系、原则策略》，《华侨大学学报》（哲学社会科学版）2011 年第 2 期。

② 同上。

③ 同上。

④ 宋志伟、徐永志等：《民族文化遗产保护性旅游开发探讨》，《中央民族大学学报》（哲学社会科学版）2011 年第 1 期。

理开发旅游资源、引导游客正确消费村落旅游产品等。只有在这一模式的指引下,民族村落文化旅游才能实现可持续发展。

也有学者认为,对于民族村落文化旅游来说,提出"保护性开发"是将少数民族文化定位为弱势文化,这意味着剥夺了少数民族文化的发展权利,并认为可持续发展是在强势文化和弱势文化已定的格局下的可持续发展。因此,民族村落文化旅游应采取"开发中保护"的文化战略,"它强调了民族自觉意识的提升,强调了发展中迎接挑战的主动性,强调了选择、甄别、吸收、整合与创新的文化发展理念。同时,它也注重了民族文化的现实基础,注重了目前民族文化的客观地位,注重了民族文化发展过程中的差异性。"[①] 其实,无论是"保护性开发"还是"开发中保护",无非都在强调民族村落文化旅游开发必须重视民族村落文化的保护,只有民族村落文化根植于旅游地,其发展是延续的、传承的,民族村落文化旅游才有更好的发展前景。

以旅游业发展来促进民族村落社会、文化、经济发展,已在各方形成共识。旅游业为较为封闭和相对落后的民族村落带来了变革的契机,经济收入增长、生产生活条件极大改善、文化自信增强、文明程度提高及传统文化延续等都体现出旅游发展所带来的变化。但是不恰当的旅游开发也会加速民族村落文化变异,造成主客关系紧张,引起开发主体利益分配不均,导致生态环境破坏以及民族村落文化旅游开发碎片化等。因此,保护性开发是一种科学的旅游开发形式,是民族村落文化旅游开发的关键思路,它为民族村落文化生态化进程提供了可能。民族村落旅游保护性开发的根本目的在于平衡旅游开发和民族村落文化保护传承的关系,实现民族村落居民总福利的增加。[②] 民族村落文化旅游保护性开发应以民族村落整体为旅游开发和文化保护对象,以"主、客、介"三方——即旅游开发主体、旅游开发客体及

---

① 李宏、李伟:《论民族旅游地的可持续发展》,《云南师范大学学报》(哲学社会科学版)2010 年第 1 期。

② 何景明:《边远贫困地区民族村寨旅游发展的省思——以贵州西江千户苗寨为中心的考察》,《旅游学刊》2010 年第 2 期。

保障实现旅游业发展的介体三要素为内容，选择具有本民族村落特质的旅游开发模式，促进民族村落文化生态化进程，从而实现民族村落文化良性变迁及民族村落文化旅游的可持续发展。

第二节 民族村落文化旅游保护性开发的原则

民族村落文化旅游保护性开发是一种旅游开发思路，它将民族村落文化保护与旅游开发有效地结合起来，使得民族村落文化通过旅游开发的形式得到更好的展示和弘扬，同时在保护性开发的前提下，可以把民族村落文化受旅游开发的消极影响降到最低。对民族村落文化的保护和传承，对民族村落文化旅游发展提供更多的条件，更重要的是为传承和弘扬民族文化提供更坚实的力量。

一 科学系统开发

民族村落文化以村落为依托，是各民族在历史发展中通过生活、生产实践，逐渐形成并沿袭的文化传统总和。它是一个包括民族村落物质文化传统和非物质文化传统的社会文化有机整体（王虹，2011）。民族村落文化旅游保护性开发应以民族村落整体环境和文化内容为对象，将其视为一个系统，从整体上考虑旅游开发问题。另外，民族村落文化包括生活习俗、道德观念、行为规范、宗教信仰、语言文字、文学艺术、生产技术、民居建筑等子系统，它们之间相互关联、相互影响、相互制约，而且这些子系统共同存在于相同或近似的生产、生活环境中，它们与外部环境同样联系紧密，不可分离。

民族村落文化旅游开发以村落文化的传承和发展为目的，试图用旅游的形式将民族村落文化展现出来并加以传承和延续。但开发不能仅局限于文化本身，还需要从整体出发考虑各个开发要素，如与旅游开发相关的利益主体、文化生产的最终旅游产品及旅游开发条件等，任何单一要素的缺失都将制约民族村落文化旅游发展，割裂民族村落文化保护的整体性，加速破坏民族村落固有的整体风貌和文化价值

（陈麦池、黄成林，2011）。系统性开发是民族村落文化旅游开发的基石，只有从系统的角度开发，才能保证民族村落文化不被孤立、不会失真，并且随着时代发展而延续适应当代社会的文化传统。

由于受到多种社会环境因素影响，当前，那些已经开发和尚未开发的民族村落追求经济利益几乎成为了唯一目的。不少民族村落文化旅游开发盲目进行，旅游开发模式照抄照搬，急于脱贫致富的心情使得低门槛、低投入的旅游开发成为理想选择。人们追逐短期利益，忽略了其核心价值——民族村落文化。只有在科学、有序、长远系统开发下才能实现旅游开发与民族村落文化的传承和谐共生。民族村落文化旅游开发需要科学制定开发方案，用系统理论作指导，努力实现民族村落社会、环境、经济共同发展。

科学开发还体现在有选择的开发。尽管民族村落文化非常丰富，但并不是所有的民族村落文化都适合旅游开发。在进行民族村落文化旅游开发时应首先摸清家底，然后进行充分科学论证，选择适合旅游开发的民族村落文化。

二 彰显地方精神

从大众旅游者看来，民族村落文化之所以吸引人的原因在于浓郁的异质文化、独特的民族村落地域特征和无以复加的民族文化传统等，它们共同构成了民族村落文化的地方精神。正如哲学家认为"世界上没有两片完全相同的树叶"一样，任何民族村落文化都有其与众不同的特质。因地貌变化而形成的不同的民族村落自然景观，是民族村落文化旅游地域特性的外在体现，在游客心中可以产生印象，形成地方感知。同时，地域自然景观更是民族村落文化孕育和发展的载体，环境、区位、交通、自然条件等促使民族村落的生产、生活方式各不相同，民族村落文化因适应自然生态环境而与众不同，"一方水土养育一方人"。文化因人而兴起，与人有关的一切物质和非物质文化均在民族村落"这方水土"中传承发展。

自然和文化特性在历史长河中共同形成民族村落的地方性特征，就是地方精神。它不局限于地方特色。特色仅表达静止、具象的文化内涵，而地方精神是动态、概括的文化核心。在民族村落文化旅游开发时体现特色是必要的（尤其是民族特色），它可以产生旅游竞争优势。但一般来说，旅游开发的特色文化大多是民族村落显性文化，即浅层文化，例如民族歌舞、活动、物质等，这种文化表达在民族村落文化旅游开发初期以及在民族文化旅游小范围发展中有优势。当旅游需求越来越旺盛而游客日趋理性以及众多有潜力的民族村落都愿意进行旅游开发时，恐怕"此特色"将被过度消费，进而变成"无特色"，甚至转眼又被"彼特色"取代。因此，民族村落文化旅游开发必须以展示民族村落地方精神为根本。旅游开发主体（当地居民、政府、规划师及经营者等）首先应深刻领会民族村落地方性特征——它是千百年来民族村落文化的缩影，独一无二，无可复制；其次应将这一理念贯穿于旅游开发中，从系统到部分，从生活到表演都要有体现，旅游开发者将要向游客展示的不再是一种"观赏文化"——即不停地观赏节目演出、民族民俗活动展示等，而是让游客真正"体验民族村落文化"，在民族村落中通过"居住—行走—停留—凝视—感受—回味"来慢慢体会和品味民族村落文化精神。

三　规划先行，动态跟进

规划是人们在现有条件基础上对未来发展进行"预测、提案、实践"的过程，其目的在于达成一定的目标。旅游业发展到今天，盲目开发、自发形成的旅游发展方式必须摒弃，应制定旅游规划，通过科学规划来指导、促进旅游业健康发展。民族村落要实现保护性开发，就必须旅游规划先行。科学合理的旅游规划应该是"以人为本"的旅游规划：首先，要研究民族村落空间活动的主体是一群什么样的群体，即人群的结构和特性；其次，要研究人怎么活动，从事什么样的活动；最后，要研究人活动的场所和载体，即物质环境和社会环境如何。[①] 民族村落文化要实现保护和开发的平衡，就必须用旅游规划

---

① 参见刘晖《民族旅游学》，民族出版社 2009 年版。

来指导文化旅游开发。

村落是民族文化存在和发展的空间，民族村落文化不仅充当着民族村落的精神纽带和内聚核心，而且具有鲜明的民族性、差异性、历史性、地域性等特征，是一个自成体系且不断发展、建构的动态范畴（王虹，2011）。既然民族村落是一个不断变化的动态空间，那么旅游规划对其指导一定是动态跟进的过程。一方面，旅游规划具有"连续性、增值性、可变性和战略性"特点，规划方案的提出、实施、监控是一个动态过程。在民族村落文化旅游开发时，文化的保护和开发是关键问题，保护什么开发什么、保护和开发如何平衡等问题绝没有一个既定答案，解决这些问题需要对未来预测，更需要在实施中不断调整。另一方面，当前，旅游规划的一般模式为规划主体（主要是规划企业及政府部门）设计规划，地方政府、当地居民及相关企业人员参与实施，实施过程或短期或长期，直到规划结束。不过民族村落文化是一个动态范畴，文化将随着时空推移不断变迁、延续、重构、发展等。因此，当旅游规划全部结束后，民族村落文化的保护和旅游开发并不是尘埃落定。那么如何解决这个问题呢，很简单，要让"人民当家作主"。要将民族村落的居民作为旅游规划的主体，让它们全程参与到旅游规划中（包括从开始到完成，再到旅游业可持续发展），从而真正实现旅游规划的动态过程。民族文化保护延续和传承应由文化的创造者在不断发展变化的社会环境中长期动态调整才能真正实现。

四 民族村落文化生态化

"文化生态"（Cultural Ecology）的概念源自人类生态学理论。美国人类学家斯图尔德（Juliar Haynes Steward）在其 1955 年出版的《文化变迁理论》中，系统阐述了人类文化和行为与其所处环境的互动关系。[①] 与人类生态学一样，文化生态学强调的是人类的主动性与

---

① 参见郑玉玉《旅游与文化生态保护研究进展》，《云南地理环境研究》2012 年第 2期。

空间联系，研究人类文化的形成过程及其随时间变化的情况和规律。[①] 民族村落的文化生态所关注的是以民族村落为地域范畴，其人和环境互动，共同形成的民族文化变化规律。在过去，民族村落较少受外来文化的影响，相对封闭的环境造就了民族村落朴素的自有文化，自然环境、宗教信仰、民族特质等影响着民族村落人们古朴的人文精神，更重要的是他们有所敬畏——或对自然万物、神灵异兽，或对村规乡俗，使他们的行为被约束，并追求与自然社会的和谐共生。人们不得不承认，民族村落文化旅游开发势必会打破原有的自然、文化生态平衡，主流文化的大量入侵在为民族村落居民打开重新认识世界和发展自我的窗口的同时，也使民族村落文化经受了极大考验，人们在民族村落文化如何保护和旅游如何开发中挣扎。旅游开发主体必须清醒认识到，尽管"越是民族的就越是世界的"，但是这些文化一经"走向世界"，由"'脱域'（离开原来的语境）到'入域'（进入新的语境），就再不可能还是原有文化了，新的语境会毫不留情地赋予其新的意义而使其不再全然是原有的民族文化"。[②]

民族村落文化生态化是一种活态文化的体现过程，"活态"的关键在于与文明共同进步的鲜活文化。村落文化生态化并不是要求民族村落居民重新回到过去的文化生态中去、重回僵硬的固守不变的传统文化，而是民族村落居民在外来文化和现代化信息等的包围下，仍然坚持独立思考，尊重自己的民族信仰和宗教文化，不献媚、不迎合，有选择的取舍，继续延续和创造属于本民族村落的文化内容。民族村落文化旅游保护性开发需要用民族村落文化生态化理念做指导，其根本目的在于实现旅游发展与民族村落文化保护持续的良性互动，使旅游开发行为不对民族村落自然和人文生态造成破坏。民族村落文化生态化的核心在于民族村落在向前发展的过程中没有因其经济和文化的弱势地位而被迫选择对传统的放弃，而是在新的平衡形成后，人们依然能感受民族村落固有的文化内涵和景

---

① 参见余压芳《景观视野下的西南传统聚落保护——生态博物馆的探索》，同济大学出版社 2012 年版。

② 参见马炜、陈庆德《民族文化资本化》，人民出版社 2004 年版。

观信息。①

五 利益均衡原则

不管采用何种旅游开发模式，民族村落文化所涉及的利益主体主要有村落居民、村委会或上级政府、旅游开发商及旅游者等，从经济学角度看，就是供需关系的利益相关方。尽管这些利益主体都有各自的利益诉求，但从民族村落文化保护和可持续发展来看，必须均衡各方利益，以实现民族村落整体利益最大化。"利益均衡"一词是指尽可能促使各方的利益追求都向着民族村落文化可持续发展的方向前进，彼此协调一致，利益各方都能用科学理性的思想追求各自价值的实现。尤其是要让每一方都明白，民族村落文化是一种不可再生的资源，虽然也有"傣族村""民俗村"等再生文化产品出现，但从目前发展来看，它并不具有长久的文化传承能力，任何一方过分追求自身利益，都会给民族村落文化保护和传承带来严重影响。

大部分民族村落居民希望通过旅游改善自身生活条件，提高经济收入，进而加强话语权。当地政府、村委会致力于旅游业发展，目的是为了展示民族文化魅力、增加地方财政收入、增加当地就业机会、完善地方基础设施建设，甚至增添政绩等，总之富民强村是他们的旅游开发诉求。旅游开发商积极参与旅游开发建设，最主要的目的当然是要获取最大经济利润。所有的旅游开发供给主体都希望在民族村落文化旅游发展中分得一杯羹。但是，应避免自身利益最大化，努力实现利益均衡。如果村民过于追求经济利益，政府过度追求旅游开发和民族村落城镇化，旅游开发商不顾社会责任追求价值最大化，这些行为就会打破民族村落文化生态平衡，导致民族村落文化失真，使得村民价值观转变，人际关系疏远，自然生态环境被破坏等问题出现。民族村落传统文化加速变迁会让旅游发展的最初吸引力消失殆尽，可持续发展更无从谈起。

---

① 参见余压芳《景观视野下的西南传统聚落保护——生态博物馆的探索》，同济大学出版社 2012 年版。

对于旅游者来说，虽然旅游需求各不相同，但总的来讲，民族村落文化旅游的根本目的在于追求民族村落的异质性，感受民族风情，体验民族村落民风民俗。旅游者要尊重民族村落文化，做到入乡随俗，不能既要求体验民族村落古朴文化，又要将城市现代化的一切形式照搬到民族村落中。当然这并不是说民族村落文化旅游的接待条件就得原生态，民族村落也会随着时代发展而变得更适合人们居住。虽然旅游者需求各异，旅游者行为也会影响到民族村落文化变迁，但不论怎样，旅游者需求及旅游者行为均不可以对民族村落文化造成破坏，旅游者的利益诉求一定要与旅游供给主体以及民族村落文化生态相均衡。只有遵循这种利益均衡理念，民族村落文化旅游保护性开发才能真正实现。

六 社区参与

社区在民族村落文化旅游开发中扮演着重要的角色，是开发主体，更是民族村落文化资源的重要组成部分。社区参与旅游发展将对民族村落文化保护产生积极的正效应（孙九霞，2012）。社区参与民族村落文化旅游保护性开发就是指在决策、开发、规划、管理、监督以及民族村落文化保护、发展和传承中，充分考虑社区的意见和需要，并将其作为主要的开发主体、参与主体和保护主体，以便平衡民族村落文化保护和旅游开发问题，达成保护性开发的目的，进而实现民族村落社区全面可持续发展。[①] 社区参与旅游开发是民族村落居民保护文化和促进旅游开发的意识强化过程。在民族村落文化旅游开发时，要强调村落社区参与，因为民族村落居民是民族村落文化的产生主体，民族村落居民与民族村落文化你中有我、我中有你。当充分意识到传统文化与旅游开发的相关性时，只有民族村落居民才能在保护与开发的问题中真正实现平衡。民族村落社区参与旅游开发有助于民族村落居民形成文化自觉，增强民族村落文化自信与自豪感，而且

---

① 参见保继刚、徐红罡等《社区旅游与边境旅游》，中国旅游出版社 2006 年版。

"社区参与层次越高，居民的文化保护意识越强，保护的效果也越好"。[①]

由于民族村落是一个整体和动态演变的地理范畴，民族村落文化和旅游的可持续发展与民族村落居民息息相关，因此民族村落居民参与旅游开发是必然选择。民族村落居民的参与大致可从三个阶段进行：第一阶段，引导参与。在民族村落文化旅游开发初期，村落居民对旅游开发及村落文化保护等问题的认识较少，需要由旅游规划机构、政府、学者开发主体对其进行引导，通过学习、培训等方式提升文化水平，跳出"只缘身在此山中"的意识困境，充分认识了解本民族村落文化及资源状况，增强民族自信，产生文化认同，从而更加科学地看待旅游开发与文化保护的关系。第二阶段，共同参与。当民族村落居民对相关问题形成一定认识后，其他旅游开发主体与他们共同参与民族村落文化旅游保护性开发，在旅游开发的决策、实施及监控过程中，要充分考虑民族村落居民的诉求和看法，共同制定保护性开发方案，并加以实施。只有成为真正的开发主体，民族村落居民才能由被动参与转为主动参加，他们在实施开发过程中，才会主动思考，积极应对存在的问题。共同参与的过程也可使民族村落居民逐渐明白唯有保持本民族村落的特有文化生态，才能实现民族村落旅游及文化可持续发展。第三阶段，主导参与。民族村落文化旅游业发展规模形成，旅游规划实施逐渐完成，旅游规划者、政府等慢慢褪去开发主体身份，民族村落居民开始成为旅游持续开发的主体，并发挥主导作用。在这一过程中，村民文化自觉增强，社区参与也从最初的物质激励参与逐渐向交互式参与、自我激励式参与方向发展。[②] 民族村落居民对待发展更加理性，在经济发展和文化保护及社区全面发展中能做出更理性的选择。

---

① 参见孙九霞《传承与变迁——旅游中族群与文化》，商务印书馆 2012 年版。
② 同上。

第三节 民族村落文化旅游保护性
开发管理模式

在任何类型的旅游地进行旅游开发时，选择开发模式至关重要。旅游开发模式为旅游地发展提供一种思路和范式，它依据旅游资源特性、旅游地开发条件及旅游环境等综合因素，提出旅游开发的"理论图式"和"解释方案"，形成一定的旅游发展方式，进而影响旅游地发展。民族村落文化旅游开发模式是针对民族村落特质选择的旅游开发模式，它所体现的是以民族村落为研究对象的旅游开发思想体系和思维方式。旅游开发模式解决了民族村落文化旅游发展的几个关键问题，即为什么开发，由谁开发，开发对象是什么，如何开发等。由于民族文化在民族村落文化旅游可持续发展中起着至关重要的作用，因此，选择恰当的旅游开发模式是民族村落文化在旅游开发中保证传承延续的重要命题。

一 民族村落文化旅游开发管理模式现状分析

民族村落文化旅游开发模式因研究角度不同而提法不同，它可以从投资经营、民族村落文化旅游资源类型、民族村落区域划分及民族村落开发综合条件等多个角度提出。从研究资料来看，目前，民族村落文化旅游开发模式多集中于经营管理角度，部分研究从民族村落文化旅游产品类型角度提出，还有个别研究从开发范畴提出旅游开发模式。民族村落文化旅游开发投资管理模式主要围绕投资开发主体展开——例如政府主导型、企业主导型和社区主导型等；民族村落文化旅游产品开发模式更多从旅游活动表现形式出发——如民族博物馆、民族文化村、民族生态博物馆等；从开发地域范畴探讨民族村落文化旅游开发模式的相对较少——如"实行'局部开发，限制游客'的开发模式"①，即类似自然

---

① 把多勋、王艳：《中国民族地区旅游经济发展模式的比较》，《安徽农业科学》2012 年第 2 期。

保护区开发模式划分文化核心区、文化缓冲区和文化开发区。

下面对目前中国民族村落文化旅游开发投资管理模式进行综合论述。

民族村落文化旅游开发拥有双重属性,即文化性和经济性。因此在研究民族村落文化旅游开发模式时必须要考虑民族文化延续与旅游经济增长之间的关系及矛盾。为解决这些矛盾,在选择民族村落文化旅游开发模式时就需要从平衡各方面利益角度出发,投资主体、资金来源、经营管理方式等内容的选择必须结合民族村落实际,形成恰当的旅游开发模式,从而保证民族村落文化旅游保护性开发以及民族村落文化有效延续。刘俊娟、李海(2012)认为,民族村落旅游开发主体主要由"当地政府、公司及村镇居民"三者形成,他们随着旅游发展的推移而显现出"功能、权力、角色的有所不同",由此形成多种不同的民族村落旅游开发模式,包括"政府主导型模式""公司主导型模式""社区主导型模式""政府+公司型模式""政府+社区居民模式"以及"政府+公司+社区居民模式"。其实这些模式不管如何划分,它们都涉及到政府、企业和村落居民三个主体,即使在所谓的"公司主导型模式"和"社区主导型模式"中,政府仍然扮演着十分重要的角色,因为"文化从来没有背离过政府设定的轨道"。[①] 当然,并不是所有的民族村落文化旅游开发模式都由这三个主体共同组成——如以实行"工分制"为主要经营管理模式的贵州朗德上寨就只有政府和村落居民组成。通过大量资料查阅,本书将民族村落文化旅游开发投资经营模式分为两种,分别是主体型开发管理模式和综合型开发管理模式,以此为提出保护性开发模式的依据。

(一)主体型开发管理模式

主体型开发管理模式是指从政府、企业、社区主体角度出发提出民族村落文化旅游开发模式。这种开发模式主要考虑旅游投资及管理

---

① 宗晓莲:《布迪厄文化再生产理论对文化变迁研究的意义》,《广西民族学院学报》(哲学社会科学版)2002年第3期。

相关主体，而不涉及其他开发要素。正如前文所述，主体型开发管理模式不论如何划分，政府都是重要的参与主体，区别只在于政府角色的轻重而已。另外，对于民族村落文化旅游而言，任何一种主体型管理开发模式都是侧重于某一主体而形成。基于此，本书将主体型开发管理模式划分为三类，政府主导开发管理模式、社区自主开发管理模式及公司管理模式。

1. 政府主导开发管理模式

政府主导开发管理模式是以政府为核心的旅游开发模式，在这个过程中政府集筹资投资、规划开发、经营管理于一身，并"主导着社区的发展方向"。一直以来，大家普遍认同"旅游不仅是一项经济活动，更是文化活动"这一观点，那么经济效益的产生显然应交给市场来实现，但对于文化活动而言，文化效益产生和文化传承完全由市场来承担是不符合科学发展规律的，它需要在政府、市场、社区等综合环境中形成。中国民族村落文化旅游开发更是面临着同样的问题，尤其是大部分民族村落地处偏远地区，大政府、小市场的经济格局也决定了民族村落文化旅游开发在一定程度上需要由政府发起。此外，民族村落文化旅游开发除了经济效益实现外，还承担着传承、发扬以及延续民族村落文化的重要使命，纯粹的市场化运作常会带来大量负面效应，对文化传承延续造成障碍，因此要想减少障碍的产生，将市场带来的负面影响降到最低，就需要当地政府从宏观环境进行调控，形成以政府为主导的旅游开发模式。

孙美璆、李天翼（2012）以贵州西江千户苗寨为例，分析西江政府主导旅游开发模式产生的原因，认为其主要在于历史偶然事件——"第三届贵州旅游产业大会"、贵州各级政府的积极推动、多元旅游制度以及村寨规模庞大四个主要因素。在西江千户苗寨旅游开发中政府发挥了主导性作用，包括制定旅游发展规划、建构和宣传"千户苗寨"等村寨旅游形象、主导旅游投资开发、负责旅游经营管理以及获得旅游收益。

何景明（2010）在对贵州西江千户苗寨旅游开发的研究中表示，西江千户苗寨已形成以行政领导为主、民间传统力量为辅，两者共同治理的管理模式。他提出，在"民族旅游的发展模式中，任何一种管理制度的建立与运作，都有其深厚的历史与文化土壤。没有对民族多元文化的深刻理解，所制定的政策和制度很大程度上是建立在对西方范式的机械移植以及主流社会治理经验之上的。而这种平面、缺乏历史观的'现代'管理制度，在实践中难免遭遇重重阻力，引发各种冲突，这正是民族旅游开发中需要规避的。"

刘俊娟、李海（2012）认为，贵州民族村落旅游开发不管采用哪种模式，其核心都是政府主导，且从现实来看，也必须选择政府主导的开发模式。他们根据贵州青岩古镇旅游发展情况和相关研究得出结论："青岩古镇采取以政府为主导的旅游开发模式，镇政府成立专门旅游开发领导小组，进行古镇的旅游开发规划工作，并加强市场的统一管理，镇政府通过规划对镇旅游开发进行宏观管理，开发资金的投入主要靠政府筹集，依靠收取门票偿还投资。"

孙小龙、邰捷（2010）从旅游地生命周期理论出发，对云南红河州菁口村民族村寨旅游发展模式进行研究，认为菁口村旅游发展前八年为旅游"参与"阶段的政府主导发展模式，结构为："政府＋管委会＋文艺队"；第二个阶段模式为旅游"发展"阶段的政府、公司股份合作发展模式，结构为"政府＋世博公司＋农户参与旅游经营"。

政府主导开发管理模式较适合于旅游发展初期的民族村落，而当旅游业发展到一定阶段时，政府由于其组织特性和功能，无法成为真正意义上的旅游市场开发主体，过于依赖政府主导旅游开发，必然带来很多问题——比如发展缓慢、缺乏效率、缺少市场特性、产品开发受限、过于强调政绩等，甚至带来贪腐等一系列问题。因此，民族村落选择政府主导开发管理模式应结合旅游发展实际，以保护和延续民族村落文化为核心理念，实现在旅游开发环境下的民族村落全面发展。

2. 社区自主开发管理模式

社区自主开发管理模式是以社区居民参与旅游开发为核心，其他主体如政府等只是以引导开发。民族村落文化旅游开发强调社区参与，是因为社区居民在参与民族村落文化旅游开发时，其不仅是民族村落文化旅游开发的实践者，还是参与旅游开发政策及规划的研究制定者，进而成为民族村落文化旅游发展的直接受益者。在民族村落中作为文化缔造者的社区居民在相关人员的正确引导下，可以从宏观、微观的综合角度衡量旅游开发、民族村落发展及村落文化延续之间的权重。社区自主开发管理模式是在政府或其他组织引导下，充分发挥社区居民的主观能动性，使民族村落文化旅游开发中的策划发起、规划开发、文化保护、经营管理及利益分配等全部过程都由社区居民来进行决定。社区自主开发管理模式将赋予民族村落居民更多的权能，"赋权增能"的措施和方法对民族村落而言将获得多方面的收益。[①]在经济上，除提高经济收入外，更可解决与经济相关的就业、税收、农业产业结构调整、农民脱贫致富等问题，产生综合的经济效益；在心理上，持续的教育和学习可使社区达到增强民族认同感和民族自豪感的效果，最终促使其自觉保护本民族的传统文化，并主动做出关于社区参与方式和发展方向的选择；在社会上，可以加强民族村落社区的凝聚力，提高认识的主动性；在政治上，可增强原本相对弱小的社区力量，搭建社区、政府、开发商三者对话的平台。社区自主开发管理模式是要实现一个"大社区、小政府"的社会形态和政治生态，其根本目的在于强调村落社区自主意识，通过旅游业发展推进民族村落文化、经济、社会共同发展。

采用社区自主开发管理模式的例子很多。例如贵州雷山朗德苗寨、贵州凯里南花苗寨及云南泸沽湖摩梭社区里格村等，其中贵州雷山朗德苗寨案例最为典型。朗德全寨有 138 户人家。自 20 世纪 80 年代末开始发展旅游业，经过 20 多年时间，已经成为较成熟的民族村落文化旅游地。由于较早开展旅游业，朗德形成了不同于其他村寨的产业结构。已成为以民族旅游业为主、农业生产为辅的民族村落。其旅游开发最具特色之处在于"旅游接待小组"参与旅游开发经营管理，社区居民参与旅游接待活动，且以"工分制"为分配模式，学

---

① 参见孙九霞《传承与变迁——旅游中族群与文化》，商务印书馆 2012 年版。

者们普遍将此称为旅游开发的"朗德模式"。

该地的旅游开发决策由民族村落居民制定，由"旅游接待小组"负责经营管理，该小组成员由村民选举产生，并在内部有严格的接待管理制度，村干部也要全部参与到"旅游接待小组"中，共同商讨村落的旅游接待方式。在这里，90%以上的村民都能参与到表演、出售纪念品、经营家庭旅馆、经营农家乐等旅游接待活动中。在收入分配上采用传统的"工分制"——村民在旅游接待中，以家庭为单位，按家庭中实际出工人数，出工一次记一次工分，工分依据参与表演的"角色""服装"不同而分值不同，每个月按工分结账。另外，"工分制"还鼓励老人、妇女、儿童等弱势群体积极参与，如果他们参与旅游接待，分值会有所倾斜，以起到激励作用。在法律及制度要求方面，该地除依据《文物保护法》之外，还运用村规民约等规则约束本寨居民，形成法律和村规民约的双重制度保障。

"朗德模式"之所以取得成功，在于它结合朗德村落实际，在旅游开发中充分发挥村民民主，真正形成"大社区、小政府"的社会形态，"旅游接待小组"和"工分制"起到了很好的激励作用，促成多方共赢。当然，"朗德模式"并不具有民族村落文化旅游开发的普遍价值，这是因为其成功源于多方条件，重要的在于该地的地方性特征：一方面，其村寨规模较小，村民较好组织管理，另一方面，旅游业因文物保护而兴起，村落居民自发形成朴素自然的旅游开发认识，主动性较高。与此同时，不少学者也对这种社区自主开发管理模式提出批评——例如"前期基础设施投入资金短缺，效率相对较低，经营发展缓慢，接待能力有限，市场营销能力欠缺，抗风险能力弱，影响社区发展等"。不过，民族村落文化旅游开发都要运用现代旅游开发或经营管理模式来做，才能实现所谓的开发成功吗？这个问题有待进一步探讨。

3. 公司开发管理模式

公司开发管理模式是政府主导或民族村落社区自发形成的旅游开发模式，不仅以公司制形式进行旅游开发，并且公司成为民族村落文化旅游开发经营管理的主要力量。这一开发模式的根本目的在于使民族村落文化旅游开发趋向市场化运作。公司开发管理模式已成为中国很多民族村落文化旅游开发的首选方式。[1] 它的一般内容为：公司拥有民族村落的开发权和经营权，在民族村落文化旅游开发和经营管理中，社区居民提供资源并参与到旅游产品的生产经营活动中，政府提供政策支持和开发推动，公司则提供人力、资金、物资及技术的投入和支持。从规划开发到经营管理，公司充分整合民族村落各项资源，以市场化进行运作，从而获得最大的经济效益。

云南西双版纳傣族园景区是西双版纳傣族自然村落最集中，民族特色保护最完好的旅游景区之一。[2] 1999 年成立了西双版纳傣族园有限公司，投入大量资金进行旅游开发管理工作，并引导社区居民参与旅游开发。在傣族园发展过程中，政府也起到非常重要的作用，从中进行协调和支持。傣族园形成了"公司 + 农户"的旅游开发经营模式，社区居民在公司的统一规划管理下从事经营活动，共同为景区创造旅游收入。

公司开发管理模式与社区自主开发管理模式相比，最大的优势在于资金和管理，具体表现为：一是规划科学、人才专业，资金、技术、培训等各项投入力度大，旅游发展迅速，旅游收入增长快；二是旅游开发项目和产品设计多元，注重市场需求，创新能力强；三是信息传递快，应变力强，可以充分合理优化资源配置，调动民族社区居民参与旅游发展积极性，推动当地旅游业快速发展。如同市场化有其缺点一样，公司开发管理模式同样有弊端，尤其是对于民族村落文化旅游开发来说，公司开发管理模式所产生的负面影响有可能是巨大的，甚至是不可逆的。其一，由于资本拥有更强势的话语权，因此在民族村落文化旅游发展中，特色文化往往成为牺牲品。公司充分利用民族文化打造各项旅游产品获取利润，但被过度开发和消费的民族文化往往伴随市场的扩大而逐渐消失——如淳朴民风丧失、竞争观念加剧、宗教禁忌弱化、民族文化商品化和同质

---

[1]　石坚：《西南民族村镇旅游模式探究》，《生态经济》（学术版）2011 年第 2 期。

[2]　刘星明：《民族文化在旅游开发中的变迁与重构——以西双版纳傣族园为例》，《云南民族大学学报》（哲学社会科学版）2008 年第 4 期。

化现象严重等;其二,公司站在自身角度对待旅游开发,很难认真衡量民族村落文化生态和环境生态的重要价值,不能充分认识保护对于开发的重要作用,由于民族村落文化保护需要资金投入和时间等待,对于以赢利为目的的公司而言,追求经济增长就成为首要选择;其三,公司开发管理模式容易把村落居民当做被管理者来对待,认为公司是大脑,居民仅是手脚,一切运行要听从大脑指挥。在这种模式下,民族文化的创造者往往就成了民族文化的表演者,许多文化不再是生命的一部分,而仅仅是谋生的手段。村落居民在公司开发管理模式下不再具有主体意识和存在感,仅仅是作为执行者去落实计划安排而已。

（二）综合型开发管理模式

综合型开发管理模式是指在设计民族村落文化旅游开发模式时,综合考虑投资主体、社区参与、民族村落发展等多方因素,而不只从某一个角度出发提出开发模式。综合型开发模式的根本目的在于平衡各方利益,实现共赢目标。

1. CCTV 模式①

民族村落文化旅游开发 CCTV 模式是由张华明、腾健（2006）提出。作者认为,在未来民族村落文化旅游发展中,现代企业进入是必然趋势。他们在分析云南金孔雀旅游集团开发的"中缅第一寨——勐景来"的基础上提出 CCTV 模式。这一模式是原地开发、企业主导、村民适度参与的综合开发模式,内容涉及"Conservancy（保护）、Company（公司）、Topic（主题）、Villager（村民）",具体而言就是民族村落"文化保护、公司主导、主题定位、村民受益"。

这其中,"文化保护是民族村寨旅游的开发前提",作者认为民族村落文化旅游开发应以"保护性、开放式开发"为主,这一理念有助于旅游开发企业实现民族文化保护和经济效益提高"双赢";

---

① 张华明、腾健:《民族村寨旅游开发的 CCTV 模式》,《广西民族研究》2006 年第 3 期。

"公司主导是目前发展村寨旅游的现实的路径选择"，民族村落文化旅游开发的"公司进入"既可以较好、较完整地保存民族文化，使之免受现代文明冲击，又可以提高民族村落基础设施，改善当地社会经济条件；"鲜明的主题则是民族村寨旅游开发的灵魂"，主题开发包括主题定位和细分。主题定位首先是突出差异性，其次是分析旅游者消费偏好及潜在现实市场需求。勐景来的主题定位为"中缅第一寨"，可以非常明显的与"傣族园""曼春满村寨"等其他傣族村寨分离出来；"村民受益是实现村寨旅游持续发展的动力和保障"，村民作为民族文化资源和产权的所有者，以及民族村落文化旅游发展中的重要相关利益者，只有在经济上受益，他们才会更加自觉地保护本民族文化，但前提是部分参与旅游开发，部分收益。由此，作者通过分析总结出"保护、公司、主题、村民"这四个方面缺一不可，它们形成一个互动的系统。

CCTV 模式的提出在于寻找民族村落文化旅游开发中的民族村落文化旅游、当地居民受惠以及民族传统文化传承发展之间矛盾的平衡点，同时实现村落环境保护、旅游开发者及村民大多受益的共赢格局。

2.5C 模式[①]

廖军华（2011）以朗德、梭戛及深圳民俗村为例总结不同的民族村落文化旅游开发模式，分析得出朗德开发模式的特点为政府主导、社区高度参与及原地开发；梭戛作为"亚洲第一个生态博物馆"成立了梭戛苗族生态博物馆，其开发模式特点为政府主导、原地开发及低度社区参与；深圳民俗村开发模式特点为企业主导、异地开发及低度参与。通过对三种旅游开发模式比较，作者认为，"这三种模式在实际运作中都存在着一定的缺陷，都没有从根本上同时解决发展民族村寨经济、保护民族传统文化、保障村寨居民利益三者间的矛盾"。基于此，作者提出 5C 模式，即"Culture（文化）、Company

---

① 廖军华：《民族村寨旅游发展的创新模式——5C 模式》，《安徽农业科学》2011 年第 24 期。

（公司）、Characteristic（特色）、Community（社区）、Concord（和谐）"。

"5C 模式是民族村寨旅游原地开发、企业主导、村民切实参与旅游的综合开发模式。它的运行机理在于：'环境保护，文化传承；政府引导，公司主导；主题定位，凸显特色；社区增权，村民获利；经济发展，社区和谐。'其中，'环境保护、文化传承'是民族村寨旅游发展的前提和基础；'政府引导、公司主导'是目前中国民族村寨旅游发展的现实选择；鲜明、独具特色的'主题定位'是民族村寨旅游发展的灵魂所在；'社区增权、村民获利'是民族村寨旅游可持续发展的动力和保障；'经济发展、社区和谐'是民族村寨旅游发展的目标。"

5C 模式主要结合民族村落文化旅游发展的实际，综合考虑民族村落文化旅游发展过程中关键要素和重要内容，它的根本目的也是寻找解决民族村落文化旅游开发、民族村落文化保护、社区居民利益及民族村落整体发展之间矛盾的平衡点，最终形成民族村落文化旅游开发多方共赢的局面，实现民族村落可持续发展。

3. "政府＋企业＋协会＋农户"综合型开发模式

"政府＋企业＋协会＋农户"综合型旅游开发模式是一种较新的提法，它与其他综合型开发模式不同之处在于，开发主体中增加了"协会"主体，"协会"的出现为民族村落村民实现社区增权提供了更多的可能。贵州平坝天龙屯堡旅游区开发模式就为"政府＋企业＋旅协会＋农户"模式［石坚（2008），骆菲（2012）］。政府拥有旅游区所有权，负责制定旅游规划和旅游区基础设施建设等；政府向"天龙屯堡旅游开发公司"出让 30 年旅游开发经营权，而该旅游开发公司是由屯堡居民组成，"其中 3 位屯堡村民分别投资 100 万元，而 80% 的村民也入股"，公司负责旅游区日常经营管理和商业化运作；村民协会负责协调组织工作，负责旅游产品的提供并协调相关主体，即一方面组织村民进行旅游演出、旅游商品制作出售及其他旅游活动等，另一方面维护修缮传统民居，协调各方利益关系；村民则参与到提供住宿餐饮、参与演出、导游、旅游工艺品制作销售等具体事项中；同时，该村落还成立旅行社，负责对外市场宣传，联系客源等。

徐燕等（2012）认为，黔东南苗族侗族自治州肇兴侗寨发展旅游初期由村民或政府单独接待外来游客，这是主体较为单一的民族村落文化旅游开发模式。2003 年，贵阳世纪风华公司与政府、村民签订开发协议，逐渐形成目前的"政府 + 公司 + 协会 + 群众"的旅游开发模式。

4. "自下而上"的旅游管理模式①

"自下而上"的旅游管理模式是针对于"自上而下"的管理方式提出的。"自上而下"的管理方式是指以旅游行政管理部门为领导，以行政指令对民族旅游村落进行管理和指导，或采取转包方式，直接交给企业经营。这也是大多数民族村落采取的旅游管理方式。传统的"自上而下"的管理方式往往使村民处于被动地位，"话语权"易被忽视且利益无法保障。随着旅游业逐步发展，村民们的自我意识加强，维护权利的愿望越来越强烈，传统的管理方式不再适应现代旅游业的发展需要。而"自下而上"的旅游管理模式就可以改变村民参与旅游开发管理的方式，从被引导到主动参与旅游管理。"自下而上"的管理模式是构建"政府管理、企业化经营、居民参与、社区监督、利益共享"的管理方式。其主要内容为：政府进行宏观指导，企业考虑引进 BOT（建设—经营—转让），允许私人企业在一定时期内筹集资金进行建设管理、经营民族旅游村落及提供相应的旅游产品与服务。或委托旅游企业管理旅游景区，民族村落学习先进管理方式并进行员工培训等。社区监督是由村落居民监督旅游管理工作，保障资源合理利用。利益共享是目的，就是使社区居民、企业、政府共同分享旅游业发展带来的经济效益。"自下而上的管理模式有利于提高村民参与旅游的积极性，促进民族旅游村寨的和谐发展。"

① 参见黄海珠《民族旅游村寨建设研究》，中国经济出版社 2009 年版。

二 民族村落文化旅游保护性开发管理模式

民族村落文化旅游保护性开发管理模式是指民族村落在进行旅游开发过程中，选择一种既重视开发管理、也重视民族村落保护的旅游开发管理模式。它不像传统的旅游开发管理模式只强调旅游开发管理，而是在设计旅游开发管理模式时，综合考虑民族村落文化旅游开发与保护的主体要素、支撑要素及管理要素等，在民族村落文化旅游开发中体现民族村落文化延续及民族村落环境保护等，从而实现民族村落文化旅游保护和开发并重。

保护性开发管理模式的提出就是要解决在民族村落文化旅游开发中面临的几个重要问题：即开发主体究竟有谁？在哪些框架或者要求下进行开发？采取什么方式开发以及旅游保护性开发的终极目的是什么等。解决好这些问题，也就为实现民族村落文化旅游发展与民族村落文化延续奠定了基础。因此，本书所提出的民族村落文化旅游保护性开发管理模式涉及以下几个方面：旅游开发主体、保护性开发理念、保护性开发管理方式、保护性开发目的。首先，明确开发主体是民族村落文化旅游保护性开发的根本要求，民族村落文化旅游保护性开发主体包括当地政府、村落村民、旅游规划者以及相关学者等；其次，确定保护性开发理念是民族村落文化旅游开发的指导依据，它涉及到旅游规划方案、村落保护规范、管理制度及村规民约等；再次，提出保护性开发管理方式是民族村落文化旅游开发的重要内容，它结合民族村落规模大小、地理区位、文化属性等要素形成不同的开发管理方式，主要有公司型开发管理方式、租赁型开发管理方式及自发型开发管理方式。最后，民族村落文化旅游保护性开发的目的是，发展民族村落文化旅游，提高经济效益，促进民族村落环境保护，保证民族村落文化延续，最终实现民族村落可持续发展（见图 5 - 1）。

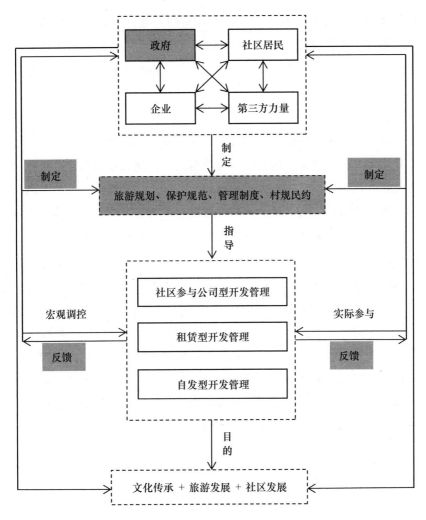

图 5 - 1 民族村落旅游保护性开发管理模式

（一）民族村落文化旅游保护性开发主体

民族村落文化旅游保护性开发的内涵在于将旅游开发和村落保护置于同等重要的位置，要实现这一价值就必须意识到究竟是"谁"来执行才能做到。由于中国的土地所有权分属于国家所有和集体所有，而民族村落文化旅游资源大多以土地为依托，因此政府在旅游开发中是必然的主体。民族村落文化旅游的文化资源极具特殊性，民族村落旅游文化的生产和展示与村落居民息息相关。只有村落居民才能从根本上落实保护性开发的理念，所以民族村落居民必须是民族村落文化旅游开发的主体。此外，保护性开发主体还应包括"第三方力量（旅游规划者、学者、非政府组织、非营利性组织等）"。

1. 当地政府

民族村落文化旅游是一项文化性很强的活动，将其完全市场化运作必然带来很多弊端，这就需要由政府进行协调，通过法律、规章制度及建立预警机制等多种方式规范旅游市场。适合旅游开发的民族村落大多位置偏远、相对落后保守、村民受教育程度较低，其从事旅游开发活动需要正确引导。在旅游发展过程中，村落居民还易受到外来文化冲击，产生种种负面影响，这就要求政府应积极发挥其职能，对村落居民进行合理指导和培训，提高知识水平，帮助其建立文化自信等。民族村落文化旅游基础设施普遍薄弱，旅游开发条件整体较差，根本无法完全开放，因此，仍然需要政府从中进行引导，并给予政策、资金、税收等支持。民族村落文化旅游规划与开发的方案制定应与城市、区域旅游规划紧密结合，地方政府作为区域旅游规划制定者和执行者更能从宏观上依据区域发展趋势和规划要求，为民族村落文化旅游规划与开发提供更切实可行的对策。

2. 村落居民

孙九霞（2012）在其《传承与变迁》中提出，在民族村落旅游开发中能够真正实现对民族传统文化保护的最重要的参与者不是别人，正是民族村落旅游发展中的社区。她认为："社区之所以希望保护族群文化，是处于自我文化传承的需要。更深入地讲，是由于参与到旅游中的社区明白了自己族群传统文化的重要性和新价值，从旅游参与中得到了族群认同和族群自豪感。这种由于社区参与旅游业而唤起的认同和自豪感，对于保护族群传统文化是最为关键的一环。正是由于族群文化得以保护，使得游客的文化'凝视'得以体验，政府的保持特色的愿望得以实现，企业获利的追求得以完成。从旅游发展中的任何一个参与者来说，通过社区参与旅游来保护和发展民族传统文化都能实现多赢。"①

因此，民族村落社区的组成者——村民更应成为实现民族村落文化旅游保护性开发及民族文化延续发展的核心主体。第一，民族村落文化旅游的核心吸引力在于民族文化、村落文化等文化资源，村民作为文化的创造者和传承者，更了解民族村落文化特性，他们也有权利决定民族村落文化如何被开发。第二，村民作为旅游开发主体，直接体现着"社区赋权增能"的价值，村民在参与开发过程中，会逐渐建立意识，提高能力，形成主体价值观，并且对政府参与旅游开发行为进行有效监督。第三，民族村落文化旅游保护性开发需要村落居民来实现。随着旅游发展，村民"权利"意识、文化自信、知识水平逐渐提高，他们更懂得村落环境保护和文化延续的重要性，而且，旅游开发是项持续性工作，只有村民置身其中才能在长久发展中做出正确决策。由于涉及到自身利益，所以在参与旅游开发过程中，村民将能更好地权衡旅游开发和村落保护之间的关系，为民族村落文化旅游保护性开发提供可能。第四，民族村落文化旅游开发必然会涉及一些宗教文化、民族禁忌、风俗习惯等核心传统文化，村民参与旅游开发将有效规避不利影响，避免开发不适合大众旅游活动的民族民俗文化，能较好保护其核心文化价值观不受影响。

3. 旅游相关企业

民族村落文化旅游参与企业是从事旅游开发及经营管理活动的企业组织。对于从事民族村落文化旅游保护性开发的企业来说，不能只以追求投资收益为最终目的，还应以承担社会责任为发展目标。也就是说，承担保护性开发的企业应该以保护民族村落文化和实现企业利润最大化为共同目标。企业和民族村落应共同发展，应有共同的发展诉求。这就要求旅游企业要严格遵守旅游交易契约，在旅游项目或旅游线路供给满足旅游者需求的同时，不能以牺牲民族传统文化为代价。在设计开发、加工生产、销售旅游商品、销售旅游纪念品等有形产品时要注重生态环境的保护、民族文化内涵的体现、民族文化教育

---

① 参见孙九霞《传承与变迁——旅游中族群与文化》，商务印书馆 2012 年版。

功能的展示等内容。旅游企业要注重与旅游者的沟通，重视旅游者的反馈，结合民族村落实际，提供民族化、特色化、个性化的旅游产品和服务。由于民族村落文化旅游企业既有外来人员也有社区居民，因此企业应注重企业文化的塑造和宣传。旅游企业文化的塑造更要与民族村落文化及村落发展目标相契合，一致的文化发展目标使得旅游企业能提供更符合旅游者需求的产品和服务，也有助于实现民族村落文化旅游保护性开发的根本目标。

4. 第三方力量

"第三方力量是指除了政府和市场以外，进入社区旅游开发中的第三股外力。"① 本书所指的第三方力量包括旅游规划者、专家学者、非政府组织（NGO）、非营利组织（NPO）等。第三方力量独立于政府、村民和市场之外，他们对于民族村落文化旅游开发有更客观的评价。第三方力量在民族村落文化旅游保护性开发中能发挥十分重要的作用：第一，第三方力量是民族村落文化旅游开发的专业人员。例如，他们聘请专门的旅游规划团队参与制定民族村落文化旅游规划。另外，在旅游开发中他们可以给予专业知识和技术上的帮助。第二，第三方力量能够持续关注民族村落文化旅游开发，提供相关理论依据。专家学者们运用专业知识，通过对民族村落实际情况的掌握，在旅游开发过程中，可以进行理论指导，将理论与实践有效结合，为民族村落文化旅游开发提供依据。第三，第三方力量能对民族村落文化进行有效推广，通过举办国内或国际性论坛、研讨会、文化展示会等，可以对当地民族文化进行宣传。第四，第三方量还将承担民族村落居民的教育和培训任务。通过参与旅游开发，第三方力量可以更了解民族村落文化，推广民族村落文化、宣传与环境保护、文化传承有关的内容，使包括村民在内的更多人提高民族村落认知，这将有助于实现民族村落文化旅游保护性开发目的。

---

① 孙九霞：《传承与变迁——旅游中族群与文化》，商务印书馆 2012 年版，第 263 页。

（二）民族村落文化旅游保护性开发指导依据

民族村落文化旅游保护性开发的实施必须在一定的框架和规范下执行——即依据一些方法、制度或规范进行旅游开发，并且将保护和开发理念共同贯穿于全部开发中。只有这样，民族村落文化旅游开发才能实现真正意义的保护性开发。民族村落文化旅游保护性开发指导依据应包括旅游规划、村落保护规范、村落管理制度及民族村落村规民约等。当然，旅游开发也必须建立在相关法律法规基础之上。下面将对主要的四个开发指导依据进行分析。

1. 旅游规划

民族村落制定旅游规划应考虑以下几方面的内容：民族（旅游）政策、民族文化特性（地方精神）、旅游系统、旅游教育和培训、相关法律法规等。民族（旅游）政策主要包括民族地区相关政策、旅游相关政策、经济政策等。民族文化特性或称为地方精神，它是民族村落文化旅游规划制定必须围绕的核心内容，同时也是旅游规划的根本目的——即在旅游发展中实现民族村落文化保护和传承。旅游系统涉及旅游环境、旅游产品、旅游景点及项目、旅游地形象、交通、旅游接待设施和服务、其他基础设施等。旅游教育和培训是民族村落文化旅游开发十分重要的内容，但也是目前国内民族村落文化旅游开发最容易忽视的一项内容，它的根本目的在于提升民族村落民民旅游知识水平，提高旅游生产效率，同时重视民族传统文化保护和传承，从而实现村民和民族村落文化旅游共同发展。相关法律法规则是贯彻现行国家、地方旅游和文物保护等相关法律法规的保障。民族村落文化旅游规划的制定和实施不是独立和封闭的，上述内容的设计落实必须与民族村落整体可持续发展相互依存，它的根本目的不仅仅在于获取旅游发展的经济效益，还在于处理好旅游开发与民族文化保护的矛盾，实现民族文化传承、延续与旅游发展共生，进而实现共赢。

2. 保护规范

保护规范是在相关法律规范基础上建立的，它是民族村落旅游开发过程中需要建立与遵守的保护性约束和准则，是民族村落实现旅游保护性开发的根本途径。保护规范的制定应从多方面来考虑。如基本

157

的"环境质量和环境保护规范既是旅游开发需要的，也是整个社会所需要的。这种法律法规要求任何重要的开发（包括旅游设施开发）都必须提交环境效应评估（EIA）①，以确保这些开发不会造成严重的自然或社会文化负面影响。"② 此外，还有针对民族村落文化遗产的保护规范，它可以确保在旅游开发中无论是物质文化遗产还是非物质文化遗产都能受法律法规的保护，这就需要衡量旅游开发与文化遗产保护是否有冲突的地方，如果有，冲突该如何化解等，这些问题的回答和解决都应该在文化遗产保护规范下进行。

3. 村规民约

村规民约是民族村落在历史发展过程中长期形成的人们普遍遵守的规划和约定。它的形成，一方面表现在由于相对落后和封闭，村民们看待自然万物和社会现象不能用科学解释，只能用最朴素的认识和理解来进行阐释，逐渐地这些理解就成为一些约定俗成的行为规范；另一方面表现在民族村落宗教文化的影响，由于信仰的引导和影响，人们用宗教仪式来表达对万物或事物的看法，宗教文化在一定程度上填补着人们的精神世界，进而影响其生产和生活。无论是村规民约还是宗教文化，只要符合现代文明要求，符合国家法律法规，它们理应在旅游保护性开发中得到充分尊重和遵守。

4. 管理制度

管理制度是指在民族村落文化旅游开发管理中约束相关人群的一系列行为规则，它们主要用来规范和支配旅游开发管理的行为模式和相互关系。制度的确定对民族村落文化旅游实现保护性开发至关重要，因为"制度是行为的规则，在社会中起着根本性作用，它是决定长期经济绩效的基本因素"③，只有通过科学有效的管理制度才能保证民族村落文化旅游开发和民族村落文化共生发展。对民族村落来

---

① 环境效应评估（Environmental Impact Assessment）是对由于实施某些项目而对地区的生物物理环境和人类的健康及福利产生的各种可能后果进行辨识并在能够实际影响决策的阶段向负责批准该项目的有关人员或机构传递其分析结果的过程。

② 参见 Edward Inskeep《旅游规划》，张凌云译，旅游教育出版社 2004 年版。

③ 参见马耀峰等《旅游资源开发与管理》，高等教育出版社 2010 年版。

说，进行旅游保护性开发必须设置恰当的管理制度。首先，可以明确开发主体和参与者职责范围，使其权责分明。其次，能够在民族村落文化旅游开发中明晰相关旅游开发产权，比如土地产权、旅游资源所有权、旅游开发经营权、收益权及分配权等，合理的产权结构必将提高旅游资源配置效率。最后，科学的管理制度将有助于提高民族村落居民参与旅游开发的地位和作用，实现民族村落参与旅游发展。它在明确开发主体各自权责基础上，从制度上保证民族村落居民参与旅游发展，进而实现民族村落政府、投资者、经营者、社区居民等之间的经济利益平衡关系。

（三）民族村落文化旅游保护性开发管理方式

管理方式是民族村落文化旅游保护性开发的核心内容，它是在地方政府和民族村落居民参与旅游开发的基础上，确定旅游开发管理所需的科学合理的方式，从而有助于实现旅游保护性开发。尽管中国很多民族村落在旅游开发初期都采取以政府为主导的旅游开发管理方式，旅游开发完全在政府计划下进行，但是，随着管理分工更加明确，旅游市场化程度越来越高，旅游开发的完全政府行为已经不适应当今旅游市场发展趋势（当然，政府作为民族村落文化旅游开发的必然主体，仍然在旅游开发管理中扮演重要角色）。我们要将旅游经营管理交由市场来完成，政府只需要宏观把握，对旅游开发管理的市场化行为进行有效调控，从而保证民族村落文化旅游可持续发展。

在任一形式的旅游开发管理方式中，村民一定是民族村落文化旅游开发管理的重要参与主体（相关内容前文已有论述）。这里需要强调的是民族村落文化旅游实现保护性开发，不论选择哪种旅游开发管理方式，都必须有村民实际参与其中，这也是从制度上体现参与的公平性和合理性。作为民族村落旅游保护性开发的主体之一——第三方力量，当然也在开发管理中扮演重要作用，由于其具备较为独立的身份，所以，第三方量将在民族村落文化旅游开发管理中起监督和引导作用。

由此，在确定民族村落文化旅游开发管理的必要主体基础上，应结合民族村落特性、地方政策、经济发展程度，尤其是民族村落与外界融合程度高低等因素选择恰当的旅游开发管理方式。本书认为，中国民族村落保护性开发管理方式有如下三种：社区参与公司型开发管理方式、租赁型开发管理方式、自发型开发管理方式。

1. 社区参与公司型开发管理方式

社区参与公司型开发管理方式是以成立公司的形式对民族村落文化旅游进行开发管理，它所强调的重点在于公司决策和经营必须有社区居民参与，即民族村落参与旅游开发的村民也是公司的组成成员，这就不完全等同于上文提到的公司型开发管理模式。这种管理方式更适合与外界大环境有一定融合的民族村落，一般来说，那里的民族文化特征鲜明，旅游资源突出，可进入性相对较高或者可进入条件容易改善，且大规模旅游开发不易损坏自然生态环境。这种公司可分为两种，一是村民发起设立公司，二是村民参股外来公司。

村民发起设立公司是指民族村落文化旅游开发公司的设立完全由社区居民发起，并由其他参与旅游开发的村民成为股东。参与旅游开发的股东拥有公司决策权、开发权、经营权、管理权及监督权。其他外来资本也可以参与到旅游开发管理中，但不能达到控股资本水平。村民参股外来公司是指民族村落文化旅游开发公司由外来开发管理公司建立，但民族村落参与旅游发展的村民全部参股，并且村民和公司决策层共同拥有决策权、监督权，关于开发、管理和经营可由公司自行决定。外来开发管理公司的进入有助于给民族村落文化旅游开发管理带来新的管理理念、思想、技术及方法等。但不论是哪种公司形式，政府和第三方力量都要起到监督引导、培训教育的作用。

这两种社区参与公司型开发管理方式从根本上保证了民族村落社区能够参与旅游开发管理，一方面保障了村民参与旅游开发管理的权利，使他们拥有旅游开发管理的决策权，另一方面充分调动了村民的旅游开发管理积极性，使他们通过参与旅游开发管理逐渐增强民族自豪感和提升文化自信，并进一步意识到保护民族传统文化的重要性。这种形式的选择，是由旅游市场化决定的，它体现了效率与公平。尽管贵州朗德"工分制"旅游开发管理模式也基本实现了公平参与旅游开发，但该传统模式并不具有普遍性，且这种"工分制"形式由来已久，经过岁月更迭其本身就成为一种旅游特色，更不容易被复制模仿。从旅游长远发展来看，社区参与公司型旅游开发管理形式是绝大多数民族村落应选择的发展路径。

2. 租赁型开发管理方式

租赁型开发管理方式主要针对与外部大环境融合较好的民族村落，也就是说这些地方的民族文化旅游资源与自然旅游资源同样丰富，可进入性好，主要景点游客都能自由到达。因为较为开放所以居民们的生态保护意识普遍较强。租赁型开发管理方式是指民族村落将部分景点设施或接待设施租赁给外来投资者，投资者在民族村落文化旅游总体发展目标指导下，自行生产和经营，村民和当地政府从中收取一定的费用（政府主要收取公共物品的租赁费，村民收取自有房屋、设施等私人物品的租赁费）。

在这种管理方式中，由于存在租赁和承租两种行为，就需要一个中间组织来协调和管理这些活动，因此民族村落应成立旅游管理委员会，成员由政府人员、村落居民代表、寨老（村寨中德高望重的人）及旅游协会成员组成，并且由全体村民共同监督。首先，旅游管理委员会应确定租赁范围，即村落中哪些资源或设施能够被出租，哪些根本不能被出租。其次，制定详细的租赁内容和自经营内容，租赁内容涉及明确租赁的资源和设施、具体承租对象、租赁方式、租期、租金、保护协议等相关内容；自经营内容包括不能出租的资源和设施该如何管理、开发和保护。当然，具体的旅游生产经营内容应交由市场来决定，旅游管理委员会主要起协调和管理的作用。最后，协调租赁方、承租方以及自经营方等之间的关系和利益。

民族村落采用租赁型开发管理方式，可以吸引一部分外来资本及人员，有效缓解民族村落文化旅游开发管理资金缺乏的问题，带来更多先进管理理念和技术。民族村落将部分设施或旅游景点租赁出去，可以提高旅游开发的市场化程度，在以保护为前提的旅游开发环境下，构建旅游生产经营主体的良性竞争关系，实现技术共享、文化共享及环境共享的旅游发展环境，从而促进民族村落文化旅游可持续发展。

3. 自发型开发管理方式

自发型开发管理方式是指民族村落文化旅游的开发管理方式等由村落自行确定，而不以公司形式出现，且管理等具体工作由本村落居民承担。这种方式更适合于与外界环境融合度较低的民族村落——民族传统文化较少被干扰，自然景观优美、生态环境保存完好。符合这些条件的民族村落进行旅游开发完全应以文化传统保护和生态环境保护为根本出发点，旅游产品开发走精品化、生态化和高端化路径。

采用自发型开发管理方式的民族村落首先要通过村落集体制定出适合的旅游管理制度。例如，位于云南德钦梅里雪山景区的雨崩村就通过家长会议制确立了"马帮服务组织形式——轮换制"和"住宿服务分配制度——代税制"。基本明确了民族村落文化旅游参与形式、旅游项目及利益分配形式等管理内容。管理方式的自发性质，使得民族村落所提供的旅游产品必然不能规模化生产，应设计精品化和高端化旅游产品——要有较高的产品附加值，产品价格中应体现基本费用、村民服务、文化保护、环境保护等价值。这种较高的旅游产品价格，一方面可以保证村落居民参与旅游发展的基本利益分配，提升村落整体旅游收入，另一方面可以限制游客数量，使游客提升保护意识，明白较高的价格是为旅游所带来的自然和文化环境的影响"买单"。较少的游客数量也使得民族村落的管理机构较稳定，社区参与旅游发展积极性高。

应该说，对于那些旅游资源优越又较少被现代文明干扰的民族村落而言，自发型旅游开发管理模式是一种理想的管理方式，它最大限度地发挥了民族村落居民的主观能动性，也为村民实现较高收入分配提供了可能。但需要注意的是，自发型的民族村落更要注重村民培训和教育，深刻理解环境和文化保护的意义，同时提升服务水平，提高产品附加值。另外，在开发管理过程中民族村落还应接受第三方力量的监督指导，用更科学的思路指导旅游业发展，为保护性开发提供基础。

（四）民族村落文化旅游保护性开发的根本目的

民族村落文化旅游保护性开发的根本目的，是要实现在旅游开发背景下民族村落的可持续发展，这也可以理解为要平衡好旅游发展与民族村落发展中的各种互动关系，这些关系涉及到民族村落文化旅游发展、民族村落文化传承及民族村落全面发展之间的相互关系。保护性开发的提出就是从宏观、全局与可持续的视角认识民族村落文化旅游发展的问题——它不是一个孤立的行为，而是多元和关联的现象。

首先，民族村落文化旅游业发展与民族村落文化传承相互影响。众所周知，民族村落文化是任何民族村落文化旅游发展的必要前提。民族村落文化旅游开发的核心吸引力就是民族村落所蕴藏的独特民族文化，如何让民族村落文化产生持续的生命力和吸引力是民族村落文化旅游开发最重要的命题。任何文化形态都存在于一定的社会关系中。民族村落文化的存在、发展和变迁是社会发展的必然结果，"文化变迁是文化发展的永恒状态和持续动力"。对于民族村落发展旅游业来说，重要的是如何在民族村落文化变迁中实现人们对文化的传承和延续。民族村落文化旅游保护性开发可以从制度上规范旅游开发主体和旅游参与者行为，以保护的理念发展民族村落文化旅游，使得民族村落文化传承和延续。"文化传承最核心的问题就是文化的民族性"。① 在这里所讲的民族村落文化传承是指文化在一个民族村落的社会成员中"作接力棒似的纵向交接的过程"。② "这个过程因受生存环境和文化背景的制约而具有强制性和模式化要求，最终形成文化的传承机制，使人类文化在历史发展中具有稳定性、完整性、延续性等特征。也就是说，文化传承是文化具有民族性的基本机制，也是文化维系民族共同体的内在动因。"③

在旅游发展过程中，不可避免地会给民族村落带来很多负面影响，包括加速民族村落文化变迁等，但发展的事实证明，科学合理的旅游开发同样可以保持民族村落文化的民族性，并传承和延续民族村落文化，进而实现民族村落文化保护。民族村落传统文化与现代旅游

---

① 赵世林：《论民族文化传承的本质》，《北京大学学报》（哲学社会科学版）2002年第3期。

② 同上。

③ 同上。

发展并不矛盾，民族村落文化传承，也就是民族村落文化再生产，与旅游所实现的再生产一样构成社会的再生产，民族村落文化还可以通过重构和衍变不断适应现代旅游的发展。民族村落文化旅游保护性开发的实现可以增强民族自信，这是民族自我意识的重要组成部分。传统的手工艺品、手工技艺、音乐、舞蹈、仪式、戏剧、建筑、服饰以及生产生活方式等不再是落后和愚昧的象征，而成为深受旅游者喜爱的旅游吸引物，成为人们想要了解甚至学习的对象。民族文化的缔造者们不再失落和自卑，而是增强了民族自信心和自豪感，更愿意展示他们的民族文化智慧和成果。同时，民族村落文化旅游发展也"使得处于主流文化群体的旅游者在民族旅游中获得少数民族文化的新的认识和再认识，由此对这些长期游离于主流文化之外的边缘群体文化在不同程度上重新得到肯定和新的评价"①，民族意识更加强烈、民族认同感和内聚感的升华不断促使民族群体自我完善，实现民族村落传统文化的传承和延续。

其次，民族村落文化旅游业发展与村落可持续发展相关联。这里所说的村落专指已经或者准备发展旅游业的民族村落。可持续发展理念是寻求一种理想的生态系统，以实现人类的持续生存和发展。民族村落可持续发展强调的是在民族村落自然生态环境和人文生态环境共存的最佳状态，民族村落文化得以被传承和延续，民族村落因此具有持续发展的生命力。旅游保护性开发同其他旅游开发相比，不同之处在于为旅游开发限定了"保护"的前提条件，因此，民族村落文化旅游保护性开发要实现的不仅仅是民族村落文化旅游业的发展、旅游经济的增长等，更重要的是实现民族村落包括自然生态环境、人文生态环境在内的村落生态系统的发展。

发展旅游业的根本目的在于追求经济价值增长、改善居民生存条件、提高居民物质精神生活水平等。民族村落文化旅游业发展在一定程度上优化了民族村落的经济环境，为村落整体发展提供了物质基

---

① 马晓京：《民族旅游开发与民族传统文化保护的再认识》，《广西民族研究》2002年第 4 期。

础。旅游保护性开发使得民族村落文化旅游业发展不是追求眼前利益和短期效益，更不是以牺牲民族村落传统文化和生态环境来换取经济价值，而是从长远角度出发，产生持续的经济价值，提升文化内涵，增加民族旅游产品附加值，提供良好的人文和生态环境，实现民族村落经济的可持续增长。

民族村落文化旅游业发展在保护性开发理念指导下，更加注重资源及环境的保护，它们是民族村落居民生存和发展的基本条件。保护性开发旅游资源，可以提高民族村落文化旅游开发主体的保护意识，为民族村落文化旅游资源可持续利用开发提供可能。民族村落资源和环境也是孕育民族村落文化的重要载体，资源和环境一旦被破坏，民族村落文化传承也将面临很大的难题。唯有对自然、文化和人文环境的保护，才能为民族村落文化传承创造条件，民族村落的文脉才能延续。

民族村落文化旅游业发展在带动民族村落经济文化发展的同时，也将提高村落居民的收入水平，增加文化自觉。村民们在保护理念的指导下，意识到自然生态环境、民族文化、物质资源等都是民族村落旅游业发展的重要基础，只有保护才能实现可持续发展。在民族村落文化旅游业逐步发展的过程中，村民的文化自信和自豪感不断增强，社区参与旅游业发展的积极性更高。只有民族意识的加深，才能更加主动的为实现民族村落文化旅游业和民族村落可持续发展而奋斗。

第六章　民族村落文化旅游产品开发

　　旅游产品是指能够满足旅游者需要的产品和服务的总和，旅游产品开发是旅游开发最重要的内容。民族村落文化旅游产品开发是保护性开发理念的直观体现，这一产品开发的成功与否直接决定了民族村落文化旅游保护性开发能否实现其目的。民族村落文化旅游产品是在民族村落文化基础上开发的旅游产品，而民族村落文化正是吸引旅游者前来的核心吸引力，因此，合理开发民族村落文化旅游产品对于实现民族村落保护性开发是至关重要的。

第一节　民族村落文化旅游产品

一　民族村落文化旅游产品概念

　　关于旅游产品的概念，目前有两种：旅游产品经历（体验）说和旅游产品整体要素说。旅游产品经历（体验）说是以旅游者为出发点，认为旅游产品是旅游者花费一定时间、费用和精力所换取的一次旅游经历或体验。旅游产品整体要素说是以目的地为出发点，认为旅游产品是旅游经营者凭借旅游吸引物、交通和旅游设施，向旅游者提供的用于满足其旅游活动需求的全部服务。① 其实两种说法并不矛盾，前一个概念主要是从游客需求角度出发，即旅游者的主观感受；后一个概念侧重于旅游产品的供给，即提供具有一定商业性的旅游相关物品和服务等。旅游产品供给能给旅游者带来满意的旅游体验，从

---

　　①　参见吴必虎、俞曦《旅游规划原理》，中国旅游出版社 2010 年版。

而满足游客的旅游需求。因此，无论是从哪个角度提出，旅游产品的概念都是旅游者愿意购买的，能够满足旅游者旅游需求的包括旅游景观、设施、服务在内的各种物品和服务的总和。这种说法是广义的旅游产品概念，也是本书所认同的概念。

对于民族村落文化旅游产品概念，鲜有学者进行专门研究并提出明确含义。但是关于民族旅游产品、民族文化旅游产品、民族专项旅游产品、民族民俗旅游产品等的相关研究就比较多，学者们也都从不同的角度对相关概念进行解释。

罗明义（1999）以云南民族文化为研究对象，提出较为综合的民族旅游产品开发体系。他认为云南应打造具有民族文化内涵的、特色鲜明的民族文化旅游产品，包括打造民族文化村落或模拟村落，开发民族文化风情园（村）（包括民族建筑、民俗活动、民族餐饮、民族风情等）；建设民族民俗文化博物馆，开发展现民族传统文化和民族风情的观光、科考等特种旅游产品；开发云南民族饮食文化旅游产品，展现民族地方小吃、茶文化、酒文化等；开发云南民俗风情旅游产品，展现民族歌舞、民族体育、民族节庆、民风民俗、民族宗教等文化内容。

李伟（2005）认为，民族旅游的本质是一种旅游产品。他关注的民族文化旅游产品内容主要集中在民俗旅游产品、具有创新理念和运用特定技术的专项旅游、民俗节庆活动、参与性强的各项旅游产品、民族歌舞以及旅游线路等。特别是，他认为旅游线路是民族旅游产品的主要表现形式之一。陈峰（2007）认为，各种民族民俗旅游线路、民族文化旅游线路、民族风情旅游线路等都是向游客推销的民族旅游产品。少数民族文化旅游产品，是在特定的时空，由旅游经营者向旅游者提供的本民族特有的旅游产品——包括有形的商品，如民族服饰、饮食产品、纪念品等；也包括无形的服务，如本民族的活动、节日、价值观等，甚至包括旅游者花费一定的时间、金钱购买的旅行过程，实现娱乐、休闲、求知及其他目的的一次经历，获得的精神和物质的享受等。

陶犁（2002）从旅游产品构成及要素角度提出民族文化旅游产

品的概念。该学者认为，"民族文化旅游产品以民族文化旅游资源为产品生产的基本原材料，但在产品形成的过程中，并非孤立地以民族文化为其产品的构成要素，同时包括民族文化旅游资源在产品转化过程中涉及到的其他要素和资源。此外，民族文化旅游产品不仅强调民族文化旅游资源在景观方面的物化，而且重视民族文化在旅游产品的设施、服务等要素中的体现，强调旅游者在旅游过程中形成的地域文化体验，以地域文化的整体优势和具体的民族文化景观及渗透在设施、服务中的民族文化审美来吸引旅游者。它是一种提高层次的旅游产品"。[①] 该学者在文中提出民族文化旅游产品开发类型主要有四种：第一是以景观实体形态为民族文化载体的民族文化旅游产品，包括民族文化浓缩型人造景观，民族文化原生型村寨，以民族文化建筑为主体构成的景观、民族博物馆，以民族文化内涵为灵魂形成的旅游商业活动街区，以民族文化为构成要素之一的度假旅游区；第二是参与性民俗活动，包括大型活动与节庆旅游、民族餐饮、民族歌舞及其他各类民俗活动（民族体育竞技、民族婚俗、民族服饰等）；第三是民族精神文化旅游产品，主要指民族文化中所蕴含的神话、戏剧、绘画、工艺、哲学、宗教部分的旅游开发；第四是民族旅游商品的开发，包括民族特色工艺品、旅游纪念品、旅游活动用品等。

窦开龙（2008）也赞同广义的民族旅游产品概念，认为民族旅游产品是指游客在欣赏与体验少数民族独特生活环境和文化风俗的过程中购买与享受的物质实体和非物质形式的精神服务的总和。民族旅游产品的构成含有民族旅游吸引物、民族旅游服务、民族旅游设施等。而且旅游形象与旅游产品其实是一个问题的两个方面。在民族旅游中，形象定位是民族旅游产品特色化的技术关键。旅游形象策划无论是核心理念、传播口号，还是界面意境、识别符号，都要通过旅游产品才能体现出来。旅游产品的开发是民族旅游资源的转化过程，同样的旅游资源可以开发出不同的产品，因此旅游产品开发核心问题就是确定旅游形象，依据形象明确旅游产品开发主体，再通过主体进行

---

① 陶犁：《民族文化旅游产品开发探析》，《思想战线》2002 年第 4 期。

特色旅游项目策划。他在对新疆旅游形象定位、设计基础上，指出新疆专项民族旅游产品开发，应包括名人旅游、民族歌舞音乐旅游、民族服饰旅游、民族饮食旅游、民族体育旅游、边疆军事旅游、民族宗教旅游、民族旅游商品等产品开发。

张雪婷（2009）将民族民俗旅游产品概念界定为：旅游经营者依托民俗旅游资源，为满足旅游者在少数民族地区开展旅游活动而被开发以供销售的物质实体和非物质形态服务的总合，是旅游者通过花费一定的费用、时间和精力所获得的经历和体验。

民族村落文化旅游产品是民族旅游产品的重要内容，它是以民族村落（寨）为依托，为满足旅游者需求，为使其获得满意的民族村落文化旅游体验，由旅游经营者提供的民族村落文化旅游吸引物、设施及服务的产品总和。民族村落文化旅游产品与民族文化旅游产品、民族民俗旅游产品、民族专项旅游产品等有相同之处也有不同之处。相同之处在于它们都属于民族旅游产品这个大范畴内，均以民族文化为主要吸引要素开发相关旅游活动，互相有重合交叠的部分。不同之处在于民族村落文化旅游产品被限定在民族村落环境下，旅游产品的开发设计与民族村落的整体历史文化进程密切相关。民族村落文化旅游产品除展示民族文化外，更重要的是要体现出民族村落整体所蕴藏的厚重文化内涵。村落作为最基本的行政单元和自然区域有其特殊性，民族村落则具有独特的民族村落地域文化特征，形成独树一帜的民族村落地方精神。因此，借助于此开发的旅游产品必然与其他民族旅游产品有所不同。

二 民族村落文化旅游产品的内涵

民族村落文化旅游产品的内涵表现在三个方面：

第一，它是在民族村落这个特定区域环境（自然环境和文化环境）下开发的旅游产品。民族村落是一个整体区域，它既有共性也有特殊性，以村落为载体的民族旅游产品具有独一无二的文化内涵，是民族村落地方性精神的展现。同时，由于大多数民族村落位置偏远，与外界联系较少，因此现代旅游活动容易带来较强的文化冲击，对民族村落文化产生负面影响。

第二，它是民族村落物质文化和非物质文化的展现，是旅游产品有形和无形的有机结合。民族村落文化既有以村落建筑、民族服饰、民族工艺品等为代表的物质文化，也有以民族生产技艺、民族舞蹈音乐、民族生产生活方式、民族节事活动、民族宗教仪礼等为代表的非物质文化。借助丰富的民族村落文化而开发的旅游产品可以是有形的景点、设施、项目等，也可以是无形的产品，包括服务、旅游体验、欣赏、观察等。

第三，民族村落文化旅游产品具有综合性。它应包括民族旅游吸引物、设施及服务所涉及的与旅游相关的全部产品。随着时代发展及文化创意产业的兴起，民族村落文化旅游产品除了传统旅游产品外，还包括一定的文化创意类旅游产品。

三　民族村落文化旅游产品的特征

民族村落文化旅游产品具有一般旅游产品的公共特征和独立特征，它也具有自己的独特属性。

（一）民族文化性和地域性相结合

首先，民族村落文化旅游产品是文化的产物，民族村落所孕育的文化是旅游产品开发的源泉和动力。民族村落文化旅游产品是为旅游者开发和设计的，而旅游者愿意消费该产品的根本原因是他们被独特的民族文化所吸引，因此，民族村落文化旅游产品的设计开发一定包含有多样的民族村落文化。其次，民族村落文化旅游产品的设计开发存在于一定的民族村落环境中，它不仅是民族文化的产物，还是地域文化的产物。不同地域环境造就不同的民族村落文化，形成独特的旅游吸引力。民族村落文化旅游产品正是民族村落环境和民族文化的有效结合。

（二）民族文化展示性

民族村落文化旅游产品多以体验型产品为主。尽管也有风景优美的民族村落开发的观光型旅游产品，但绝大多数民族村落文化旅游产品是以民族文化为根基展开的。民族村落文化旅游产品的文化展示性，一方面表现在要将民族村落文化开发为旅游产品为旅游者购买消费并感知，这就需要通过多种途径进行文化展示，例如表演、展出、宣传、商品化、博物馆化等，另一方面表现在民族村落文化展示需要有一定文化内涵的解说服务，丰富多彩、恰如其分的解说是民族村落文化展示必不可少的环节。民族村落文化的形成是一个漫长的历史过程，旅游者对于民族村落文化旅游产品的认识和理解不可能只通过观看的方式就能获得，这就需要通过解说服务来为游客欣赏体验民族村落文化旅游产品提供更多的帮助。

（三）民族文化原生性与创新性的碰撞

传统的民族村落文化是以民族村落成员生活的客观存在为基础的，是村落成员自发的民间生产生活文化，这种原生性民族文化是吸引旅游者来访的核心驱动力。随着民族村落逐渐开放，现代文明和大众文化越来越多地影响到村落文化，民族文化变迁的加剧是必然的，原生性的民族村落文化在社会进程中不断调整适应，并形成了"新的原生性民族村落文化"。需要注意的是，本书所讲的原生性民族文化并不是说冰冷的、一尘不变的原始文化，而是强调根植于民族村落这一空间，在一段时间内相对固定的专属文化。民族村落文化旅游产品开发应以民族文化原生性为内核，在此基础上适当创新，用旅游者更容易理解的形式展示出来。民族文化创新性更多地强调展示形式和表达上的创新，但不等同于"新瓶装旧酒"的概念，不是说将民族传统文化完全用新的形式表现出来，只是通过创新的手段将民族文化和现代化理念结合，形成更容易为旅游者接受的民族村落文化旅游产品。如将民族文化舞台化的舞台剧，就是利用现代高科技打造的文化创意旅游产品。民族体育、音乐、舞蹈、民俗等节事活动，这些都已成为民族村落传统文化与现代化发展相碰撞的最直接体现。

第二节　民族村落文化旅游产品构成及开发

旅游产品层次划分方式有很多。采用不同的划分目的、方法和标准，可以划分出不同的旅游产品层次。从产品构成和产品要素划分，旅游产品可以包括吸引物、服务、交通、信息、促销五个部分，还可以分为旅游资源、旅游设施、旅游服务和可达性等四个方面，也有学者在旅游吸引物、旅游服务设施、旅游服务基础上将旅游时间与路线涵盖在旅游产品要素中，认为旅游时间可以衡量旅游者的购买支付能力，它与旅游行程、旅游内容、旅游服务、旅游价格成正比，所以旅游时间对旅游产品定位开发有限定性。

一 民族村落文化旅游产品构成

从旅游产品的文化性质出发，可以分为展示型、学习型、体验型、休闲型四种旅游产品类型（周恬羽，2011）。展示型旅游产品一般采用被动观赏的游览方式，核心是具有普遍性的审美价值。学习型旅游产品主要用于满足旅游者求知需求，并形成互动。体验型旅游产品更够使旅游者获得参与体验经历。休闲型旅游产品以休闲游憩为主要内容，具有很大自主性和随意性。

从旅游活动的内容和性质分，可以划分为观光旅游产品、休闲度假旅游产品、宗教旅游产品、商务旅游产品、文化旅游产品生态旅游产品等多元的旅游产品类型。

从旅游市场角度划分，目前最流行的是由市场学中整体产品概念（Total Product Concept，TPC）延伸出的旅游产品三层说，即核心产品、有形产品和延伸产品。[①] 核心产品能提供给旅游者最基本的效用和利益，它是能够满足旅游者物质和精神需要的旅游产品，通常体现为最基本的旅游吸引作用，是一种旅游者在旅游过程中所获得的主观感受。有形产品是将无形的核心产品有形化，即展现核心旅游产品的载体，具有品质、外观、特色、品牌、质量、式样和包装等特征。延伸产品，也有称为附加产品，是在有形产品和无形产品之上提供给旅游者的附加服务等的总和。

本书对民族村落文化旅游产品的划分主要基于旅游市场角度，将其划分为三层：即核心旅游产品、外延旅游产品、关联旅游产品。核

---

① 参见吴必虎、俞曦《旅游规划原理》，中国旅游出版社 2010 年版。

心旅游产品不完全等同于科特勒（Kotler）所说。民族村落核心旅游产品当然也表现为具有旅游吸引物功能，它是旅游者从事民族村落文化旅游活动最大的动力和因素，多为传统旅游产品。民族村落核心旅游产品通常是无形和有形的有机结合，既包括地方特色、客观存在等有形特征，也包括民族气氛、体验过程等无形特征。民族村落外延旅游产品是在核心基础上经过专门策划、设计和包装等呈现出的组合旅游产品，即创意旅游产品、旅游线路等，具有综合性特征。民族村落关联旅游产品主要提供给旅游者旅游服务和利益，具有附加作用。

二　民族村落文化旅游产品开发

（一）核心旅游产品及开发

核心旅游产品是民族村落最主要的旅游吸引物，它也是民族村落文化旅游保护性开发最重要的内容，可以分为民族村落传统文化旅游产品、民族村落文化创意旅游产品等。核心旅游产品是民族村落文化最集中的体现，无论是自然山水文化还是民族民俗文化都要通过核心旅游产品来展示，但核心旅游产品内容不等同于民族村落文化，它必须是用科学系统的方法对民族村落文化进行设计、保护、开发而形成的民族村落文化旅游产品。民族村落核心旅游产品的根本作用在于引起民族村落文化旅游者的旅游兴趣和形成旅游氛围。既然民族村落核心旅游产品是民族文化的展现，那么，文化则成为民族村落核心旅游产品的关键构成要素。

英国人类学家泰勒（Edward. B. Tylor）于 19 世纪 70 年代提出了文化的概念，认为文化是一个复杂的整体，包括全部的知识、信仰、艺术、道德、法律、风俗以及作为社会成员的人所掌握和接受的任何其他的才能和习惯的复合体。之后，英国人类学家马林诺夫斯基（B. K. Malinowski）发展了泰勒的文化学说，他将文化划分为物质的和精神的文化，即"已改造的环境和已变更的人类有机体"两种主要成分。物质文化和精神文化都是在人类进化过程中衍生出来或创造出来的。当然，文化是一个连续不断的动态过程，它为不断适应时代的发展而变化，被继承的传统文化又会依据继承者们的社会发展需求而加以改造，在传统文化中注入新的内容，从而形成适应时代需求的新的传统文化。

民族村落传统文化包括物质文化和非物质文化两种形态。物质文化是经过人类改造的自然环境和由人创造出来的一切物品，这是文化的有形的部分。物质文化大多体现为那些具有历史、艺术和科学价值的名胜古迹、自然遗产，具体包括历史上各时代的重要实物、艺术品、文献、手稿、图书资料等可移动文物，以及有突出价值的历史文化名城、街镇、古迹址、古墓葬、古窟寺、古壁画以及近代现代重要史迹及代表性建筑等不可移动的文物。①

非物质文化是指各种以非物质形态存在的与群众生活密切相关、世代相承的传统文化表现形式，它包括口头传统、传统表演艺术、民俗活动和礼仪与节庆、有关自然界和宇宙的民间传统知识和实践、传统手工艺技能等，以及与上述传统文化表现形式相关的文化空间。非物质文化是以人为本的活态文化，它强调的是人类在社会历史实践过程中所创造的各种精神文化。大致分为三个部分：第一，在与自然环境作用中产生的，如自然科学、宗教、艺术、哲学等；第二，在人类适应社会环境中产生的，如语言、文字、民俗、制度、法律等；第三，与物质文化一同产生的，如使用生产生活方法、技艺、工艺等。

民族村落物质文化是在民族村落发展进程中，由民族村落少数民族群众改造自然环境和满足个人及社会需求而创造出的一切具有民族特性的有形的物质形态。非物质文化则是在民族村落中形成的村落少数民族居民世代传承、与他们生活密切相关的各种传统文化表现形式和民族村落文化空间。民族村落物质文化和非物质文化共同构成民族村落传统文化，它们在村落文化空间中，你中有我，我中有你，很难将其完全割裂开来进行研究。民族村落传统文化的各组成部分既有物质文化也有非物质文化。因此，界定民族村落传统文化旅游产品应从整体上考虑，以体现民族村落文化生态为目的，将物质文化与非物质

---

① 参见郝朴宁、叶郎等《民族文化遗存形态的产业社会化与生态文化创建》，科学出版社 2010 年版。

文化有效结合，设计开发具有"民族村落"烙印的传统文化旅游产品。同时，旅游产品开发并不适用于所有的民族村落传统文化，应该对传统文化有所取舍，在保护和传承民族村落传统文化前提下，开发能够满足旅游者需要及引导其需求的旅游产品。

1. 民族村落建筑文化旅游产品及开发

民族村落建筑是民族村落传统文化的最重要组成部分，是民族民间艺术、文化等的综合反映。民族村落建筑的选址、建筑物本身、建筑材料的选择及室内装修等都体现了少数民族成员特定的价值观念，同时也成为保存这些价值观念的力量。① 民族村落建筑是任何一个少数民族村落文化最直接的体现，承载着久远的历史积淀和人类活动的印记。民族村落建筑以一种相对静止的状态存在于民族村落中，它体现了民族村落成员的思想观念、审美艺术、宗教信仰和生活习惯等，是少数民族村落物质文化与非物质文化的综合表达，也正是这一特点，使得民族村落建筑成为十分突出且具有较高吸引力的民族村落文化旅游产品。

民族村落建筑旅游产品主要有观光、体验、感知、教育等旅游功能。这些建筑文化旅游产品既可以单独作为一种旅游产品进行开发设计，也可以与其他村落旅游产品形成产品组合。应该说，对于绝大多数民族村落而言，民族村落建筑旅游产品是最重要的旅游产品，旅游者通过对该产品的消费，可以更深刻地体验蕴含在其中的民族村落文化精神。民族村落建筑旅游产品包括两类，一类是少数民族居住用的民居建筑，另一类是少数民族的公共建筑。中国民族村落中的较为典型的建筑文化旅游产品主要集中在西南、中南甚至东南少数民族村落、内蒙古少数民族聚居区、新疆少数民族村落、东北少数民族村落、西北回族村落等。

（1）南方（西南、中南、东南）少数民族村落建筑文化旅游产品中代表性的有干栏式建筑、石材景观建筑、侗寨建筑景观等

干栏式建筑广泛分布于中国云南、广西、贵州及湘西等少数民族

---

① 参见何琼《西部少数民族文化概论》，民族出版社 2009 年版。

村落中。干栏式建筑主要由木构件组成，是用木材为主要材料搭成的简易楼房式建筑，也有部分地区使用竹材料建成。干栏式民居建筑最显著的特点是下层立竖桩，空出另作他用，上层住人，且屋顶挑檐较远，能有效遮挡阳光辐射，同时防止雨水淋湿房屋。干栏式民居建筑非常适应南方多雨、炎热、潮湿的气候，而且下层空间还起到通风防潮、防止水灾、防止虫兽入侵室内等作用，很多民族村落将下层作为牲畜圈养或者放置杂物的地方。中国使用干栏式民居的少数民族很多，傣族、侗族、景颇族、哈尼族、布依族、佤佤族、苗族、瑶族、壮族、傈僳族、毛南族、独龙族、黎族、白族、水族等，都使用干栏式民居。最有特色的民族村落干栏式建筑有云南傣族竹楼、湘西凤凰吊脚楼、广西侗寨干栏式建筑。

傣族竹楼是典型的干栏式建筑，目前有很多已改成木楼。竹楼除具备干栏式建筑的基本形态外，上层楼用竹篾笆包围建造，里屋为卧室，外间为堂屋（客厅），堂屋内置火塘，屋顶为歇山顶造型，最有特色的是其墙壁一律向外倾斜。凤凰古城的吊脚楼是半干栏式建筑，它的下层不全是空的，多依山靠河就势而建，讲究朝向。吊脚楼是凤凰古城最具有浓郁苗族特色的建筑。广西侗寨干栏式民族建筑一般分为三层，下层为空围栏，中间层由卧室、客厅组成，最上层是一个顶部为坡面的空间，用来放置实物和闲置的生活用具，同时还起到隔热作用。有些干栏民居还在中间层增设了望楼、晒棚等。

石材景观建筑是以石头为材料建造的房屋类型，石墙可砌五六米高，以石板盖顶。石材景观建筑不仅可以遮风挡雨，而且美观大方、自然古朴，是少数民族因地制宜、就地取材的智慧典范。贵阳镇山村布依族民居建筑就以石材为主要材料。村寨内的民居建筑包括两大类型，分布在用石头堆砌的古屯墙为界的上寨和下寨中。上寨布依族民居建筑采用穿斗式悬山顶石木结构建筑。下寨房屋为穿斗木结构建筑，石板屋顶。其他典型的石材景观建筑就是分布于西藏、青海、甘肃南部及四川西部一带的碉房，它是藏族人民为适应青藏高原气候和环境，以石头为主要材料，以泥土木材为辅料构筑建成的，外形如碉堡，因此被称为"碉房"。碉房多为二到三层。底层圈养牲畜和放置杂物，二层作为厨房、卧室等，三层设有经堂。碉房一般坚实稳固、结构整齐，可抵御风寒，同时也防盗防敌。

除干栏式建筑外，侗寨景观建筑还有鼓楼、风雨桥、戏台、寨门、凉亭等建筑种类。鼓楼是侗族村落最具标志性的建筑物，它是侗族群众议事聚会、迎来送往、祭祀庆祝的场所。鼓楼建筑形式集阁、塔、亭于一体，底部呈楼阁状，阁底平面多呈四边形、六边形、八边形等。塔身为密檐式，多为奇数层，塔身檐数越多，楼形规模越大。亭顶多见攒尖顶（如肇兴信寨鼓楼），也有歇山顶（如肇兴智寨鼓楼）。风雨桥是侗寨除鼓楼外的另一重要标志性建筑。风雨桥又称廊桥、花桥，它下为桥墩，上面是带有屋顶的长廊。戏台是侗族村落（寨）中与鼓楼配套的建筑，一般建在鼓楼的两旁或相对应的位置。寨门是侗寨连接寨内外交通的场所，也是侗族人们迎送宾客的场所。凉亭是人们休息、纳凉、躲风避雨的地方，多建在寨与寨之间或村寨周围。

（2）内蒙古少数民族聚居区建筑文化旅游产品最具有代表的是蒙古包

蒙古包又称毡帐、帐幕、毡包等，是以游牧为生的蒙古族人们的可移动住所，它易于拆装、便于游牧。蒙古包呈圆形，帐顶及四壁覆盖有毛毡，帐顶留一圆形天窗，以便采光、通风，排放炊烟。蒙古包是蒙古族人们生活居住的主要场所，现在也是吸引游客的主要旅游吸引物，并且是接待旅游者造访的重要设施。

（3）新疆少数民族村落建筑文化旅游产品最典型的是位于南疆的喀什地区，用生土建造的维吾尔族传统民居

房屋冬暖夏凉，很适合喀什地区昼夜温差大、夏季炎热冬季寒冷的自然生态环境。喀什老城区的维吾尔传统民居建筑多彼此连接，形成一个整体的建筑群落。这种建筑形式可以用来抵抗地震。喀什老城住宅区的巷道非常窄，大约1—3米，可防止外人自由出入和避免街道成为自由市场，一方面保证住宅安全，另一方面保持相对安静的自然环境。可以看出，喀什维吾尔族人在漫长的历史长河中，逐渐找到他们与自然环境、人文环境相适宜的建筑形制和居住方式，这也体现出了最朴素的"天人合一"的建筑文化理念。

（4）东北少数民族村落建筑较为典型的分布在赫哲族、鄂温克族、鄂伦春族三个少数民族聚居区中

这些少数民族过去多以游猎为生，迁移活动频繁，因此建筑类型常有临时建筑和固定建筑之分。

赫哲族的传统建筑也分为临时建筑和固定建筑两种。临时建筑是为了满足捕鱼和狩猎而搭建的临时住所，这类建筑主要有"撮罗昂库"（"撮罗"是尖顶的意思，"昂库"是棚子的意思）、"阔恩布如昂库"（"阔恩布如"是圆顶的意思）、"胡如布"（地窖子）、"温特合"（圆锥形，顶上有炊烟出口的棚子）等。固定建筑有"马架子"和用草泥屋顶的"正房"。建筑方法与现在基本相同。如今的赫哲族已经告别临时建筑，永久定居下来，而且土房也变成了砖瓦房，建筑形式与汉族差别不大。

鄂温克族的传统建筑形式有两种，居住建筑"斜仁柱"和仓储建筑"格拉巴"。"斜仁柱"是鄂温克人的临时居住建筑，它的建造是为了满足驯养鹿的需求产生的，具有移动性特点。"斜仁柱"是一种锥形的木结构构架，用多根木杆搭成，再用桦树皮或兽皮围子围护在锥形的构架上，就形成居住建筑。"格拉巴"是固定的仓储建筑，它的建造是为满足他们存储生活用品、生产工具等需要而产生。"格拉巴"建造时以自然树削去树冠为四柱，树根为基础，在四柱之上用一些较细的檩子围合出一个悬空的仓储空间，最终利用自然结构形成一个坚固耐久的永久性仓储建筑。

鄂伦春族也以游猎为主要生产生活方式，常年在森林中生活。该民族的传统建筑有多种，最常见的有临时性居住建筑"斜仁柱"、固定建筑"乌顿柱""木刻楞"、永久性建筑"奥伦"以及临时建筑"雪屋"。鄂伦春族的"斜仁柱"与鄂温克族的类似，是可移动的木构架和围子构成的建筑形式，主要适用于鄂伦春族在春、夏、秋三个季节跟随猎物的踪迹频繁迁徙的需要。"乌顿柱"属于鄂伦春人冬季的固定居所，采用了半覆土与木构架相结合的构筑方式。"木刻楞"也是鄂伦春人冬季的固定住所，它采用了井干结构与草泥内保温相结合的构筑方式来满足冬季的定居生活需求。"奥伦"是鄂伦春族的固

定建筑，或称为高脚仓储建筑，建在他们常年生产活动的密林中。这种建筑也是建在树干上的，与鄂温克族的"格拉巴"相似，四根柱子要选择自然布局为方形的树，上层用木杆层层架成悬空的空间，在松木拼成的屋盖上覆上桦树皮，既保暖又结实。"雪屋"是鄂伦春族人冬季打猎时临时栖身的住所，采用半覆雪或全覆雪方式修建。

（5）西北回族村落建筑文化最典型的是清真寺

西北回族村落建筑中的清真寺具有浓郁的宗教文化内涵。清真寺又称为礼拜寺，是拜主、叩头的地方。主要满足于穆斯林做礼拜、交流聚会、庆祝节日、婚丧嫁娶等需要。清真寺由礼拜大殿、讲经堂、宣礼塔、学房和沐浴室共同组成，外屋顶为绿色，西北清真寺在屋脊上装有三个立着的花柱，中间一个在顶上有伊斯兰新月标志。①

2. 民族村落民间艺术旅游产品及开发

（1）民族音乐旅游产品及开发

"音乐是某种最原始的冲动情绪或情感的宣泄"。② 民族音乐是少数民族生产生活的伴生物，他们用音乐抒发情绪、传递情感，且在未开化民族当中，音乐还被用来通神娱神。少数民族音乐是民族文化重要的组成部分。音乐是一种抒情艺术，通过演奏或演唱表达，听众从它表达的情感中获得感受并产生共鸣，从而实现情感体验。对旅游者来说，到民族村落欣赏和感受特有的民族音乐确是民族旅游中不可缺少的一项活动。民族音乐主要有民间歌曲和乐器两大类，这两类常常同时演奏并表演。

民族音乐可以通过多种方式被开发为旅游产品。

首先，和其他旅游产品形成产品组合。如吉林延边朝鲜族每到其传统节日、庆祝活动或日常聚会时，他们都会载歌载舞，充分表达直抒胸臆的情感和对美好未来的憧憬。甘肃张掖裕固族民歌风格独特，曲调朴实优美，在迎接远方到来的客人时，敬酒吟歌，并以"歌声不断，酒不断"为情感表达，是旅游活动中非常重要的环节。

---

① 参见何琼《西部少数民族文化概论》，民族出版社 2009 年版。

② 郝朴宁、叶郎等：《民族文化遗存形态的产业社会化与生态文化创建》，科学出版社 2010 年版。

其次，独立成为民族村落重要的旅游吸引物，民族音乐贯穿于旅游过程始终。贵州黔东南侗族大歌正是这样一种独特的旅游产品。侗族大歌于 2009 年被列入世界非物质文化遗产，被称为"一个民族的声音，一种人类的文化"。侗族大歌用口传心授的方式代代相传，是一种没有指挥、没有伴奏却有完整的支声复调的多声部民歌。侗族大歌可分为鼓楼大歌、拦路歌、踩堂歌、酒礼歌、叙事大歌、声音大歌、童声大歌、戏曲大歌等多种类型。旅游者自进入侗寨起一直到离开，侗族大歌伴随左右，因场景不同而伴随有不同的歌曲。侗族有句谚语，"饭养身、歌养心"，说的正是演唱侗歌已成为侗寨的一种生活方式，它是侗族村寨最具魅力的艺术表现形式，同时也具有强烈的旅游吸引力。

最后，用舞台化的形式展现民族音乐，打造民族音乐品牌。纳西古乐原本散落在民间，是一种自娱自乐、自我展现的民间音乐。每逢节庆喜丧进行演奏。后来经由国内外相关人士努力，纳西古乐以商业演出的形式出现在旅游者面前。古老传统的纳西族乐器由身穿长袍马褂的长白胡须老者进行演奏，音乐质朴古典，再配以女声，形成富有层次感、历史感和民族感的纳西音乐表演形式。

（2）民族舞蹈旅游产品及开发

民族舞蹈是一种非物质文化，是"人类活态文化财产"。民族舞蹈与其他艺术表现手法一样，源起于少数民族生产生活中，是人们表达情感和生活的手段。民族舞蹈多以优美的姿态、特有的民族性、丰富的民俗性等特征展现出来，是一种升华了的艺术。民族舞蹈大都节奏感强，地域特色鲜明，因此很适合开发各种旅游产品。民族舞蹈旅游产品可以通过两种途径开发，一是原生性开发，另一种是舞台化开发。

原生性旅游产品是指在民族村落中保持民间舞蹈的原生状态，遵照原有舞蹈的表演形式和存在方式，根据民族习惯表演的旅游产品。大多数民族村落中的民间舞蹈都可以被开发为这种产品。如藏族的"锅庄舞"、彝族的"跳月"、土家族的"摆手舞"、苗族的"跳芦笙"、侗族的"踩歌堂"、傣族的"夏光"、少数民族的祭祀舞、巫舞等等。

舞台化旅游产品是指将民族舞蹈通过舞台展现给旅游者。它以传统民族舞蹈文化为内核，重新编排成为适合舞台表演的民族舞蹈旅游产品。这种旅游产品除舞蹈要素外，还利用诸如舞台设计、灯光等多项要素共同形成。舞蹈内涵不再是传递给观赏者的唯一内容，呈现出来的多是一种视觉冲击和感官享受。目前，这类民族舞蹈产品较成功的有张艺谋的"印象系列"、西双版纳傣族歌舞表演、贵州苗寨歌舞表演、广西侗寨歌舞表演、张家界的"天门狐仙""魅力湘西"、九寨沟藏羌歌舞表演等等。

（3）民族服饰旅游产品及开发

民族服饰是少数民族文化的重要载体，是少数民族物质文化的表征，更凝结了少数民族群众丰富的精神文化内涵。民族服饰不仅具有和其他普通服饰一样的基本功能，更具有审美、宗教信仰表达、民族特性展示等功能。民族服饰是民族村落文化旅游开发中必不可少的旅游产品，它所传递给旅游者的首先是一种视觉审美享受，其次是它对民族文化深层次的表现。从构成来看，民族服饰主要有两大类型：一是具有实用功能的相关衣着，包括衣服、裤子、裙子、帽子、鞋、袜子、袍等，这是少数民族服饰的基本成份，多由各种材质的布料加工制作而成，色彩艳丽、款式多元、因地制宜，具有十分重要的实用价值和审美价值；二是附加在衣着或身上的各种装饰品，主要是指附加在头发、耳部、颈部、胸腰部、手臂、脚踝部等身体部位的装饰品，如发卡、发簪、梳子、耳环、项链、项圈、围巾、领饰、胸针、佩刀、腰佩、手镯、戒指、臂钏、背篼、荷包、钱包、香囊、手帕、伞、扇子、脚铃等。中国少数民族的装饰品种类繁多、形式各异，它们既有装饰美观的作用，也有等级划分、宗教信仰等作用。

中国少数民族服饰非常丰富，民族服饰的内容与各民族的栖息环境、民族文化特性密切相关。比较典型的民族服饰有：分布在西南的苗族服饰、傣族服饰、彝族服饰、侗族服饰等；分布在西部的藏族服饰、维族服饰、回族服饰、裕固族服饰、蒙古族服饰、哈萨克族服饰等；分布在东北的朝鲜族服饰、满族服饰、鄂伦春族服饰、赫哲族服饰等。民族服饰的多元与多种因素有关，比如少数民族居住的地理环境、生产生活方式等影响因素，历史文化传承与发展，民族村落手工艺技艺水平，图腾与宗教信仰等。丰富多彩的民族服饰承载着深厚的民族文化渊源，它也是民族村落文化旅游开发中非常重要的旅游产品。对于民族服饰开发为旅游产品，应从三个方面来考虑：

第一，应作为民族村落文化旅游产品的一部分，形成组合旅游产品。对于任何一个民族村落而言，即使该民族服饰类型多样、种类丰富、历史文化价值、观赏价值等价值较高，但它都只是民族村落中民俗文化的组成部分。民族服饰需要有民族村落中的少数民族将其穿戴起来才能更体现其活态文化内涵，而单独将民族服饰开发为旅游产品，使其对旅游者产生专门的旅游吸引力，这样的做法并不容易实现。因此，民族服饰应穿着在少数民族群众身上，将其放置于民族村落文化氛围中，形成情景交融的民族风情景观。首先，民族村落中参与旅游经营、服务活动的人们都应该穿着应时应景的民族服饰。其次，在民族村落节日活动期间，参加节庆活动的少数民族群众要身着节日盛装，游客也可以穿上民族服饰，亲身体验和感受民族村落文化氛围。最后，从事舞台表演的少数民族表演者，要穿着戏剧化和舞台化的民族服装，以此来展示民族艺术精华。

第二，应将其商品化，打造民族服饰旅游商品品牌。商品化的含义就是将民族服饰打造为可以被旅游者购买、易携带的旅游商品。民族服饰有其深厚的地域性特征，对于旅游者而言，原生性的民族服饰未必符合现代人们的审美习惯。民族服饰商品可以从以下几方面开发：保持原有的传统制造工艺，生产精致的、具有较高附加值和收藏价值的民族服饰精品，打造品牌化旅游商品。这样做就可以从根本上保护民族服饰设计制作工艺，并起到很好的传承作用。要考虑现代人的审美需求，并结合民族服饰文化元素，对民族服饰设计进行创新，打造民族服饰大众化品牌。利用网络、店面等多元的现代化营销渠道进行销售，使其广为消费者接受。要在民族村落工艺品制造中加入民族服饰元素，形成产业链。比如制作精美的民族娃娃，为这些民族娃娃配上款式多样、工艺精湛、色彩丰富、装饰纷繁的民族服饰，从而形成工艺品产业链。

第三，应将其博物馆化，并进行保护和展示。要让旅游者更多了解民族服饰的历史渊源、发展变化及文化内涵。民族服饰博物馆可以记载民族服饰的点滴，它将民族服饰集中起来展示，通过解说呈现给旅游者全面的、丰富的、生动的民族服饰信息。在民族服饰博物馆里，民族服饰不只被橱窗展示，而且是全方位的立体艺术展示——即利用声、光、电等手段带给旅游者感官体验，从而形成对民族服饰更深更透彻的理解。

（4）民族民间文学旅游产品及开发

中国民族村落民间文学艺术是少数民族群众在漫长的历史时期创作和积累起来的，是少数民族智慧的结晶，它以高度凝练的语言概括了生活万象，体现了创作者的审美情趣，表达出了高超的文学意境。少数民族民间文学博大精深、源远流长，艺术表现形式多样，题材广泛，内容丰富。常见的形式有民族诗史、民间神话传说、叙事诗、民间歌谣、宗教经典等。由于一些少数民族只有自己的口头语言，没有文字，因此口耳相传就成为民族民间文学世代流传的主要方法。

民族诗史一般分为民族创世史诗和民族英雄史诗。民族创世诗史代表性的作品有：纳西族的《创世纪》、傣族的《巴塔麻嘎捧尚罗》、苗族的《苗族古歌》、瑶族的《密洛陀》、佤族的《司岗里》等。民族英雄史诗最为经典有三部：藏族说唱体长篇史诗《格萨尔王》、蒙古族英雄史诗《江格尔》、柯尔克孜族传记性史诗《玛纳斯》。

民间神话传说多为创世神话和征服自然的神话。中国南方少数民族多存有盘古开天辟地的创世神话，其中白族、彝族、瑶族、苗族、壮族、布依族、土族、毛南族等都有这类神话。例如广东瑶族的《盘古书》、广西壮族的《盘古赞歌》、贵州苗族的《苗族古歌》、云南傣族的《帕雅创世纪》、贵州布依族的《混沌王和盘果王》、贵州仡佬族的《洪水朝天》、云南白族的《天地起源》等。其他少数民族也有各自广为流传的神话传说，如东北朝鲜族的《檀君神话》《朱蒙神话》、满族的《三仙女传说》等。这些神话都表现了各族人民对万物起源的朴素认识，表达了他们征服自然、战胜困难的信心，而且深刻体现了少数民族最质朴的价值观、艺术观、审美观等。民族传说故事是少数民族群众创作并传播的，具有假想（或虚构）的内容和散文形式的口头文学作品。民族传说故事内容广泛，无论是人物传说、动植物传说、风物民俗传说，还是历史传说、幻想传说等，各民族都有非常丰富的内容。

民间叙事诗的主要内容有历史重大事件和婚姻爱情。民族民间叙事诗数量繁多，风格平易，充满了生活气息。比较有代表性的民族叙事诗有：彝族的《阿诗玛》、德昂族的《芦笙哀歌》、侗族的《珠郎娘美》、壮族的《唱离乱》、纳西族的《鲁般鲁饶》、回族的《马五哥与尕豆妹》、藏族的《米拉尕黑》《流奶记》、蒙古族的《孤儿传》《成吉思汗的两匹骏马》、维吾尔族的《艾里甫与赛乃姆》、裕固族的《黄黛琛》、土族的《祁家延西》等等。

民族民间歌谣是少数民族古老的文学表达形式，人们通过歌谣表达对事物万象的感受。少数民族村落大多充满浓郁的地域特色和民族情怀，因此蕴育出大量的民间歌谣。例如傣族的《四季歌》《祝福歌》《祭鬼词》《凤凰情歌》等、西北少数民族的《敕勒歌》、苗族的《年节歌》、《跳场歌》、朝鲜族《出帆歌》《瓠木》《采桑谣》《阿里郎》等等。少数民族宗教经典代表性的歌谣有：佛教的《大藏经》、傣族《贝叶经》、《三藏经》、伊斯兰教《古兰经》等。

民族民间文学包罗万象、内容庞杂，将其单独开发为民族村落文化旅游产品并不容易。由于大多数民族民间文学受众范围小，再加上其深厚的文化背景，所以对于旅游者来说，如果作为独立的旅游产品，则很难起到情感共鸣或者感同身受的体验。但是民族民间文学又是少数民族村落文化中必不可少的内容，它蕴藏着丰富的民族民间文化，只有了解这些文化，才能更深地了解民族村落的历史变迁和文化变迁。因此，民族民间文学必须用其他方式进行旅游产品开发，才能对其发展起到锦上添花的作用。例如：将其融入到解说旅游产品中，通过即时朗诵、演唱表演等形式，使游客在参观游览民族村落文化旅游产品过程中，体会民间文学艺术文化。还可以对某些具有代表性、经典性及愉悦性的民间文学进行歌舞编排，将它们以舞台化形式展现出来。另外，还可以制作旅游纪念品，赠送或出售给旅游者。总之，将民族民间文学开发为旅游产品是非常必要的，它将更有助于实现民族民间艺术文化的保护和传承。

（5）民族戏剧旅游产品及开发

民族戏剧是指少数民族特有的戏剧种类，包括民族戏曲、话剧、歌剧、舞剧等。中国少数民族戏剧主要有以下内容：吸收了宗教舞蹈形式的藏戏，流行于贵州、广西、湖南侗族居住地的侗戏，分布于广西和云南的壮戏，由吹吹腔戏和大本曲剧合称的白族白剧，傣族的傣剧和赞哈剧，分布在湘西、广西和云南的苗剧，布依族的布依戏，由内蒙古蒙古戏和辽宁阜新蒙古剧组成的蒙古戏，吉林省延边朝鲜族自治州的朝鲜族仅有戏曲唱剧，内蒙古满族八角鼓戏和吉林新城戏共同称为的满族戏剧，独特的毛南族毛南戏，佤族的清戏，用维吾尔族语言表演的歌剧舞剧，彝族的彝剧等等。

尽管中国少数民族戏剧生成的地域背景、文化特性、民族习俗、历史渊源等各不相同，但其发展轨迹却大致相似，都是从民族民间歌舞、民间说唱而来，或者在此基础上受到宗教等的影响形成的。这些类型多样、内容丰富的民族戏剧具有很高的艺术价值，它来源于生活，"是劳动人民对生活咏叹的一种文化状态和形式"，包含着少数民族群众对于人间万象的哲学思考。由于少数民族戏剧的"民族化和地方化"，它们大都具有鲜明的艺术个性，具有丰富的审美情趣和美学内涵。将民族戏剧开发为旅游产品，会有利于这种非物质文化遗产的保护和传承。民族戏剧可以从两种途径进行旅游产品开发：一是原生态开发，即保持民族戏剧原汁原味，将其搬上舞台表演；二是创新型开发，即在原有戏剧的基础上，适当创新改变，开发出适合大众旅游者接受和喜欢的舞台戏剧等。另外，民族戏剧开发为旅游产品一定要有层次性，要着力打造戏剧品牌，在保持原有艺术核心的基础上满足现代人的观赏需求。

（6）民族民间工艺旅游产品及开发

民族民间工艺是少数民族群众"为满足实际生活、生产、劳动需要和审美需要而就地取材、因地制宜、手工制作的各种生产工具、生活用品、环境装饰、民宅建筑以及节令风俗礼仪渲染等有形的物质或艺术品"。① 民族民间工艺的创造和生产离不开少数民族村落的地域环境和民族文化特性，它是传统民族村落生活的重要组成部分。随着时代发展，民族村落开放程度越来越高，旅游业等新兴产业在民族村落中的兴起，使得民族民间工艺不再只为少数民族群众服务和使用，它更是成为现代社会大众追逐的文化消费品。民族民间工艺的民族表达性、独特性、装饰性、审美性、文化性、手工性等特点都是其吸引游客的重要特性，开发民族村落工艺旅游产品是十分重要的内容。本书所涉及的民族民间工艺旅游产品主要包括少数民族刺绣、纺织与印染工艺、少数民族剪纸、雕刻及编制工艺等旅游产品。

刺绣、纺织和印染是中国少数民族地区非常传统、古老的手工艺。"刺绣是在织物上用针穿引各色彩线所刺绣的图案"，广泛流传于苗族、瑶族、彝族、傣族、水族、侗族、羌族、达斡尔族、柯尔克孜族、维吾尔族等民族中。尤其是西部苗族刺绣，更以其独特的民族风格、高超的技艺以及悠久的历史最为著名。苗族刺绣图案丰富、色彩搭配精妙、朴素大方，是苗族服饰的主要装饰手段。苗族刺绣图案多为龙、鸟、鱼、铜鼓、花卉、蝴蝶等，针法多样，常用的有平绣、挑花、堆绣、锁绣、贴布绣、打籽绣、破线绣、钉线绣、绉绣、辫绣、缠绣、马尾绣、锡绣、蚕丝绣等。少数民族刺绣是宝贵的民族物产，它表现了少数民族群众尤其是少数民族妇女对大自然及生活的深刻体验，源于现实又高于现实的图案纹样无一不表达着少数民族的审美情趣和艺术感染力。

民族纺织工艺也以悠久的历史、独特的民族性及传统技艺而著称。少数民族纺织工艺从材质划分，可分为麻纺、棉纺织、丝绸纺、毛纺织等，其中最多见的属棉纺织和毛纺织。棉纺织品主要是用棉花纺线织布，代表性的有黎族的"黎锦"、壮族的"壮锦"、侗族的"侗锦"、瑶族的"婆罗布""瑶斑布"、苗族的"武侯锦""斗纹布"、布依族的"色织布"、水族的"水家布"、土家族的"西兰卡

---

① 参见苏和平《中国少数民族工艺与美术》，贵州民族出版社 2003 年版。

普"等。毛纺织品主要是用动物的皮毛为原料纺织而成，主要分布在西北游牧民族，代表性的有新疆毛毯、蒙古族毛纺织品、藏族毛纺织品、乌孜别克族毛纺织品、柯尔克孜族毛纺织品等。

印染也称为染整，是一种加工方式，是纺织品练漂、染色、印花、整理、洗水等的总称。中国少数民族很早就能从自然物质中提取不同颜色的染料，从而加工制作成种类丰富的印染产品。中国少数民族印染工艺主要包括蜡染、扎染、印染等。蜡染产品主要有被面、床单、枕巾、包等。扎染表现为维吾尔族扎经染色工艺，即在准备好的经线上按照预先设计的图案扎结染色。使用印染工艺的少数民族较多，如瑶族印染、水族印染、乌孜别克族印染、维吾尔族印染、德昂族印染等。

少数民族剪纸是中国少数民族群众闲暇生活的产物，更是他们精神生活的组成部分。少数民族剪纸艺术题材多样、内容丰富、造型独特，既具有实用性，又具有装饰性。少数民族剪纸代表性的有傣族剪纸、水族剪纸、鄂伦春族剪纸、满族剪纸、裕固族剪纸、保安族剪纸、壮族剪纸、回族剪纸等。剪纸艺术多用来装饰家居、服饰等，也有作为民间刺绣花样底稿。它是少数民族文化的积淀，凝结着少数民族群众智慧和情感，更充满了浓郁的民族生活气息。

雕刻、编织艺术是中国少数民族文化的重要构成，它源于生活，寄托着中国少数民族对生产生活、宗教信仰、社会发展等的思想情感，体现了创作者对美的理解和表达，更具有深厚的少数民族特性。少数民族雕刻多用于生产生活用品、工艺品、建筑物及宗教祭祀用品等方面，编织艺术则多用于生产生活资料中。民族雕刻主要包括木雕、石刻、砖雕、玉雕、骨雕及其他材质雕刻等等。木雕常见于佛堂、清真寺、寺庙、房屋等建筑装饰——如布朗族、回族、维吾尔族、德昂族、白族、藏族、锡伯族等少数民族的木雕艺术，佤族木雕、高山族木雕、纳西族木雕等作为工艺品主要用于宗教和祭祀活动中。石刻艺术在少数民族中较多见，除了水族、彝族、壮族等民族的墓志石刻，还有像彝族等少数民族在自然山体有石刻艺术。砖雕、玉雕等流行于西北回族聚居区。鄂伦春族的传统雕刻艺术有桦树皮雕刻和骨雕等。藏族用酥油进行酥油花雕塑等。丰富的雕刻艺术无不展示着少数民族群众的智慧和审美情趣。编织工艺是少数民族利用自然物所制作的各种生产、生活用具及工艺品等。少数民族编织工艺品的主要原料为竹、藤、草、柳等。景颇族、瑶族、珞巴族等主要有竹编和藤编物品，傣族、佤族、侗族、苗族、壮族等都是就地取材，多用竹子制成各种生活生产资料，尤其是少数民族乐器等。白族、纳西族、柯尔克孜族多见草编织物。少数民族编织工艺品制作精美、款式多样、功能丰富，是很有开发潜力的民族旅游纪念品。

由于中国民族民间工艺种类繁多、工艺独特、民族特性鲜明，且附加值高，因此十分有利于旅游产品开发。但从现实来看，目前少数民族民间工艺旅游产品开发多处于一种自发、混乱的局面，许多少数民族村落开发的旅游产品简单、粗糙、产品附加值低，这些少数民族民间工艺旅游产品不但不能给旅游地带来大幅的增加利润，反而因为大量层次不齐的产品，给旅游者留下负面形象。因此，开发少数民族民间工艺旅游产品从以下几方面认真考虑。

一是做好前期市场调研。一方面要摸清各民族村落民间工艺的全部信息，建立资料库，进行筛选，将完全不适合开发为旅游产品的民间工艺列出来。另一方面，要对旅游者进行调研，研究旅游者需求，并结合经济、社会、政策环境进行分析，摸清和预测少数民族民间工艺旅游产品的市场需求情况。

二是选择适合的旅游产品做为开发对象。要结合市场调研，选择恰当的民族民间工艺作为旅游产品开发对象，制定科学的、有层次的开发策略，进行市场推广。某些份量较重且内容丰富的民族民间工艺所在的村落，应及时申报原生态民族村寨保护，建立国家级、省级、县级等级层次。这样做既可以集中优势资源，又可以凸显民族村落地方形象。

三是民族民间工艺旅游产品精品化开发。所谓精品化开发就是要提高产品附加值，在民族民间工艺品的民族特性、审美、设计、工艺、技法、材质等方面都要有所提高，而且要打造民族品牌，产生品牌效应。此外，还要避免目前民族民间工艺旅游产品易被仿造、制作粗糙、资源浪费等负面影响。这样可以树立各民族村落独树一帜、具有真正特色化的民间工艺旅游产品品牌。

四是重视推广。利用游客口碑效应、互联网、移动终端、传统媒体等进行综合宣传推广。这样可以达到两个目的，一个是可以产生好的经济效益，另一个是可以更好地宣传民族村落文化，让游客的购买体验不再只停留在经济层面，还能够享受文化熏陶和对民族传统文化加深认识。

3. 民族村落饮食文化旅游产品及开发

少数民族饮食文化因特定的地域环境、经济结构、宗教信仰、民族习俗、文化环境等影响，呈现出民族特色鲜明、内容丰富多彩、文化烙印深刻的文化特性。民族村落饮食文化是少数民族传统文化中不可缺少的组成部分，是少数民族族群智慧的体现，它能深刻地反映少数民族群众对食文化的精神追求。饮食习俗极大地体现了少数民族的思维方式、民族特性，也展现了少数民族群众就地取材、因地制宜的生活习惯。民族村落饮食文化是物质文化和精神文化的综合体现，它所承载的内涵正是其他人了解和体验少数民族村落传统文化的最终目的。少数民族饮食文化主要由饭食、酒、茶三种构成，它与大众饮食文化——也就是汉族饮食文化——最为不同之处在于在民族村落饮食文化中少数民族除了吃饭外，还亲身参与到歌舞活动中，形成一种自我参与、自我陶醉的文化氛围。

少数民族饮食文化因地域环境、气候因素等形成各自不同的文化模式。南方（西南、中南、东南）少数民族地区多为"鱼米之乡"，许多少数民族村落以稻米、玉米等为主食，鸡、鸭、鱼肉、蔬菜、酸菜等为副食。

壮族地处亚热带，其五色糯米饭、年糕、粽子、艾糍粑、竹筒饭、枕头粽、羊角粽、猪血灌粉肠等都是稻米做成，这些大都是节庆活动中的必备美食。七色香猪、鱼生、白切鸡、腊味肉品等菜肴也是壮族人喜爱的食物。

苗族地处中国西南地区，以大米为主食，辅以小米、玉米等杂粮，副食种类多样。苗族尤其喜食辣椒和酸菜，酸辣味的汤菜十分常见。苗族喜欢把蔬菜、鸡、鸭、鱼、肉等为原料的菜肴腌制成酸味食用，特别是腌酸鱼更是苗族的传统菜品。

侗族饮食文化十分传统，同样以稻米为主食，副食多样。侗族饮食文化中最鲜明的特征是"侗不离酸"，酸味食品种类丰富，分荤酸和素酸。荤酸是用猪肉、鱼为主要原料腌制酸味，素酸用辣椒、豆类、青菜、萝卜、嫩笋、黄瓜等腌制而成。侗族人"家家不离酸、天天要吃酸"，构成了自己独特的特色。侗族还有糯米粑、侗果、食油茶、黑糯米饭等特色食物。

傣族的香竹饭、香茅烤鱼，彝族疙瘩饭、坨坨肉，瑶族粽粑，纳西族卤菜、鸡豆凉粉、丽江粑粑、锣锅饭、鸡炖豆腐等，都是西南少数民族特色的美食。

西部少数民族饮食文化代表性的有藏族美食、回族美食、维吾尔族美食、蒙古族美食等。蒙古族饮食以乳制品和肉食为主。乳制品包括乳类饮料和乳类食品。乳制食品有奶豆腐、奶酪、奶酥、奶油、奶皮、黄油、奶片、白奶豆腐等。乳饮料有马奶、羊奶、奶茶等。蒙古族肉食叫"红食"，主要美食是烤全羊。

回族是信仰伊斯兰教的民族，回族美食也独具特色。羊肉粉汤是回族群众喜爱的食品，手抓羊肉、涮羊肉、开锅羊肉等更是回族美食最具代表性的风味名菜，油香、麻花、油馓子、卷煎饼、酥合子、油糕等油炸美食都是穆斯林节庆时的必备食品，锅盔、清真烤饼、羊肉面片等是回族人喜欢的面食，还有享誉国内外的知名美食牛肉拉面更是回族的知名风味面食，甜醅子、烩羊杂等也是是独具特色的风味小吃。

维吾尔族同样信仰伊斯兰教，由于受区域环境及传统文化影响，美食与回族较为不同。维吾尔族最有名的主食有抓饭、馕、烤包子、肉拌面（拉条子）等，尤其手抓饭和馕极具民族特色。肉食主要有烤全羊、炒烤肉、肚子烤肉、大盘鸡等，烤全羊是维吾尔族在高级宴会上的必备传统佳肴。维吾尔族最著名也最传统的小吃莫过于烤羊肉串，现今更是流行于全国的大街小巷。

藏族分布于青藏高原、甘肃西南部、四川西部及云南部分地方。

藏族因其生产生活方式不同，饮食方式也有所不同。农业区以粮食为主，蔬菜为副。牧区和半农半牧区以肉食和奶制品为主。肉食主要有烧肝、汆灌肠、血肠、肉肠、面肠、肝肠、烤牛肉、赛蜜羊肉、风干肉等。主食多青稞糌粑，即青稞炒面。常食用的奶制品有酸奶、奶酪、奶疙瘩和奶渣等。每年藏历六月底七月初，是西藏传统节日"雪顿节"（吃酸奶的节日）。在"雪顿节"期间，藏族群众和寺庙的僧人们不仅要吃酸奶，还要着节日盛装，喝青稞酒、酥油茶，载歌载舞，尽情欢乐。

东北少数民族饮食文化代表性的有朝鲜族美食和满族美食。朝鲜族饮食文化中多以稻米为主食，肉、泡菜等为副食。打糕、冷面等都是典型的面食。肉食有狗肉、牛肉、鸡肉、鱼肉等，较少食用猪肉。另外传统泡菜更是朝鲜族有名的美食，其味酸辣。满族饮食文化中有很多誉满全国的特色美食。萨其马是满族人十分喜爱的传统糕点，也是中国著名的糕点之一。酸汤子、粘豆包等也是满族人喜爱的面食。将猪血灌到猪肠中煮熟做成的白肉血肠是满族著名的菜肴。满族涮火锅更是历史悠久，且影响至今。当然，满族美食最为著名的一定是满汉全席，其是清朝宫廷与民间"满席""汉席"荟萃一席的美味佳肴的统称。

少数民族的酒文化源远流长，影响深远。中国少数民族在长期的生活中，自酿酒品，形成各不相同的少数民族酒文化。南方少数民族地区多以大米或糯米等为主要原料，发酵酿造含糖高、酒精度低的米酒。苗族米酒以大米、糯米、玉米、高粱等为原料酿造，酿酒工艺完整，历史悠久。苗族待客的酒礼多，宴客时有饮酒对歌的习俗，有对唱、独唱、独唱加伴唱等多种形式，唱歌与敬酒常同时进行。水族肝胆酒、九阡酒，普米族大麦黄酒，怒族咕嘟酒，云南彝族辣酒，四川彝族苦荞酒，纳西族合庆酒，普米族"酥里玛"酒，羌族蒸蒸酒，傈僳族药酒、杵酒，毛南族南瓜酒，基诺族的梅叶酒，哈尼族新谷酒，黎族山兰酒，布依族刺梨酒，侗族"侗粮醇"白酒，土家族甜酒茶，拉祜族药酒，壮族药酒等都是西南少数民族特有的自酿酒。

西部少数民族酿酒主要有藏族青稞酒、蒙古族马奶酒、柯尔克孜族"孢糟酒"、门巴族"曼加"酒、塔塔尔族的风味酒、新疆伊犁特酒等。藏族青稞酒是藏族男女老少喜爱的传统酒精饮料，也是节日和待客必备的饮品。蒙古族自酿酒有两种："不达干艾日和"（粮食白酒）、"萨林艾日和"（奶酒）。蒙古族马奶酒是十分传统的美酒，其用马奶酿造，略带酸味，时至今日，仍然是蒙古族牧区流行的酒精饮料。

东部少数民族酿酒主要有满族松苓酒、朝鲜族屠苏酒。满族松苓就是清代满族最著名的酒。其做法是将坛装白酒深埋在古松根部，若干年后取出，酒色如琥珀，酒味清香，并有明目、化痰的功效。朝鲜族自古有酿造各种健身酒的习俗，如米酒、岁酒、聪耳酒、屠苏酒等。岁酒在春节时饮用，所以叫岁酒。聪耳酒是用传统方法，加入多种中药材酿制而成的。屠苏酒是用桔梗、防风等诸多药材酿造而成，民间传说其具有延年益寿，避风祛邪的作用。

除了各少数民族酿酒工艺及酒品外，还有风格各异的饮酒习俗。例如，流行于彝族、苗族、侗族、布依族、土家族、仡佬族、傈僳族、普米族、哈尼族、纳西族、傣族、佤族等民族中的"咂酒"习俗，就是利用竹管、藤管、芦苇秆等把酒从器皿中吸入杯或碗中饮用或直接吸入口中饮用。瑶族、苗族、侗族和布依族等迎客习俗"过关饮酒"，是说在迎接客人进寨或待客时，设置道道关卡，客人须饮酒才能通过。苗家饮酒因时间、地点、对象不同而有不同的称呼，如"拦路酒""进门酒""迎客酒""送客酒""转转酒""贺儿酒""酬劳酒""鸡血酒"等等。另外，苗族饮酒礼仪也极为讲究。其他少数民族的饮酒礼仪还有彝人贵酒、景颇族酒筒饮酒、摩梭人饮月米酒、侗族饮三朝酒等。

茶文化也是少数民族饮食文化的组成部分。中国少数民族自古就有对野生茶树的驯化和人工种植的经验。另外，无论是西南的茶马古道还是西北的丝绸之路，运输的茶都是少数民族商人进行贸易活动的重要商品。少数民族茶文化的形成多与地域环境、气候、饮食结构等密切相关。

南方少数民族人们喜好饮茶，饮茶方式多样，皆因自然条件影响。苗族、壮族、侗族、瑶族有"打油茶"，也称"煮油茶"。"打油茶"材料丰富，主料是茶叶（嫩茶或专门末茶）、油、米花，辅料有花生、芝麻、豆类、葱姜、绿叶菜等。通常需要经过选茶、选料、煮茶和奉茶四道程序。"打油茶"口味香浓，营养价值很高。生活在贵州、湖南、湖北交界处的武陵山区的土家族有著名的"擂茶"，也称"三生汤"，是将生茶叶、生姜和生米仁等三种原料按照口味放入山楂木制成的擂钵中，混合研碎加水后烹煮而成的汤。"擂茶"有清热解毒，防病健身的功效。白族"三道茶"是一种特殊的茶俗。顾名思义其工序有三道：即第一道茶，经烘烤后冲泡的浓茶汁，又名"清苦之茶"；第二道茶，重新烤茶置水，碗中放入红糖与核桃仁冲置，又名"甜茶"；第三道茶，将蜂蜜、花椒粒、乳扇等放置碗中，冲以沸茶水，又名"回味茶"。三道茶被概括为"一苦、二甜、三回味"，也赋有深奥的人生哲理。南方少数民族茶文化中还包括佤族烧茶，苗族的八宝油茶汤，云南德昂、景颇族的腌茶，基诺族的凉拌茶，布朗族的酸茶，傣族、拉祜族的竹筒烤茶，纳西族的盐巴茶，傈僳族的雷响茶等等。

西部少数民族聚居地多干旱寒冷，蔬菜较少，民众进食以热量大的红肉较多，所以茶是必不可少去油解腻的饮品。回族饮茶历史悠久，讲究茶具，最流行的茶饮是刮碗子茶。刮碗子茶又称"三泡台"，茶具由茶碗、碗盖和碗托组成。刮碗子茶多用绿茶，冲泡茶时，除放茶外，还放冰糖、红糖、红枣、核桃仁、葡萄干、桂圆、枸杞子、芝麻等，多达八种，又称八宝茶。回族刮碗子茶礼节多，更是待客的必备饮品，每逢古尔邦节、开斋节或家中节事等时，奉茶是必不可少的。有些回族聚居区还流行罐罐茶。奶茶是西北部分少数民族非常喜爱的饮料，如蒙古族、哈萨克族、维吾尔族、乌孜别克族、塔塔尔族、柯尔克孜族等民族。奶茶的原料是茶和马奶、牛奶或羊奶，有时还放些酥油、羊油、马油，其味道十分可口且营养丰富。维吾尔族除喜爱奶茶外，还常吃清茶（香茶）。藏族多位于高原地带，空气稀薄，气候干旱寒冷，少蔬菜果类，常食肉、奶制品等，所以茶是藏族必不可少的饮料。有俗语说"其腥肉之食，非茶不消；青稞之热，非茶不解"。酥油茶是藏族民众非常喜爱的饮品。酥油茶是一种在茶汤中加入酥油、核桃仁、少许盐及烧开的牛奶等佐料通过特殊方法加工而成的茶汤。其味道甜香或咸香，具有滋补身体、抵御风寒的功效。

"食"是旅游的要素之一，再由于民族村落文化旅游的特殊性，饮食文化更成为民族村落文化旅游开发中非常重要的一个环节。从产品开发来看，少数民族村落可以通过对饮食文化的有效利用和整合，开发旅游产品，对旅游者产生极大的吸引力。从旅游者角度来看，通过品尝民族美食、体验民族饮食文化氛围，能够更加了解少数民族传统文化。饮食文化有助于少数民族村落塑造和提升少数民族村落形象，甚至使之成为少数民族村落名片。民族村落饮食文化旅游产品开发关键在于饮食文化本身，保护和传承民族传统饮食制作工艺、理念是开发旅游产品的必要条件。从现有旅游发展情况来看，民族村落饮食文化旅游产品除美食节旅游产品外，其他较少被独立开发。民族村落开发饮食旅游产品应考虑以下几个方面。

首先，开发民族村落饮食文化体验旅游产品。对于绝大多数少数民族村落而言，旅游开发是一项综合性工程，其旅游产品是多元的。饮食既然是少数民族村落生活居住必不可少的环节，那么饮食文化旅游产品也一定是少数民族旅游的一项重要产品。饮食文化体现的是民族村落居民的生活经历及生活方式，它是民族村落传统文化的精髓之一。只有让旅游者感受和体验到这种文化的存在，旅游者对于民族文化的认识才能更加深刻，甚至于更加真实。如果说民族歌舞表演及工艺品等会有迎合旅游者的"嫌疑"，那么民族村落饮食文化一定是一种实际存在，是活态的文化内容。让游客在旅行中品尝民族美食，使民族村落饮食文化与民族村落文化旅游完美地结合，也将有助于民族饮食文化传统的保留和传承，而且为更好地开发民族村落文化旅游提供可能。

其次，举办民族饮食文化节庆活动。各民族村落优化整合饮食文化旅游资源，举办形式多样的民族村落饮食文化节庆活动。节庆活动包括美食旅游节、民族饮食烹饪大赛、美食旅游专项产品、茶文化节、民族食品交易会等等。民族饮食文化节庆活动必须注重凸显主题，可以和农业、手工业等产业相关联——比如绿色有机农产品、工艺精美的传统餐具、制作工艺过程展示等。

再次，建设规模较小或私人专属的民族饮食文化博物馆、收藏馆。这种博物馆可以开设在村民家中，也可以另外修建。主要用来展示和介绍民族村落饮食文化的起源、发展和变化过程。展示的实物内容除了饮食文化的食物、酒、茶等，还应包括餐具、制作工具、炊具等辅助物品。当然，还可以设计体验场地，让游客实际体验美食制作的全过程，使其全方位认识民族传统饮食文化，并形成美好的旅游体验。

最后，开发民族美食旅游商品。将有些民族美食开发为小包装、易携带或者真空的旅游商品，便于旅游者购买携带。例如制作成糖果、糕点、果汁、干货、咸菜、瓶装酒、茶等旅游商品。要保证适宜的口感，采用先进保鲜技术，并且要重视民族化、特色化和精美化包装，制作成即能自用也能馈赠他人的精美礼品。通过这种方式，也能够提高民族旅游地的知名度和美誉度。

4. 民族村落节庆旅游产品及开发

民族村落节庆是少数民族在社会生产生活中逐渐形成的时空相对固定的民族活动，具有长期性、节律性、参与性、民族性等特点。民族村落节庆是民族文化综合展示的载体，它所承载的是少数民族长期的生活方式、生产习惯、民族习俗等，其所展现的内容既包括民族建筑、民族服饰、民族工艺等有形的物质文化，也包括民族礼仪、宗教信仰、娱乐方式、生产生活方式、民族歌舞、音乐、竞技、饮食等无形的精神文化。中国少数民族节庆活动众多，依据内容划分可分为四大类：宗教祭祀、生产性、纪念性、社交生活。

宗教祭祀节庆活动有苗族的"牯藏节"，回族、维吾尔族等信仰伊斯兰教的少数民族的"开斋节""古尔邦节"等，侗族的"祭萨节"，水族的"端节"，摩梭人的"转山节"，藏族的"传昭法会""晒佛节"等，达斡尔族的"依尔登"（萨满祭祀）、"斡米南"（萨满盛典）等。生产性节庆活动主要有藏族的"雪顿节"，仡佬族的

"吃新节"，彝族、白族、纳西族、佤族、傈僳族、拉祜族、基诺族的"火把节"，基诺族的"插种祭"，哈尼族的"求丰收"，佤族的"撒谷节"，傣族的"巡田坝节"，景颇族的"播秧节"等。纪念性节庆活动主要有满族的"颁金节"，朝鲜族的"回甲节""回婚节"，布依族的"查白哥节"，苗族的"苗族四月八""芦笙会"，壮族的"三月三"，俄罗斯族的"成年节"，布依族的"六月六节"等。社交生活节庆活动主要有壮族、侗族、苗族、布依族的"歌圩节"，蒙古族的"那达慕大会"，新疆的"葡萄节"，侗族的"斗牛节"，傣族的"泼水节"等。

中国少数民族节庆内容丰富、类型多元，且大多数节庆活动具有很强的参与性，但并不是所有的少数民族节庆活动都适合做旅游开发。选择既适合民族村落文化旅游开发，又能被构建为民族村落文化保护与传承平台的节庆活动需要进行前期的充分论证。民族节庆旅游产品开发需要考虑民族节庆活动的形式感、旅游参与性、民族文化保护和传承以及民族节庆经济效益等因素。

民族节庆活动的形式感是指在选择开发民族村落节庆活动时要考虑其表现形式丰富、文化展示性强、具有浓郁的民族文化特性等因素，这类节庆活动无论是内容还是形式都更有旅游吸引力。但是，触及核心传统文化的节庆应该避免被旅游开发——例如某些宗教仪式、祭祀活动等，它们一般有较强的仪式感，并且要求参与者有强烈的文化认同，任何形式的旅游开发都会对此造成影响，进而影响传统文化的保护和传承，所以应该避免对此类节庆活动的旅游开发。

旅游参与性是指民族节庆活动具有较高的开放程度，包容性强。民族节庆旅游产品开发不同于传统旅游产品以观光游览为主，它更强调游客参与性与体验性。"凝视"和"欣赏"尽管能给游客带来一定程度的旅游体验，但是参与性旅游体验更能使游客对民族村落文化形成认同，从而产生共鸣。像傣族的"泼水节"、蒙古族的"那达慕"、彝族的"火把节"、藏族的"雪顿节"等均有较强的旅游参与性，也都是较为成功的民族节庆旅游产品。

值得强调的是，在进行旅游产品开发时不能盲目开发、一味迎合旅游者的需要。要避免从内容和形式做出较大改变，从而破坏和干扰民族文化的保护传承。在民族节庆旅游产品开发时需要更好地平衡民族文化传承与旅游开发之间的矛盾，做好科学调研，在不改变文化核心内容的前提下，从形式上适当创新，满足游客需求，并尽可能引导旅游者的需求，培养旅游者的参与习惯。民族节庆旅游产品开发时必须要以保护和传承为前提条件，培养民众广泛参与的活态传承式保护方式，使旅游开发成为保护和传承的一种方式而不是最终目的。

民族节庆经济效益是民族村落进行旅游开发的目的之一，也是十分重要的开发因素。民族节庆旅游产品开发能够在民族村落产生长期的经济效益，对提高当地居民收入、改善居民生活、增加政府税收、提高就业水平等都有非常重要的现实意义。经济效益还表现在民族节庆旅游产品的开发能带动民族村落相关产业的共同发展，产生联动效应，形成民族节庆产业链，进而构建较为完整的民族村落经济产业生态链。民族村落借助节庆旅游开发实现文化产业、旅游产业、农业等产业融合，提升民族村落经济效益，提高社区参与的积极性，可以从人力、物力、财力上保证民族传统文化的保护和传承。

（二）外延旅游产品（民族村落文化创意旅游产品）及开发

民族村落外延旅游产品是在核心旅游产品组合或整合的基础上，将文化创意和民族村落文化旅游产品相结合，形成能创造经济效益的民族村落文化创意旅游产品，也就是外延旅游产品。民族传统文化是民族村落文化旅游产品的重要组成部分，主要由物质文化和非物质文化组成。它随着现代旅游业发展、科学技术进步、文化创意不断产生而发展，它与传统文化紧密相关但又有区别，这种创新的文化与传统民族文化一样对旅游者具有极大的吸引力。而且，文化创意旅游产品是经过专门设计、策划、包装、销售（演出）的，对于旅游者而言，它是民族传统文化的全新演绎，是对传统文化的再加工，它既保留了传统文化内核又在此基础上创新，从而使得旅游者在耳目一新的环境下欣赏和体验民族村落传统文化。

1. 民族村落外延旅游产品特点

民族村落外延旅游产品是经过创意设计、包装、销售的组合旅游产品，涉及到住宿、餐饮、游览、交通、购物、娱乐及其他核心旅游产品的组合。民族村落外延旅游产品主要是文化创意旅游产品，包括文化创意旅游商品（以下简称创意旅游商品）、创意旅游项目等，它们都具有创意性、综合性、消费性、互补性等特点。

创意性是外延旅游产品的基本属性，它在传统旅游产品基础上进行创新，尤其是将文化创意与民族村落文化旅游产品相融合，这不仅符合现代旅游业及文化产业发展趋势，延伸了传统旅游产品内涵，满足旅游者日新月异的旅游需求，而且使民族村落文化旅游业结构转型和可持续发展获得更多的契机。

综合性是指民族村落外延旅游产品并非单一的核心旅游产品，而是核心旅游产品组合的创新。旅游产品的供给是通过各产品组合成整体被推向市场，游客也很少仅仅购买单一旅游产品，因此，民族村落外延旅游产品不是对单一旅游产品的创新，而是组合产品的创新。从旅游产品供给属性看，它是有形产品和无形产品的综合；从旅游者角度看，它兼具实用性、创新性、体验性等综合特性。

消费性是指民族村落外延旅游产品通过消费交换实现其价值。无论是创意旅游商品还是创意旅游项目都具有消费性特征，它们都需要在旅游者购买消费之后，才能满足旅游者的旅游体验。消费属性使得外延旅游产品相对于核心旅游产品而言，更具经济功能。

互补性主要表现在两个方面：一方面是由于旅游者的旅游偏好不同，所选择的旅游产品不同，外延旅游产品就是通过不同组合形式满足游客需求，不同旅游产品之间存在密切的互补；另一方面是大多数民族旅游产品具有明显的季节性特征，为了缓解这种影响，可以通过开发互补性旅游产品组合来解决。

　2. 民族村落文化创意旅游产品及开发

文化创意是一种蕴含在文化产品和文化活动中独特的内容与崭新的形式。文化创意的核心在于创新、创造。德国经济学家熊彼特在1912 年提出：资本和劳动力不再是促进现代经济发展的根本动力，而创新才是动力，创新的关键是知识和信息的生产、传播、使用。经济学家罗默也提到：创意为新产品、市场和财富创造提供了可能的机会，创意是推动一个国家经济成长的动力。文化创意是在文化领域的创新和创造。文化创意产品包括计算机软件、电视作品、广播作品、电影、影视广告、音乐、网络游戏、动漫、图书、报纸、期刊、文字广告、美术馆、博物馆、手工艺品、古玩字画、艺术演出（戏剧、歌剧、舞蹈、音乐剧）、建筑设计、服装设计、工业产品设计等。

民族村落文化旅游开发的根本在于民族文化，将创意与民族文化旅游开发融合在一起，能为民族村落文化旅游发展带来新的契机。从现实情况来看，中国大多数民族村落文化旅游开发仍然停留在粗放式、模仿式开发的阶段，民族村落文化旅游产品同质化现象严重——例如旅游纪念品、游客参与旅游活动形式、旅游接待中心等多有相似。尽管对于民族村落而言，其文化内容各不相同，也呈现出不同的地域性特征，但经过开发包装的旅游产品从表现形式、程序安排、线路设计、旅游项目等大同小异，甚至于邻近的、同民族不同村落的旅游产品内容都极为相似。究其原因，主要在于大部分开发旅游业的民族村落经济相对落后，对外开放程度不高，思想较为保守，旅游开发专门人才匮乏，且以取得短期效益为目的的开发行为明显，旅游开发方式、思路等容易被模仿，各项旅游产品开发缺乏知识产权保护意识，因此，各民族村落文化旅游产品差异化程度不高。而民族文化创意旅游产品开发就能为促进民族村落文化旅游产品深度开发和可持续发展提供思路。

民族村落文化创意旅游产品的提出是将文化创意的理念渗透和延伸到民族村落文化旅游产品开发中，将民族村落旅游产品和文化创意融合起来，从而形成适应时代和现代经济发展要求的民族村落文化旅游产品。民族村落文化创意旅游产品是新形势下时代发展的必然产物。旅游业在新形势变化下不断发展，旅游资源的范畴已不再局限于155个基本类型（2003），歌舞、音乐会，博物馆、图书馆等文化场馆，影视剧拍摄地等文化创意产品扩展了传统民族文化旅游资源的内容。文化创意顺应了民族地区旅游业结构转型的要求，使得民族旅游业发展从粗放型逐渐向集约型转变，民族旅游产品从低附加值向高附加值转变。文化创意产业的兴起顺应时代发展的需要，它可以促成跨领域、跨行业之间的合作，寻找新的经济增长点，从而推动社会创造性发展。在这样的背景下，文化创意和民族村落文化旅游开发的融合就成为大势所趋，民族村落文化创意旅游产品将成为新的旅游经济增长点，并在无限创意的引导下促进民族村落文化旅游的繁荣发展。一般认为，创意旅游商品和创意旅游项目共同构成了民族村落文化创意旅游产品。

（1）文化创意旅游商品及开发

旅游商品是旅游产品的一部分，两者的不同之处在于，旅游产品是在旅游过程中提供给旅游者的物质和服务产品的总和，它既包括有形物质，也包括无形服务；而旅游商品是指旅游者在旅游过程中购买的含有旅游信息和旅游地文化内涵的物质产品，它只包括有形物质。民族村落文化旅游商品是民族村落提供给旅游者用以购买的旅游商品，其具有民族性、纪念性、实用性、艺术性等特点。民族村落地域文化底蕴深厚、民族特性鲜明，且民族传统文化内容丰富，因此，民族旅游商品种类繁多，形式多样，设计多变，功效多元，具有十分广阔的旅游开发前景。不过，从总体来看，中国大陆地区旅游商品收入占旅游业总收入比例普遍偏小，远低于旅游发达国家旅游商品收入所占比重（50%左右），再由于民族地区旅游业整体发展滞后，民族旅游商品开发规模较小，同全国情况一样，旅游商品占旅游收入比例较小。

造成这一问题的主要原因在于：第一，未能充分认识民族村落文化旅游资源的重要性，还未意识到旅游商品开发在旅游业发展中的重要作用。第二，民族村落整体发展相对落后，经济水平较低，用于旅游商品开发的资金投入较少，对相关人员再教育培训不够。第三，开发意识尚停留在卖方市场，专门人才缺乏，只注重旅游商品设计生产的"短、快、仿、粗"——即重视短期效益、生产周期快速、重复模仿较多、旅游产品加工粗略等，旅游商品开发不重视旅游者市场调研，商品附加值较低。第四，不重视销售渠道，缺乏宣传体系。这些问题的出现是伴随着旅游市场初级阶段而产生的，也就是说旅游市场的不断发展和成熟，必将使上述问题越来越被重视，问题也会随之减少。但是从民族村落文化旅游商品长远发展来看，要具有持续的生命力和市场发展潜力，就必须要从根本解决问题——即突破民族旅游商品传统开发理念，跟随时代步伐，挖掘民族村落文化内涵，将文化创意产业与旅游商品开发结合，形成具有持久生命力的民族村落文化创意旅游商品。

民族村落文化创意旅游产品开发不是要求将所有的传统文化旅游产品都用创意的形式开发，传统文化旅游产品依然是民族村落文化旅游开发必不可少的内容，文化创意旅游产品作为新的产品形式丰富和延伸了旅游产品体系。民族村落文化创意旅游产品的开发包括产品设计、生产、包装、营销、管理及产权保护等内容。

第一，创意设计。

民族村落文化旅游商品创意设计一定要以民族村落传统文化为基础，在保留传统设计工艺和技艺的基础上，从设计理念、设计思路等方面进行创新或创造。要通过对民族建筑、民族服饰、民族工艺品、民族饮食、民族语言文字、民族习俗、节庆活动、民族药品等少数民族文化内涵的深度挖掘，寻找文化创意源泉。要将新智能文化（新技术、新方式、新理念）与民族村落农业、手工业及商业等相结合，形成民族村落文化创意产业，并与旅游业融合，创意设计文化旅游商品。创意设计还在于坚持原创，鼓励民族村落本土设计师的原创设计。此外，在旅游商品形式设计上，要实现旅游商品功能、技术的整合创意设计。功能整合创意是把功能数量、内容、质量三个要素整合，产生无数创意。另外，要发现商品功能的不足，提高和完善功能。技术整合创新表现在升级技术、利用新技术、整合技术应用三个方面——如利用现代3D打印技术，实现对民族村落建筑、设施、工艺品的微缩制作，在实现民族文化商品化的同时，保证生产工艺的精美和对原来建造工艺的完全模仿。此外，除对功能技术创意设计外，还应考虑旅游商品及商品包装的外观、材料、风格及附加值等方面的创意设计。

第二，生产创意。

旅游商品生产创意主要是指生产内容和生产方式的创意。民族村落文化旅游商品可分为旅游纪念品、旅游工艺品、地方特色商品、旅游用品，等等。生产内容创意应体现在以下几个方面：重视保护编织、雕塑、手工制作等传统制作工艺；对带有民族村落纪念性的旅游纪念品进行有层次的生产；对于地方特色食品、日用品、纺织品、轻工产品、土特产品重视开发生产，生产制作既有民族村落地方风味又能符合旅游者需求的商品；创意开发生产具有民族村落文化印记的旅游用品，包括旅游专用品和旅游日用消费品，例如旅行包、水杯、旅游专用服装等。生产方式创意是指在传统手工制作、私人作坊生产的基础上，开展规模化和现代化的企业生产。对于一些需求量较大，需要新材质、新工艺及标准化的旅游纪念品、旅游用品、旅游食品等进行规模化生产，但生产企业或作坊必须充分理解民族村落文化内涵，所生产的产品应蕴含丰富的民族文化元素。传统手工制品生产要提高精美度，兼顾实用、艺术欣赏等综合功能。另外，应利用民族地区流行的药物资源开发生产药品、保健品等旅游商品。总之，民族村落文化旅游商品生产创意要求提高商品的附加值——即商品的软性价值，满足旅游者感性和精神需求的价值——包括艺术附加值、文化附加值、科技附加值、品牌附加值、市场附加值。在此基础上，使开发生产的旅游商品具有较高的价值，并产生更多的经济效益。

第三，营销创意。

从目前来看，大多数民族村落文化旅游地没有充分重视旅游商品营销，即使有丰富的旅游商品种类也没有在市场上获得较多的份额。营销创意是指民族村落文化旅游产品开发充分利用现代化营销方式和手段，把先进科技和营销创意有机结合，使民族村落文化旅游产品更具新意。其实，旅游商品的销售过程也正是旅游者欣赏的绝好机会，作为商家应该充分研究旅游者消费偏好，重视消费者体验。首先，要注重营造好的销售环境，在民族村落要避免建造规模化、商业化过浓的大型购物场所，应与民族村落地方特性充分融合，设计独特精致的店面，增加人性化服务设施。其次，要重视营销渠道的创意，利用网络、微信、微博、影视作品、电视节目、网络游戏等新型媒体作为传统营销渠道的补充，力求在渠道销售上带来更大的突破。如将民族村落实景放置在网络游戏的虚拟场景中，把旅游商品设计为游戏道具，一方面，玩家通过网游获得更真实的民族村落实景体验，另一方面，可以借助文化创意产业的新传播渠道使民族村落文化旅游商品及村落旅游景观获得更大的知名度和美誉度。

第四，管理创意。

民族村落文化创意旅游商品开发要想实现有序生产，并且符合市场发展需要，就要重视加强旅游商品开发的管理工作，创新管理方式。民族村落文化旅游商品的创意设计、生产或销售，关键在于参与主体的能力、素质等。参与主体包括政府部门、旅游商品企业、村落手工业者等。对于大多数相对落后的民族村落来说，行政体制的能力依然是强大的，因此当地政府对于民族文化创意旅游商品开发销售一定要给予行政上的大力支持。从行政政策、税收政策、土地政策等各方面进行优惠，鼓励旅游商品创意。要积极推广旅游商品设计大赛，推动旅游商品电子商务和创新购物指南等导购体系。要和旅游商品企业合作，对设计师和当地工艺师进行技术、艺术指导，重视对传统工艺师的培养。政府要大力实施"传统产品认证制度"，用行政手段规范和提高旅游商品供给市场。要积极打造民族村落文化旅游商品本土品牌，通过品牌效应给旅游商品带来知名度，并使其获得更高的产品附加值，从而产生好的经济回报。要对旅游商品企业监督其设计生产，保证旅游商品质量和品质。要保护和培育传统手工制造业，为其拓展营销渠道，营造好的旅游商品生产销售环境。

第五，知识产权保护。

"创意是有知识产权的"。[①] 民族村落文化创意旅游产品差异化开发以及旅游产品个性展示的基础就在于专利和知识产权保护。约翰·霍金斯在《创意经济：人们如何从思想中创造金钱》一书中指出，创意产业和创意经济是由版权、专利、商标和设计产业四个部门构成，创意产业中所涉的产品都在知识产权法的保护范围内。像书

---

① 王兆峰：《湘西凤凰县民族文化旅游创意产业发展研究》，《中央民族大学学报》（哲学社会科学版）2010 年第 2 期。

籍、电影等有版权的产品带来的收入已经超过了汽车等制造业。民族村落文化创意旅游产品的开发关键在于要构建良好的创意生成环境，完善产权制度，保护文化创意旅游产品的知识产权。要对独具特色的民族旅游纪念品、旅游工艺品等申请专利保护。只有这样，才能激励更多的人才不断创新，民族村落文化旅游产品的无形价值才能得到更好地体现，文化创意与民族村落文化旅游开发才能更好地融合，民族村落文化保护和传承才能更加受重视。

（2）文化创意旅游项目及开发

民族村落文化旅游项目在这里专指以民族村落文化为资源基础，吸引旅游者参与特定民族文化主题旅游活动的旅游吸引物。民族村落文化旅游项目属于专项旅游产品，它既包括民族村落文化旅游线路、旅游景点，也包括在民族村落举行的专门旅游活动。民族村落文化旅游项目最大的特征是游客体验性。旅游者通过参与旅游项目，使其充分体验民族村落文化的韵味和生活秩序。[①] 旅游项目的开发围绕着民族建筑、风俗、饮食、节庆、宗教等文化主题，包括的类别有民族村落观光游览类、民族村落民俗风情类、民族村落康乐体验类、民族村落美食体验类、民族村落休闲度假类、民族村落演艺活动类、民族村落养生保健类等旅游项目。

文化创意旅游项目主要是对现有的民族村落文化旅游线路、活动进行创意开发，不再拘泥于传统的线路安排等，使游客具有全新的旅游体验。随着旅游市场竞争日趋激烈，民族村落发展旅游业一般只注重短期效益的产生，使得一些传统的民族村落文化旅游项目同质化现象严重，过程简单、相似，旅游项目品位日益低下。再加上科学技术发展、新型旅游替代品出现及出境游的兴起，使得那些传统旅游项目很难满足旅游者需求。因此，民族村落有必要对文化旅游项目进行创意开发，从而提升旅游吸引力，增加旅游竞争力，提高旅游者的旅游体验。应深度挖掘民族村落文化内涵，——独一无二的文化特性，还应紧扣民族文化主题，避免无中生有，随意创造。

---

① 刘铁梁：《如何提高乡村民俗旅游项目的品位》，《旅游学刊》2006 年第 3 期。

文化创意旅游项目开发应遵循以"文化为核、创意为形、深度体验"的原则，其项目方案从经济、技术等方面都应切实可行。文化创意旅游项目开发应从两方面考虑：第一，确定创意主题，设计创意项目内容。民族村落开发文化创意旅游项目，首先要确定项目的主题，它是设计项目的根本出发点，就好比文章的标题、作品的名称一样，可以起到点睛之笔的作用。创意主题应以民族村落文化为根基，应将创意体现在表现形式、组合形式等外在展示中。应围绕创意主题设计创意项目，创意项目内容应包括创意名称、外在风格、开展范围、文化内涵及项目管理等。第二，以游客体验为中心，营造文化创意氛围。旅游者是文化创意旅游项目的购买者和消费者，只有被旅游者认可和接受的创意项目才具有市场价值。文化创意旅游项目开发应满足旅游者需求，更重要的是要引导旅游者消费，通过创意活动激发旅游者的潜在需求，使旅游者获得民族村落文化的深度体验。文化创意旅游项目可使民族村落文化旅游产品在旅游者心中不再固守呆板、一成不变，它结合民族村落文化特色创意设计旅游项目，可为旅游者营造出独特的文化创意环境和氛围。

（三）关联旅游产品及开发

关联旅游产品是指提供给旅游者的旅游服务和利益，具有附加作用。关联旅游产品涉及到旅游信息服务、旅游解说系统和其他旅游接待服务等。旅游服务贯穿旅游活动始终，是提供给旅游者无形的旅游产品，也是至关重要的组成部分。旅游服务的好坏、层次的高低直接影响旅游者对旅游地的形象感知，进而影响旅游产品的消费体验。关联旅游产品的最大特征是旅游服务的无形性，无形性价值的衡量基本取决于旅游者的旅游体验评价。在信息技术高速发展、技术变革日新月异、服务经济越来越占主导地位的今天，旅游服务质量、服务体验层次高低等必将成为旅游产品差异化、特色化的关键因素。本书研究的民族村落开发关联旅游产品主要包括两部分：民族村落文化旅游信息服务和民族村落文化旅游解说系统。

1. 民族村落文化旅游信息服务

民族村落文化旅游信息服务是旅游地为旅游者提供的信息服务，

包括公共环境信息、旅游基本信息、旅游产品信息及相关促销信息。从旅游信息服务展示途径划分，可分为线上信息服务和线下信息服务。线上信息服务是指借助互联网向游客提供旅游地信息的服务；线下信息服务是指除互联网之外用所有传统方式提供的旅游信息服务，包括实地旅游信息服务、传统媒介旅游信息服务等。正如很多人所说，当今是"大数据"时代，谁掌握了信息，并合理有效地运用，谁就能在其领域获得竞争优势。旅游信息内容庞大，主要包括对旅游目的地吸引物等的描述、介绍和宣传。旅游信息服务不仅是推介旅游地信息的重要手段，还是旅游地提供给游客的服务内容，通过个性化、差异化、增值化信息服务，可使旅游者获得全新的旅游体验，进而提升传统旅游服务的方式与内涵。

民族村落积极开发旅游信息服务是顺应时代发展的需要。旅游人数增多、信息技术创新、游客理性增强、自助游产品越来越多等因素，都要求民族村落重视旅游信息服务的开发，进而建立完整的旅游信息服务体系。

首先，要提供线下旅游信息服务。要因地制宜结合各民族村落实际建立游客咨询中心，在人口较多、村落规模较大的民族村落可以专门设立游客中心，对于规模较小的村落可将游客中心和当地的商业机构相结合，在村落内的商店、餐馆提供额外信息服务。游客咨询中心的主要服务内容包括：准备当地旅游线路、旅游景点、旅游项目及其他旅游服务等的全部信息，提供咨询和购买服务，并为游客设计游览线路；提供导游解说服务和自助解说服务；为游客提供旅行帮助，基础物品、信息提示、心理疏导以及突发事件处理等；处理游客投诉和接纳游客建议；提供纸质的地图、旅游指南、宣传手册、景点介绍等。另外，可将纸质的信息载体放置到旅游地的许多设施内，例如客栈、餐馆、旅游交通工具、景点等地方。要完善旅游服务热线，启用电脑语音服务与人工服务相结合的旅游服务热线，提供包括旅游咨询服务、旅游投诉、旅游救援、旅游提示等内容。此外，线下服务还要包括在传统媒体上进行宣传介绍——如报纸、杂志、电视、广播、移动传媒等媒体的信息服务。

其次，提供线上旅游信息服务。线上旅游信息服务主要是开展以互联网为平台的旅游信息服务，服务终端有智能手机、电脑等（也可称之为"智慧旅游"① 产品）。民族村落线上旅游信息服务可考虑以下途径：旅游信息网站（旅游政务网、旅游咨询网）、旅游电子商务系统、手机 APP 旅游信息软件（地图、旅游设施、美食、民俗、景点介绍等）、旅游地游戏软件等。

2. 民族村落文化旅游解说系统

现代解说源起于 19 世纪末至 20 世纪初美国的洛矶山脉以及新西兰和澳大利亚等地的自然游览指南。② 其发展到今天已经是旅游地不可或缺的旅游供给项目。解说是景区向旅游者提供的一种服务，更是对旅游者的一项教育，可使游客更多地获得游览地认知信息，并且在此过程中体验更好的旅游享受。吴必虎（1999）认为，解说就是运用某种媒体和表达方式使游客接受特定信息，了解相关事物的性质和特点。它不仅具有教育功能，还有服务功能。他还认为解说的基本目的体现在使游客知识增加、态度改变及行为修正等三个方面。戴伦·J. 蒂莫西和斯蒂芬·W. 博伊德（2007）在研究遗产旅游时提出，解说除有教育价值外，还具有娱乐及遗产保护与可持续发展的作用。他们认为教育是解说的基础，而"娱乐与获取知识"可以同时存在，具有教育意义的娱乐可以提高旅游体验。此外，从遗产保护的角度看，解说所提供的教育和娱乐的根本作用在于增长知识，增强解说对象的主人翁意识，使其对旅游地保护与可持续发展产生积极作用。

在现代旅游业中，解说系统的建立对大多数旅游地来说是不可或缺的——尤其是在文化类旅游地。民族村落文化旅游是在保护性开发理念下发展的，而解说系统的建立则是民族村落文化旅游保护性开发中非常重要的内容之一。民族村落解说系统的建立可使游客在参观游览过程中进一步了解民族村落文化，并通过深入了解和交流，使旅游者从被动接受转变为主动关心民族村落文化保护与传承等。民族村落

---

① 金卫东：《智慧旅游与旅游公共服务体系建设》，《旅游学刊》2012 年第 2 期。

② 参见戴伦·J. 蒂莫西、斯蒂芬·W. 博伊德《遗产旅游》，旅游教育出版社 2007 年版。

解说系统的作用在于三个方面：教育、体验、文化保护与传承。

教育当然是解说的最基本的价值。对于民族村落而言，旅游吸引物多由文化资源构成，并且各地方民族特性、习俗、文化习惯等都有其深厚背景和历史渊源。对于绝大多数游客而言，他们并不具备自我认识民族村落文化的能力，只有通过解说才能更深刻的了解相关知识。

解说还能使游客在民族村落文化旅游过程中获得不一样的旅游体验。对于大众旅游者来说，他们对民族村落文化的理解是浅显的、表象的，大多只看到了民族村落文化的外在体现，而对民族村落文化本质和内涵——也可以称为民族村落文化的魂，很难通过自身了解体会到。民族村落文化旅游解说则提供给大家这样一个机会，它用不同的方式将民族村落文化知识解说给旅游者，使游客在民族村落文化旅游中获得深层次的旅游体验。

旅游解说还可以对民族村落文化保护与传承产生作用，主要表现在两个方面：一是本地居民参与。当地居民积极参与到旅游解说服务中，经过培训、学习以及对地方文化的再认识等，会更清楚地认识到民族村落文化在旅游发展甚至村落可持续发展中的重要意义，由此产生民族自豪感，从而更主动地保护和传承民族村落传统文化。二是游客态度与价值观。① 通过解说，可"使游客对民族村落文化提高兴趣和敬意，那么他就会产生有别于大众旅游者传统观念的新态度和新价值观"。旅游者从被动接受转变为主动体会，在与当地居民的积极互动中意识到保护和传承民族村落传统文化的重要性。

民族村落解说系统是民族村落内旅游解说的各种类型和形式的有机组合，它应由四个部分构成：解说对象、解说内容、解说媒介、解说组织。

民族村落解说对象主要是指在旅游活动中与民族村落有关的一切事物或现象——包括民族村落概况、自然环境、历史渊源、民族村落

---

① 参见戴伦·J. 蒂莫西、斯蒂芬·W. 博伊德《遗产旅游》，旅游教育出版社 2007年版。

文化、民族村落发展情况等。概括来讲就是民族村落所依托的自然及人文环境都可以成为解说对象。

民族村落解说内容是对解说对象的描述，能够反映解说对象的特点、文化内涵等。民族村落解说内容既要考虑解说对象，也要考虑民族村落文化旅游者的背景。在设计解说内容时应该把所展示或描述的民族村落文化及相关内容与游客的某些个性与生活经历联系起来，尤其是在人工解说时，不应该千篇一律，而是应针对不同的游客采用不同视角和提供不同范围。民族村落解说必须要考虑跨文化差异、语言差异等内容。

民族村落解说媒介包括人工解说和非人工解说。人工解说，也叫导游解说服务，是由专门的讲解人员向游客传递信息，并产生互动的表达方式。人工解说包括导游解说、定点解说、演出解说、游戏解说、随机解说、咨询解说等。人工解说可以极大地发挥解说员的主观能动性，使其在讲解以及与游客互动的过程中，积极引导和宣传民族村落文化保护。非人工解说，也称自导式解说，是由书面材料、语音、影像、图形符号等组成的标牌、设施等向游客提供信息传递的方式。非人工解说形式多样，包括标牌解说、影像、触摸屏、便携式语音解说、展示陈列和其他高科技解说等。在设置解说媒介时还应考虑面向特殊人群的解说。

民族村落解说组织是在民族村落文化旅游开发中负责解说的策划、组织、管理的机构。民族村落应该重视解说组织的成立及运作。解说组织的构成不能只有景区管理人员，更要吸收大部分民族村落社区的居民。解说组织负责为民族村落解说活动提供知识、技术、反馈等支持，更要为旅游者提供高品质的旅游服务。

总之，民族村落解说融合了历史、建筑、民族文化习俗、宗教等多门艺术，解说系统的建立和完善丰富了民族村落文化旅游产品，也为民族村落文化保护和传承提供了可能。

第七章　民族村落文化旅游
保护性开发策略

　　保护性开发既是民族村落文化旅游的开发手段，也是实现民族村落文化旅游可持续发展的重要保证。保护性开发是平衡旅游开发与民族村落文化变迁相互影响的最理想选择。保护性开发的根本目的是在保护民族村落文化的同时有效地利用文化资源从事旅游活动，同时，以此来进一步保护和传承民族村落文化。民族村落文化旅游保护性开发应该表现在理念遵循、旅游形象塑造、社区教育与培训及优化民族村落文化旅游环境等方面。

第一节　民族村落文化旅游保护性
开发基本策略

一　以文化保护和传承理念来开发民族村落文化旅游

　　文化是民族村落的根基，更是民族村落文化旅游开发的魂，任何背离民族村落文化核心价值的旅游开发都是不可取的。丰富多彩的民族村落文化正是吸引旅游者慕名前来的最重要因素，悠久的文化也使得每个民族村落都变得独一无二，不可被替代。通过发展旅游，民族村落获得了更大的知名度，民族村落文化得到了弘扬，同时，还为民族村落带来了更多的经济效益。但是，我们也要看到，不适当或者过度开发，也会给民族村落文化带来一定的负面影响——如加速民族村落文化商品化、民族村落文化庸俗化、民族村落居民态度和价值观退化等。① 失去了文化内涵的民族村落将不再具有旅游吸引力，民族村落文化旅游将无从谈起。因此，开发民族村落文化旅游首先要重视民族村落传统文化，要从保护和传承角度看待民族村落文化与旅游发展。

民族村落文化旅游开发主体包括地方政府、社区居民、旅游企业和第三方力量。影响民族村落文化旅游发展最重要的因素之一是本地居民，他们既是民族村落文化的缔造者和传承者，又是民族村落文化旅游开发的主体。作为主人的民族村落居民更了解和熟悉民族村落文化内涵，文化渗透在他们生产、生活的方方面面，文化的保护和传承也只有民族村落村民才能真正做到。文化保护和传承的理念不是在旅游开发产生负面影响以后才需要注意的，它必须作为民族村落文化旅游开发的根本出发点，从一开始就要注意。民族村落文化的所有者是民族村落地区的人民群众，如果当地居民不珍惜自己的民族村落文化，要保护民族村落文化则是一句空话。要加强教育、提升认知能力，使他们明白文化就是日常生产、生活的全部。只有保护民族村落文化才能取得旅游发展的成功。对地方政府而言，他们中的大部分成员都是本地居民，要形成文化保护的自觉意识。旅游企业和第三方力量多为外来人员，他们需要多深入了解民族村落文化，更重要的是，他们对旅游开发的思路应有战略高度，要追求民族村落文化旅游的长期利益，要树立文化保护和传承意识，懂得只有民族村落文化的保护才能实现旅游可持续发展。

无论是规划制定、旅游模式选择，还是旅游项目策划、旅游产品开发等都要以民族村落文化保护为依据。旅游开发的宗旨内容不能背离民族村落文化保护和传承的初衷。当然，这并不是要求民族村落回避开发、保持原样，将民族村落文化完全保护起来成为"文化孤岛"，而是要有选择地开发。在经过本地居民、专家、第三方组织等共同论证的基础上，可选择适合进行旅游开发的民族村落文化来进行准备，同时，在开发中要注重体现文化的保护和传承。尽管旅游开发

---

① 马晓京：《西部地区民族旅游开发与民族文化保护》，《旅游学刊》2000 年第 5 期。

活动是一种经济行为，应该以市场为导向，但不可忽视的是，民族村落文化旅游更是一项文化活动，旅游开发不能以满足和迎合旅游者需求为目的进而干扰民族村落文化的本质。对于绝大部分民族村落文化旅游者而言，他们常常以旁观者身份出现，并不拥有较强烈的民族村落文化认同感，旅游者需求也非理性和客观。民族村落文化旅游项目策划、旅游产品开发应以引导旅游者需求为目的，突出寓教于乐的旅游功能，用文化主线贯穿民族村落文化旅游开发的全过程。

二　塑造民族村落文化旅游形象

关于旅游形象的认识，可以从两方面来看。

从旅游者角度来看，形象是人脑对客观事物的主观反映，旅游形象就是人们对旅游地信息经由大脑加工后的主观反映，它包括原生感知形象（旅游前形象）、实地感知形象（旅游时形象）及回馈旅游形象（旅游后形象）三部分。

从旅游地角度来看，旅游形象是旅游地希望塑造和展现给旅游者（潜在旅游者和现实旅游者）能够代表旅游地的综合印象。这些印象包括实地旅游形象（现实形象）和想象旅游形象（宣传形象），它们能够使人们对旅游地产生积极的、正面的评价，从而吸引更多的旅游者前往游览体验。

本节所研究的旅游形象侧重于后者，当然旅游地形象是一个复杂综合的概念，因此，在研究民族村落文化旅游形象时应从其包含的两方面综合考虑（只是侧重点不同而已）。

民族村落文化旅游形象是对民族村落文化的高度概括，是民族村落文化旅游地希望在受众（目标对象）心中留下的美好印象。民族村落文化旅游形象既是一种经过文化凝练后的认知符号，也是对旅游地文化氛围的表达。旅游形象的塑造对民族村落文化旅游保护性开发而言至关重要。良好的旅游形象能够提升旅游者对民族村落文化旅游地的认知度、美誉度和认可度。认知度是旅游者对旅游地的认知程度，也就是知晓旅游地的人数占总人数的比例。美誉度是旅游者对旅游地的称赞程度，表示在旅游地认知人数中有多少比例的人对旅游地是赞美的，持肯定态度的。而认可度是旅游者对旅游地表示认可，并前往旅游的程度。良好的旅游形象，尤其是实地旅游形象可以使本地居民、旅游者、其他居住者更容易产生文化认同。文化认同是"指各民族间文化的相互理解与沟通，彼此依赖和尊重。"① 只有当旅游地参与主体都获得这种文化认同，才能在旅游开发、旅游参与互动、旅游生产经营等各项活动中对民族村落文化有更深刻的认识，文化保护才能真正被重视，旅游对民族文化的消极影响才能降到最小。良好的旅游形象能够使更多的主体关注民族村落文化及其开发，为获得更多的资助（科研、经济、政策等），甚至申请非物质文化遗产提供帮助。

塑造民族村落文化旅游形象可以从以下几个方面进行：

第一，研究客源市场，进行形象定位。要分析民族村落的现实旅游者及潜在旅游者，分析他们在旅游前、旅游时及旅游后对民族村落文化旅游形象的认识。要结合旅游地实际，对民族村落文化高度概括，采用旅游形象定位方法进行形象定位——例如领先法、比附法、空隙法、逆向定位法等。定位在旅游市场开发中十分重要，精准的定位不仅能够使一个民族旅游地获得青睐，使其在众多的旅游竞争地中脱颖而出，也能决定民族村落文化旅游产品开发、项目策划等相关内容。

第二，制定、实施旅游形象策划。旅游地的旅游形象策划主要体现在口号设计、符号设计、传播策略等方面。口号是旅游地对外宣传最重要的方式，也是最容易被受众所接受的形象宣传方式。口号不仅仅体现着对民族村落文化的概括，更体现着旅游开发地的诚意。口号更多是对想象旅游形象的表述和信息传递。符号设计则更侧重于对实地旅游形象的策划。它是对民族村落文化旅游地形象信息的视觉体现，代表的是旅游地要传递给旅游者的旅游文化氛围。它包括旅游设施符号、旅游人员符号、旅游交通符号、旅游服务符号等。传播策略主要是指民族村落文化旅游地旅游形象信息的传播及途径。对口号、

---

① 马晓京：《西部地区民族旅游开发与民族文化保护》，《旅游学刊》2000 年第 5 期。

形象符号等的传播，可以通过传统媒介、网络媒介及新媒介等多种途径展开。

第三，整合区域旅游形象，避免形象遮蔽和形象重叠。中国少数民族村落众多，尤其是在西南、中南地区，民族村落分布较集中，有些尽管民族不同，但由于地缘环境融合导致民族习性、文化习俗等十分相似。另外像宁夏、西藏、青海、新疆、广西等少数民族自治区多以单一民族为主，民族村落虽距离较远，但民族相同，风土人情、文化氛围较类似。因此，民族村落文化旅游形象塑造应避免各自为战，回避形象重叠。所谓形象重叠是指在一定区域内若干旅游地文化各不相同但相互交叉重叠，各旅游地形象塑造多有重复，形成重复叠加的模糊形象效应。民族村落文化旅游形象还容易出现"形象遮蔽"现象，形象遮蔽是指"在一定区域内分布着若干旅游地，其中旅游资源级别高、特色突出或者产品品牌效应大、市场竞争力强的旅游地，在旅游形象方面也会更突出，从而对其他旅游地的形象形成遮蔽效应"。[①] 在塑造民族村落文化旅游形象时应避免形象重叠和形象遮蔽效应。最佳途径是形成区域旅游联动开发，整合区域旅游形象，使区域内各民族村落文化旅游开发既相互竞争，又相互合作。

三　重视民族村落社区教育与培训

民族村落文化旅游开发要实现文化保护传承与旅游可持续发展，社区参与旅游开发是必须要遵循的发展路径。而且，"社区参与旅游开发同当地文化保护之间存在着紧密的联系：社区参与层次越高，居民的文化保护意识越强，当地文化保护的效果就越好"。[②] 社区参与程度的高低取决于很多因素，其中最关键的是社区居民参与旅游开发的综合素质——如态度、能力、知识水平等。当前，不可回避的现实是，由于民族旅游村落大多位于中国经济欠发达、区位偏远的地方，村民的文化生活处于较封闭的状态（当然，必须承认，正是这种相

---

① 杨振之、陈谨：《"形象遮蔽"与"形象叠加"的理论与实证研究》，《旅游学刊》2003 年第 3 期。

② 参见孙九霞《传承与变迁——旅游中族群与文化》，商务印书馆 2012 年版。

对封闭的文化体系恰恰成为民族村落吸引游客的重要契机），从民族村落文化旅游可持续发展来看，要想让这种较封闭、较原生态的民族村落文化既具有持久生命力和吸引力，又不在村落旅游开发后被加速变迁，民族村落社区居民是关键。重视对民族村落社区居民的教育和培训，可以提高其整体知识水平及认知能力，引导其正确认识文化保护和民族村落旅游发展的相关性，同时，还可以提高服务技能和管理能力，实现民族村落文化旅游发展的科学管理。

教育对于社会发展的推动作用是不言而喻的，民族村落重视旅游开发相关教育是实现旅游可持续发展的必经之路。不少研究人员发现，在旅游发展期间，民族村落居民存在较矛盾的态度——例如旅游开发在提高经济收入的同时增加了村落内贫富差距，产生了"马太效应"；游客的到来增加了旅游收入但也极大地影响了居民的生活、宗教习惯及文化传统等；面对竞争，平时和睦友好的邻里关系变得紧张，甚至对立；主流文化的入侵和移植让民族村落居民无所适从，年轻人更愿意追求潮流文化等。矛盾的产生尽管不全是因为旅游开发所造成，但问题不解决，会直接影响到民族村落的发展。教育和培训尽管不能直接解决这些问题，但它们可以使民族村落居民认识到自我价值，树立对民族村落旅游开发与文化保护传承的正确态度，实现真正由社区居民自己来决定民族村落如何发展。

首先，要重视文化知识的教育，培养民族村落居民自主学习的能力。要全面普及义务制教育，推行民族村落居民的再教育活动——教育内容涉及道德修养、文化、历史、经济、政治等各个方面，提升民族村落居民的整体文化水平。这些教育活动并非只是针对旅游开发及相关工作，而是应以提升民族村落居民综合素质为目的，使民族村落居民形成正确的价值观，不再一味追求经济利益，更加理解民族村落文化之于旅游开发和村落可持续发展的重要作用。民族村落居民综合素质提高也将影响其自我认知能力。通过教育引导，可以使民族村落居民形成自主学习的能力。只有当民族村落居民具有完全的自主能力，他们才能更积极地参与到民族村落文化保护性开发中。

其次，要学习本村落民族文化知识，提升文化自信。应加强学习本村落民族文化知识——包括建筑、服饰、歌舞、宗教信仰、民族习俗、手工艺品等，使他们对民族村落文化有更清晰的认识，让他们意识到这些文化尽管不同于主流文化，但却是独一无二，无可比拟的。对本民族文化认识越深刻，就越容易产生文化自信。民族村落居民通过学习，可以知晓任何文化的产生、发展都有其规律，民族村落文化并不是落后、荒蛮、异质的代名词，它恰恰是民族坚持和村落生命历程最有力的见证。它充满着沧桑感和历史感，同现代文明一样是社会发展共同的产物。也正是这些民族村落文化才能吸引旅游者前来参观、游览、体验。此外，要正确对待外来文化。学习利用现代技术改善民族村落居民生活，在树立本民族文化自信基础上，有选择地接受主流文化。对涉及民族文化核心价值观的要进行保护——如宗教仪式等不对外开放。通过学习，民族村落居民要提高自我约束、自我控制的能力，在民族村落文化旅游竞争中，坚守传统美德，与人为善，避免旅游经营可能产生的恶性竞争，树立正确的竞争意识，明白只有竞争与合作并行，大家共赢，才能实现民族村落的共同发展。

再次，要重视民族村落的妇女教育，提高女性地位。在传统经济活动中，民族村落主要以农业和手工业为主。在民族村落居民日常的衣食住行中，女性往往扮演着更为重要的角色。刺绣、编织等手工艺品的生产制作，民族饮食、民族歌舞等文化活动，都是以妇女为主。从现实情况来看，在民族村落文化旅游活动中女性也是重要的参与者，导游讲解、民族演艺、旅游商品销售、餐饮服务及其他旅游接待服务等多由女性来承担。民族村落文化旅游开发也增加了女性旅游开发参与者的经济收入——如出售手工制品，从事旅游接待等。从现实情况来看，我们必须承认，女性仍然处在旅游产业链的最末端，从事服务工作的女性收入较低，社会地位仍然不高；从事手工业等生产制作的女性其生产的产品价格低，凝结其智慧和辛苦的产品价值并没能体现在产品价格中。因此，要对从事旅游工作的女性进行教育培训，一来提高其知识文化水平，提高旅游服务技能；二来指导妇女生产活动，引导其生产制作的工艺品向精品化、特色化方向发展，提升产品附加值，提高产品价格。只有这样，民族村落女性的社会地位才会更高。

最后，要对民族村落社区居民进行旅游技能培训，提高旅游生产力。旅游技能培训是为了使村民获得与旅游工作有关的技能而采用一定的科学方法所做的有计划的、系统性的各种努力。① 旅游技能培训的内容有旅游服务技能、工艺生产技能、旅游相关行业经营管理技能、生态环境及卫生知识培训、相关法律法规培训等。旅游服务技能培训包括普通话使用、日常英语运用技能、服务和营销技能、人际关系处理等的培训。工艺生产技能培训包括对材料选取、加工制作、生产工艺、技术、包装等方面的知识培训。经营管理技能培训主要是针对个体经营户、手工作坊、中小民营企业的管理者等来进行。而生态环境培训则包括"重点开展保护生态环境、节约水资源、保护耕地、防灾减灾、倡导健康卫生、移风易俗和反对愚昧迷信、陈规陋习等内容的宣传教育。"② 卫生知识培训包括环境卫生标准规范、旅游设施卫生、食品卫生等培训。法律与法规培训是民族村落居民必须要开展的培训活动，它主要是根据旅游开发所涉及的相关法律法规、管理条例等，向村落居民进行的宣传普及。

四　优化民族村落文化旅游发展环境

旅游发展环境是个较大的范畴，它是影响旅游可持续发展的十分重要的因素。对于民族村落而言，有三个旅游发展环境需要重视，它包括自然生态环境、社会环境和区域旅游环境。实现民族村落文化旅游保护性开发就需要优化环境内容，为民族村落文化旅游业的可持续发展创造条件。

人们总是强调在民族村落文化旅游开发过程中民族文化的重要性，这也就是强调人文环境对民族村落文化旅游保护性开发影响很大。不过对于旅游业发展来说，良好的自然生态环境也是实现可持续发展的重要条件之一。充满自然生态情趣的风景、整洁静谧的民族村

---

① 薛群慧：《论民族文化旅游村村民的培训》，《昆明大学学报》2007 第 18 期。

② 同上。

落是发展民族村落文化旅游的基础。任何跃进式的、亡羊补牢式的旅游发展模式都只能滞后民族村落的发展。优化自然生态环境首先需要做到预防管理，要树立旅游参与主体及其他村民的环境保护意识，完善环境保护规章制度，核算民族村落生态环境承载力，运用环境效应评估方法，通过环境预防管理来实现自然环境保护。要建立环境管理部门，实现科学管理。在民族村落文化旅游开发中要建立旅游环境承载力预警系统，完善旅游环境信息数据库，实行环境动态监控，从而实现旅游生态赤字缩减。要重视向民族村落社区居民及旅游者宣传普及垃圾分类知识和环境保护基础知识，使旅游开发者和管理者重视固体废弃物的处理，力争达到国家先进水平，实现原生垃圾"零填埋"，提高垃圾无害化处理率。另外，还要重视水污染的防治。

由于旅游业被认为是无烟产业、朝阳产业，产业门槛低，投入小，回报大，因此，民族村落要结合自身实际大力发展旅游业以提高村落经济水平，增加经济收益。从现实情况来看，旅游业要实现可持续发展——尤其是在民族村落这样的传统文化旅游地，其持续投入是巨大的，对各方面要求都比较高。而当一个民族村落过于依赖旅游业，急于借助旅游开发实现脱贫致富的话，不追求旅游开发的功利性和跃进式发展几乎是不可能的。旅游开发就是一种经济行为，追逐利润是其根本目标。因此，营造良好的旅游开发社会环境就表现在要调整民族村落产业结构，避免只依靠旅游业带动本地经济发展这种一条腿走路的方式。我们要积极发展现代农业、手工业、创意产业等多元经济形态，将以旅游业为代表的现代服务业、农业、工业等产业相融合，实现多条腿走路——一方面积极推广旅游产业集群发展模式，将文化、旅游、农业、手工业等整合成完整的现代服务产业链；另一方面，降低民族村落文化旅游开发的风险，避免民族村落文化过度开发。此外，还要意识到，其他产业经济的发展也能为民族村落文化保护传承提供更多的保障，生态博物馆、纪念馆、民族村落文化创意产品等都有更大的发展空间。

民族村落文化旅游保护性开发不仅与民族村落有关，更与区域环境密切相关。旅游业和任何产业一样都不是独立的、分割的，它的跨区域性、多层次性决定了旅游业发展到一定阶段必然从竞争上升到合作。民族村落文化保护传承也是一样。文化保护的视角还应包括区域环境，如"黔桂湘侗文化区"旅游开发、"黔湘苗文化区"旅游开发等，保护民族村落文化首先应从区域范畴进行规划，在此基础上再加强各地分工协作。民族地区发展旅游业应加强合作，形成区域联动，要避免民族村落文化旅游开发的恶性竞争，更要避免民族村落文化片段化保护。此外，区域环境的优化还表现在合理规划大旅游交通，完善旅游基础设施建设，建立区域文化信息系统等。

第二节　民族村落文化旅游保护性 开发支撑体系

民族村落文化旅游保护性开发是一个系统的、关联性强的、持续性的活动。要实现民族村落文化在旅游开发中保护以及民族村落文化为旅游开发提供持续的动力等目标，需要多方面支持，包括法律、政策、人力、技术等。

一　法律支撑

民族村落文化旅游开发是一种市场行为，需要规范和协调。民族村落文化保护除了要对旅游参与者及其他民族村落居民宣传教育外，还需要通过制度来规范行为，以达到促进文化保护的目的。民族村落文化旅游资源由于其特殊性，在规划开发过程中尤其要重视相关法律、法规的配套。政府通过制定有关民族村落文化旅游的法律、法规，运用法律杠杆整顿民族村落文化旅游市场秩序，完善民族村落文化旅游市场竞争规则，使旅游开发者、经营者、管理者、旅游者有法可依、有法可循。民族村落文化旅游所涉及的法律、法规要包括《文物保护法》《非物质文化遗产保护法》《旅游资源保护条例》《环境保护法》《专利法》《商标法》《旅游法》等。在完善法律制度后，还应依法落实旅游执法——设立执法机构，培训执法专门人员，规范旅游开发市场。此外，还要重视法律监督工作。监督工作是对于法律法规是否有效实施的强有力的保证。监督主体必须是监督对象以外的相对独立组织,通过法律明确规定其权责范围、监督手段及监督权利等。

二 人力资源支撑

人力资源是民族村落文化旅游开发的关键要素,它是民族村落文化旅游业发展的重要保障。人力资源是能够推动民族村落文化旅游开发取得经济效益和社会效益的生产力要素。除了前面已提到的对民族村落社区居民的教育培训外,还应包括对其他旅游从业人员、政府参与主体等的教育培训,尤其是重点培养中高级管理人才。众所周知,管理的目的是提高生产经营效率,因此,培养中高级管理人才将有助于民族村落文化旅游发展的高效性和集约型。要开展高层次的旅游管理培训,培养学员具有较强的市场意识,学习国内外经济运行规则和先进管理经验等。要定期召开中高级管理人员研讨会,定期与其他文化旅游产业发达地区的相关管理人员进行交流。要培养中高级管理人才的文化旅游产业联动意识,避免恶性竞争。此外,还要重视培养旅游创新型人才。无论是技术的创新还是理论的创新,都将为民族村落文化旅游可持续发展提供强有力的保障。

三 经济资本支撑

经济资本的投入对于任何一个开发文化旅游的民族村落来说都是至关重要的。民族文化资源的抢救与保护、基础设施和旅游设施的建设、文化旅游规划的制定、旅游产品项目的设计与营销、社区居民的教育培训等方面都需要大量物资、资金的投入。民族村落文化旅游保护性开发可以通过多种途径获得经济资本支撑:第一,民族村落社区居民自筹资本,入股景区开发管理,然后分红。投入的资本可以是货币,也可以是自家住房(用来提供住宿接待等)、人员、物资、场地等,通过估价进行核算,并据此进行分红。第二,吸引外来资本,民族村落居民参股。外来资本包括国际援助、外来资金支持、金融机构低息小额贷款等。还可以考虑与一些金融机构合作,共同开发民族村落专属的新金融产品。第三，以政府财政拨款为主，以外来投资或居民参股等为辅。此外，政府还可以考虑减免税收等优惠政策、项目资金贴息等优惠政策，重视建立民族文化旅游投融资机制，鼓励民族村落居民自主创业，提供优质的旅游开发及经营环境。

四　技术创新支撑

技术创新是指把一种从来没有过的生产要素与生产条件的"新组合"引入生产体系，利用某些原理制造出市场需求的商品，将科技成果商业化和产业化。[①] 技术创新在现代旅游业发展中运用较多，如利用3S技术，即地理信息系统（GIS）、遥感系统（RS）、全球卫星定位系统（GPS）构建旅游景区的动态旅游信息系统，加强对旅游资源及环境的动态监测，制作高清晰的卫星影像旅游地图，为游客提供景区导航服务等。很多大型景区还开发了旅游资源管理信息系统，便于对景区旅游资源进行动态管理，且辅助分析决策。民族村落文化旅游资源要实现保护性开发，技术创新的实际运用是重要支撑。要积极建立民族村落文化旅游数字化信息系统，将民族文化旅游资源及开发管理实现数字化管理——如设计民族村落文化旅游网页、设计民族村落文化旅游咨询信息系统、运用虚拟技术开发创新旅游产品、利用可再生能源技术实现民族村落文化旅游循环经济发展等。总之，技术创新必将为民族村落文化旅游保护性开发提供更为广阔的发展前景。

---

① 杨琴：《技术创新与旅游产业成长研究——以张家界市为例》，吉首大学2010年硕士学位论文。

第八章 旅游开发与民族村落文化
变迁典型案例分析

第一节 青海黄南直岗拉卡村旅游开发
民族村落文化变迁

一 直岗拉卡村概况

（一）地理位置人口结构

直岗拉卡村位于青海黄南尖扎西北部，距尖扎35公里，距省会西宁92公里。直岗拉卡村是一个纯藏族居住的行政村，该村是新农村建设的示范村，也是乡村旅游试点村，全村有145户567人，有藏、汉、回3个民族，其中，藏族占总人口的98%。

（二）农业产业结构及发展情况

直岗拉卡村现有耕地668亩，自留地124亩，人均占有耕地1.4亩。农作物主要有小麦、油料等，2008年，全村人均纯收入为2612.71元。直岗拉卡村地势平坦，水利设施完备，交通便利，气候条件相对优越，发展核桃、软果等特色农业优势明显。近年来，在县、镇党委、政府的引导下，该村在巩固核桃基地的基础上，将水果基地作为培植农业增效、农民持续增收的增长点。

二 典型文化

（一）物质文化

1. 服饰文化

藏族的服装主要是传统藏服，特点是长袖、宽腰、大襟。妇女冬穿长袖长袍，夏着无袖长袍，内穿各种颜色与花纹的衬衣，腰前系一块彩色花纹的围裙。藏袍是藏族的主要服装款式。藏袍有 12 种，牧区为皮袍、色袖袍，农区为氆氇袍，式样可分长袖皮袍、工布宽肩无袖、无袖女长袍和加珞花领氆氇袍，男女穿的衬衫有大襟和对襟两种，男衬衫高领，女式多翻领，女衫的袖子要一般的长 40 厘米左右。跳舞时放下袖子，袖子在空中翩翩起舞，非常优美。

2. 饮食文化

各民族、各不同地区的人民都有不同的饮食特点，藏族人民居住在海拔高、空气稀薄、降水量少、日照充足、风速大的地区，独特的地理位置和气候特点形成了藏族人民独特的饮食习惯，在广袤的高原地带，糌粑、酥油茶、甜茶、奶渣、青稞酒、牛羊肉等历来是藏族人民的传统食品。藏族饮食文化体现着自己浓厚的风土特点，深受其他民族及国际友人的关注和喜爱。

3. 建筑文化

藏族建筑风格强调形式的一贯简洁性和自然本质与外来形式相结合的宁静祥和。在某一层次上它可以被理解为佛教追求和平、真理、安宁的表现形式。最重要的是，藏族建筑通过与人们的需要和体验密切相关的象征体系来试图把人和宇宙联系在一起。藏族建筑艺术造诣很深，能运用统一、平衡、对比、韵律、和谐、比例、尺度等构图规律，取得美的立体造型。藏式建筑艺术是藏文化的重要组成部分，它随着藏文化的发展而演变，尤其与藏文化核心的藏传佛教关系极为密切。藏族独特的建筑风格是中国建筑史上的一份珍贵的历史遗产，具有重要的研究价值。

（二）制度文化

藏族是一个十分讲究礼仪的民族。民风纯朴，礼让谦恭、尊老爱幼、诚信无欺是自古传下来的纯良礼俗。在松赞干布制定的《十六净法》中，把孝敬父母、恭敬有德、尊长敬老、诚爱亲友、正直无欺等作为重要内容，对藏族的伦理礼仪习俗的形成产生了深远的影响。

1. 献哈达

献哈达是藏族待客规格最高的一种礼仪，表示对客人热烈的欢迎

223

和诚挚的敬意。哈达是藏语，即纱巾或绸巾。以白色为主，亦有浅蓝色或淡黄色的，一般长约 1.5 米至 2 米，宽约 20 厘米。最好的是蓝、黄、白、绿、红五彩哈达。五彩哈达用于最高最隆重的仪式如佛事等。

2. 磕长头

磕长头是在藏传佛教盛行的地区，信徒与教徒们的一种虔诚的拜佛仪式。一般是于行进中磕长头。在磕长头的过程中，一边念六字真言，一边双手合十，高举过头，然后向前行一步；双手继续合十，移至面前，再行一步；双手合十移至胸前，迈第三步时，双手自胸前移开，与地面平行，掌心朝下俯地，膝盖先着地，后全身俯地，额头轻叩地面。再站起，重新开始。在此过程中，口与手并用，六字真言诵念之声连续不断。还有一种为原地磕长头。[①]

3. 敬酒茶

到藏族人家做客，主人便会敬酒，一般是青稞酒。青稞酒是不经蒸馏、近似黄酒的水酒，度数为十五度至二十度。敬献客人时，客人须先啜三口，每喝一口主人都要倒满，最后再喝干一个满杯。喝茶则是日常的礼节，客人进屋坐定，主妇或子女会来倒酥油茶，但客人不必自行端喝，得等主人捧到你面前才接过去喝，这样，才算懂得礼貌。

（三）精神文化

藏族的精神文化是指藏族的节日和风俗习惯。藏族的结婚习俗，赛马会、射箭等传统节日和风俗习惯热情隆重，这些节日在藏族人民心中是神圣的且有特殊的意义。这些特色的节庆也是极具旅游吸引力的旅游资源。藏民族是个信仰藏传佛教的民族，同时也是个能歌善舞的民族。在藏族中流行这么一句话"只要能说话就会唱歌，只要能走路就会跳舞"，藏族的歌舞深受广大人民的喜爱。另外，丰富精美的藏族银饰显示了藏民族文化的发达程度，铸造技术和艺术水平令人

---

① 王亚欣：《当代藏传佛教文化旅游研究》，中央民族大学 2011 年博士学位论文，第 28 页。

惊叹不已，在青海的银饰品市场中占有较大的市场份额。

三 直岗拉卡村旅游开发利用状况

（一）农村旅游收入持续增长

从 2005 年开始，直岗拉卡村作为青海新农村建设首批试点村之一和全县新农村建设示范村，凭借坎布拉景区和黄河风情园的带动，把发展"藏家乐"作为载体，大力发展乡村旅游业。在各级政府的引导和村民积极的参与下，该村逐步建设成为具有独特区位优势的观光农业村和旅游接待村。2004—2010 年累计接待省内外游客 5.4 万人次，实现旅游总收入 86 万元。农民人均收入由 2004 年的 1676 元增加到 2010 年 3560 元，增幅达 76%。以核桃、软果、蔬菜、花卉等为主的特色农业收入和以"藏家乐"为主的特色乡村旅游业收入已占到总收入的 92% 以上。参与"藏家乐"旅游接待服务的群众从最初的 2—3 户发展到 52 户，从事旅游服务的人员达到了 285 人，仅此一项户均收入 1—3 万左右。该村还成立了"藏家乐"协会和管理委员会，经营日趋规范化。

（二）基础设施不断完善

随着"藏家乐"经营水平的不断提高和旅游收入的增加，直岗拉卡村旅游基础设施也在不断完善。为了从根本上治理脏、乱、差问题，村领导班子下大决心，从农民身边看得见、摸得着的事情做起，实施以"三清三改"（清垃圾、清污染、清路障、改水、改厕、改厨）为重点的村容、村貌整治工程，共拆除违章建筑物 400 平方米，清理垃圾 10 余处、约 120 立方米，硬化村道 15.3 公里，外墙土改砖 2000 多米，新建水厕 32 座，植树 1.6 万株。与此同时，该村还建起了村党员活动室、文化活动室和卫生室。一个原本搭建无章、杂物乱堆、垃圾遍地的村庄如今已变成了道路硬化、村庄净化、四周绿化、庭院美化、村主干道太阳能路灯亮化、生活设施初步配套化的生态文明新村。

四 旅游开发中村落文化变迁状况

随着直岗拉卡旅游开发步伐和现代化进程的加快、人们生活水平的提高以及与外界接触交往的增多，当地藏族饮食、服饰、建筑、经济生产方式等这些最能展示藏族传统文化的外显文化也发生了变迁。可以说，旅游业的开发必然从一开始就对藏族社会文化的物质层面进行冲击，进而使其不断发生变化。

（一）饮食结构日益丰富化

饮食在人类生活中占有十分重要的地位，然而饮食结构的变化与所处的地理环境、生产方式等有着密切的联系。不同的民族有着不同的饮食结构。随着环境的变化、社会的发展以及旅游业的发展带来的文化的频繁接触和交流，直岗拉卡村藏族的饮食结构也发生了变化，由单一性向多样化、丰富化发展。

在藏族的传统饮食中，较有特色的有糌粑、酥油、奶制品、手抓羊肉、青稞酒等。自村民们从事旅游业以来，他们的生活水平有了很大的提高，随着他们与外界交流的扩大以及外界信息流的传播，特别是外地的投资商进入，他们为满足国内外旅游者的饮食口味，引进了各种饮食种类，如汉餐和川菜，而当地的村民认为那些外来承包户推出的菜比较新颖，能吸引游客，因此村民们跟随效仿，在经营藏餐的同时也经营汉餐，说明他们的饮食结构不再是以前的单一的藏餐，而是趋于多样化和丰富化。

（二）服装的变迁

服饰既是一个民族的外在特征之一，同时也是一个民族文化的一部分。青海是藏族的重要发源地之一，由于青海藏族服饰文化与特定的自然环境和生产方式相联系，在保持藏族服饰基本格调的同时，又形成了青海藏族服饰鲜明的地方特色。青海传统的藏族服饰一般是男女均穿一种肥腰、长袖、大襟、无兜、无扣款式的袍服，俗称为藏袍，其腰间用一条布或绸缎腰束之，着装形式男女有别，男装下襟一般与膝部相齐，而女装下襟则与脚面相齐；男装衣怀宽松肥大，鼓于腰带上部，在胸前及背部自然呈兜囊状，随身可以怀揣各种需用之物；女装则较轻便，衣怀也没有男装那样宽大。在还未到调查目的地之前，笔者以为当地的村民应该都穿着藏服，但是到了目的地之后却发现跟之前想象的截然相反。村里除了极个别老人还在穿藏袍外，其余从事旅游业的村民都穿的是汉装。据笔者观察和与之交谈得知，村民们只有在节庆日的时候才会穿上民族服饰，或者给游客表演节目时穿民族服饰。

（三）房屋建筑的变迁

藏族传统的民居一般是土木结构的藏式平顶房，分大厅（间带锅灶、热炕）、耳房、佛龛间、储物间等。现在，随着村民生活水平的提高，村里的藏民民居无论从建筑材料还是室内陈设上都有大的改变。村里建筑是砖木结构，其住宅更加整洁、更加舒适，农家院里盖的都是半封闭式房子。每户人家都有电视机、洗衣机、电冰箱等，好的人家有汽车、摩托车等现代交通工具。室内的装潢与现代汉式装潢没什么区别，尤其是给游客住宿准备的房间里，摆放的基本上是电视机、VCD机、台灯，房间里面还带有卫生间和洗澡池，与其他地方宾馆里面的配套设施没什么区别。但也有一些农家院仍然保持着藏族的建筑风格，如民居建筑是藏式建筑，院里建有神龛，大门的建造也是藏式的，门顶上立有木杆，上面挂的是经幡。总之，目前直岗拉卡村既保留了传统的藏族建筑风格，又在继承传统的基础上借鉴吸收和推陈出新。

（四）经济方式的变迁

直岗拉卡村地理位置特殊，那里依山傍水，坐落在黄河岸边，在旅游开发之前，村民们主要以农业为主，不从事畜牧业。农作物主要有小麦、油料等。自旅游开发开始以后，村民逐渐转向旅游接待，大部分都成了接待户，外出打工的人逐渐减少，现在几乎没有人外出打工，反过来还要吸收外来人到村子里打工。旅游接待内容包括藏族饮食、住宿、藏族歌舞表演等。每户人家各有自己的风格，内容也有差异，接待服务标准也不一样，在旅游旺季时，接待户年收入平均每年在3万元左右，旅游接待主要在周末和节假日，与非接待户相比，收入相对好。

（五）妇女地位的变化

在历史上，藏族妇女在传统的宗教信仰和"男尊女卑"的旧观念的阴影笼罩下，她们的社会地位非常低下——无论是在政治上，还是在宗教活动和文化教育上。她们的社会生活圈子仅限定在家庭这一狭窄的范围之内，她们的社会角色也往往被定位在生儿育女、操持家务这一层面。因此，她们的日常工作非常繁杂。另外，做买卖的都是男子。按照传统观念，女人应该制造商品，勤于持家，而不能从事这种抛头露面的工作。随着直岗拉卡村旅游业的发展，村里的藏族妇女以此为契机，都以不同方式跻身于旅游业这一新兴产业，并在其中扮演了非常重要的角色。在直岗拉卡村的"藏家乐"里，藏族女性占据了主导地位——特别是有文化、会汉语的年轻女子。笔者在一家比较大的名为"黄河风情园"的茶园里访谈时了解到，这个茶园里的餐饮从业人员一共有 35 人，其中女性占大多数，尤其是招待游客的服务员都是女性。另外，藏族妇女一向能歌善舞，是民族歌舞的主题力量。在直岗拉卡村的篝火晚会中，总有穿着藏族服装的少女们在带领游客跳锅庄舞。藏族妇女凭借能歌善舞的优势，积极参与旅游业中的藏族歌舞表演，既是藏族文化艺术的展示，同时也是藏族妇女自我的一种展示。

五 民族村落旅游开发引发的问题

（一）民族传统文化淡化或弱化

在旅游者进入之前，直岗拉卡村是一个保留着大量淳朴民风和古老习俗的藏族居住地。其独特的民族文化和民俗风情对外界具有神秘感。随着旅游业的发展，游客的涌入使得当地的传统文化逐渐被淡化。在许多"藏家乐"中，居民住的房屋已不再是传统的藏式建筑风格，而是用砖混结构或钢筋水泥结构修建的封闭式平房。另外，村里除了个别老人身穿藏服外，其他村民穿的都是汉装，原因是穿汉装从事旅游业比较方便。"在异质文化的强力冲击下，接待地的原有的文化风貌发生了一定的变化，从衣着、建筑及生活方式到语言文字等都与外来者日益趋同，当地固有的传统文化被逐渐淡化或弱化。"①

（二）民族文化价值观的退化与遗失

民族文化价值观是民族群体世代传承、一致认同的民族精神内在核心，是至今仍为本民族共同遵守的道德行为体系，是民族文化的灵魂。藏族人民有着热情开朗、豪爽奔放、淳朴善良、重义轻利等传统美德和优良风尚。但是随着旅游活动的开展和游客的大量涌入，有意无意地带来了各种不同的价值观，引起了以往相对封闭的接待地居民价值观念上的微妙变化。笔者此去调研有所感触，在直岗拉卡村对当地村民访谈时了解到，直岗拉卡村这两年的旅游业不如以前好，游客的减少使得村民们的经济收入也一年不如一年。因此，一些村民为了获得经济利益，开始背离本民族的道德规范。对住宿在"藏家乐"里的游客除了收取住宿费外，还以各种理由乱收其他费用，导致游客对当地村民的不满和厌恶。这不仅损害了游客的利益，也损害了当地的名声。

（三）自然生态环境遭到破坏

直岗拉卡村坐落于黄河岸边，自然风光秀美，素有"青海小江南"之美称。随着旅游业的发展，大量游客的涌入，导致自然环境在一定程度上遭到破坏。黄河岸边，白色垃圾随处可见；河中间的水虽然清澈见底，但离河岸近的水已经被污染，浑浊不堪。另外，藏族村民们为了给游客表演节目，举办篝火晚会，需要大量的木材，而这些木材来源于河岸边的树林。因此，黄河岸边的树木开始减少。如此下去，直岗拉卡村也会失去原有的自然景色，旅游资源也会遭到破坏。

六　对策措施

（一）重视村落文化资源的开发，突出民族特色

中国民族村落发展旅游业就是以古老原始的民族建筑、丰富多彩的民族文化、原汁原味的民风民俗来吸引游客的，而且这些最受国内外游客青睐。藏族的建筑、服饰、饮食等都是藏族传统文化中独特的

---

① 张波：《论旅游对接待地社会文化的影响》，《丽江教育学院学报》2003 年第 2 期。

精髓。因此，要充分挖掘当地的民族资源，用深厚的民俗文化内涵、独特的民俗风情、活泼直接的参与形式来吸引游客。要增加旅游接待内涵，努力提高村寨旅游产品的文化品位，保持民族特色，真正突出"乐"的魅力，给游客展示原质原貌的藏族民俗文化村落，以满足游客的心理需要。

（二）加强当地民众的思想教育，促使旅游业的健康发展

自旅游开发之后，商品经济的进入，改变了民众的价值观念，守旧的思想被不断打破，一些优秀的品质开始接受市场的检验，利益至上观、拜金主义也接踵而来。面对种种问题，当地政府应加大对当地民众的思想教育，树立正确的价值观。如政府应定期到村里进行与旅游相关的宣传教育，不断提高村民的整体素质。另外，当地政府在村里应制定村规民约，禁止村民对游客乱收费，一旦发现该情况应给予惩罚，让每个村民认识到保护当地形象的重要性。

（三）加大保护生态环境的力度

高原地区气候高寒，植被生长缓慢，土壤薄弱，森林生态系统一旦遭到破坏就很难恢复。直岗拉卡村秀丽的黄河风景为旅游发展提供了优越的条件。因此，对当地生态环境的正确认识和保护性开发是旅游开发的重要前提。直岗拉卡村应该制定村规民约，让每个村民在从事旅游业的同时也参与到保护当地生态环境的行动中来。对于村民建筑、烧柴和举办篝火晚会所需木材必须实行统一规划，定点采伐，并尽可能地寻求替代材料和尽可能地推广其他替代能源——如用电、太阳能、液化气、沼气等代替烧柴；对于游客要加强宣传，禁止在河中乱扔垃圾等杂物，使直岗拉卡村继续保持"生态示范村"。

第二节　湘西德夯苗寨旅游开发与民族村落文化变迁

一　村落概况

在风景秀丽的湘西风景区内，镶嵌着一颗璀璨的明珠——德夯苗寨。"德夯"为苗语音译，旅游开发后通译为"美丽的峡谷"，它地

处云贵高原边缘，年平均气温在 16 摄氏度—18 摄氏度之间，四季如春，气候宜人，动植物资源非常丰富，自然风光十分秀丽。德夯苗寨位于湘西土家族苗族自治州首府吉首市西郊 24 公里处，面积 580 平方公里。苗寨依山而建，飞瀑环抱，民居飞檐跷角，半遮半掩，封火墙、吊脚楼、雕花窗，造形奇特，格调鲜明，色彩纷呈，无不显示出远古遗民的氛围。德夯旅游区以矮寨为中心，自矮寨镇洞溪上行 4 公里至德夯苗寨。灰瓦石基吊脚楼、光滑的石板路、精巧的石拱桥、浣纱苗女以及古老的石碾和筒车，构成了德夯苗寨的田园景象。

德夯现居住有 126 户苗族人家，在这里居住的苗族百姓民风纯朴。他们大都讲苗语，能歌善舞，以歌为媒，自由恋爱。女人喜戴银饰，穿无领绣花衣；男人爱结绑腿，吹木叶。他们自己种桑养蚕，纺纱织布，手工织品巧夺天工。这里的人们沿用古老的方法榨油、造纸、碾米、织布，用筒车提水灌田。德夯是天下闻名的苗鼓之乡，男女老少皆爱习鼓舞、会歌等传统艺术，曾出过五代鼓王。苗族人民的跳鼓舞、三月三歌会、赶秋、接龙、推牛以及苗岭情歌，远近知名。古朴优雅的苗族风情成为德夯人文景观的特色，强烈地吸引着远道而来的游客。凡游人来到这里，都被德夯神奇的自然风景和浓烈的苗族风情所陶醉。有诗赞曰："一人盘古到如今，佳境蓬莱何处寻？莫向仙神询去路，湘西德夯醉游人。"

二 典型文化

（一）物质文化

德夯苗寨处在云贵高原和武陵山脉相交处的大峡谷中段，全村稻田 340 亩，旱地 130 亩，以农业生产为主要生产方式。

苗族先民根据自己的社会生活机遇以及所处自然环境，选择和创建了适应本民族生存的理想居处，形成了具有鲜明民族特色的居住建筑。由于德夯地处半山腰，根据自然环境和生活劳作的特点，先民们创建了高脚木结构的干栏建筑，形成了独特的干栏文化。

德夯苗家尚食酸辣。辣椒在德夯苗家的饮食中占有重要地位。家家户户都有干椒常年备用，每餐不离辣椒，每菜必以辣椒作佐料；酸味常年不断且加工方法不一，其味各有特色。酸味食品主要有酸汤、酸鱼、酸辣子、酸盐菜等 20 多个品种。

德夯苗民男子服饰较为简单，头缠白帕，身穿对襟衣，衣袖长而小，裤筒大，喜包青色裹脚。衣服的颜色有花格、全青、全蓝等，其中以花格布衣最有特色。苗族妇女的首饰，造型精美，种类繁多，以银饰最为普遍。佩戴的部分手镯和戒指必须常戴。

德夯苗族有着丰富多彩的民间工艺美术，其中有刺绣、剪纸、挑花、织锦、蜡染、银饰、绘画等。德夯乡民的纺织和竹器编织工艺水平极为高超。他们就地取材，以棉、竹编织成各种各样的生活生产工具——以棉为原料，纺成纱线，编织而成的各种衣料；以竹子为原料编成的簸箕、斗篷、背篓等，轻巧美观，造型奇特，经久耐用。

（二）精神文化

湘西苗族信仰自然崇拜，他们认为日月星辰、山川草木皆有灵异，做一切事都需探知神意，取得神灵许可。他们最信奉傩神，大至家族政事，小至生疮长疖，都要祈求傩神保佑，请求傩神驱鬼逐疫。请傩神由"巴岱"① 主持，"巴岱"用法术请神、酬神，俗称"还傩愿"。做"巴岱"的一般是家族传承或者梦中神授，除此之外最终还要经过一系列的仪式，过关后才能出师作法。这些仪式是含有傩文化元素的民间技艺，如"踩火铧""吞竹签""上刀梯""摸油锅"等。这些技艺一般不外传，并且传男不传女。其中的"摸油锅"是在驱鬼的过程中为主人家祈求消灾避难、超脱苦难的仪式。"巴岱"在一口烧得翻开的油锅里面伸手摸取钱币等东西，或是在翻开的油锅里"洗脚"，手脚均安然无恙。"巴岱"文化是苗族神秘的精神文化的体现。

湘西苗族鼓舞是苗族最独特的舞蹈音乐艺术，2006 年被国务院确定为第一批国家级非物质文化遗产，流传在湖南湘西土家族自治州境内的吉首市和凤凰、泸溪、保靖、花垣、古丈等县。

传统的德夯苗族鼓舞是用来祭祀的。苗族以鼓社为单位，祭祀祖

---

① 苗族对祭师的称呼。

先蝴蝶妈妈。据说蝴蝶妈妈是从枫树里生出来的，其灵魂藏在枫树之中，祭祖必敲击枫木以唤起祖先蝴蝶妈妈的灵魂。传说早期的鼓是用枫树做的，敲击枫树做的大鼓，响亮的声音能唤醒沉睡的祖先。鼓成为了民间信仰的载体，鼓舞成为了苗族祭祀文化的象征。

德夯有"天下鼓乡"的美称。在这里，鼓舞花样繁多，男女老少皆爱习鼓舞，擅长者众多。在德夯苗寨，到现在已经出了5代苗鼓王，其中第一代苗鼓王龙英棠曾受到毛主席、周恩来总理的接见并授予称号。

苗鼓王全是女人，与男人无缘。远古的苗族骁勇善战，首领蚩尤号称"中国战神"，其部落曾打遍黄河流域。后来，蚩尤兵败被杀，苗族开始了先长江流域、后大西南的百年大迁徙。由于长期战乱和不断迁徙，苗族男子的损失很大，跳鼓这项给后辈传授生产、生活常识的特殊技能通常也会由女性来传承。女子花鼓为最主要打法，边打边跳，模仿生产劳动和日常生活动作或战争、狩猎动作。

苗族鼓舞有着丰富的文化内涵和社会功能。它以鼓乐指挥生产劳动、以鼓舞传播民族文化、以鼓乐娱乐身心，把音乐、舞蹈、表演等艺术种类有机地组合在一起，内容丰富，特色鲜明。它不但反应了苗族人民的生产生活、劳动习惯，还表达了男女爱情及审美情趣，形成了一种独特的艺术形式。苗族鼓舞的表演蕴涵了苗族人民的虔诚信仰和勇于创造、顽强拼搏的民族精神。

这个有语言没文字的民族，凭借六六三十六套鼓舞路数，传承战争狩猎经验和生产生活常识，从这个意义而言，苗鼓其实就是苗族一部名副其实的百科全书。

三 旅游开发利用状况

（一）旅游开发过程

20世纪80年代初，德夯还是一个与世隔绝的苗寨。1984年，德夯在政府的关怀下，积极争取资金，修通了从209国道到村里的公路。1986年，德夯所在的吉首市政府在德夯设立了德夯风景管理处，开发德夯旅游景区，1987年1月1日正式对外开放。1991年又成立了"吉首市德夯旅游风景管理处"，隶属市旅游局管理。2002 年通过招商引资，由吉首市人民政府与上海鸿仪投资发展有限公司下属武陵旅游公司合资，共同组建了"吉首德夯旅游实业有限公司"，隶属张家界旅游开发股份有限公司控股。2005 年 12 月被国务院评为国家级重点风景名胜区，2010 年 6 月吉首市政府从上海鸿仪投资发展公司收回了控股权，继续由吉首市人民政府管辖。2013 年 3 月 18 日，德夯苗寨门票由每人 60 元涨至每人 100 元。

（二）旅游项目构成

德夯旅游项目主要由两部分构成，一是以流沙瀑布、玉门泉、盘古峰等自然景观为依托的观景旅游；二是 1992 年在政府、开发商和地方人士的多方努力下，在德夯自然风景旅游区的基础上建立的以苗族民间艺术展演为主要内容的"苗族民俗文化风情园"，打造了一台具有浓郁苗族文化特色的歌舞节目《苗鼓风韵》，并逐渐成为德夯旅游的标志性节目。它主要以展演苗鼓、苗歌和苗族生活习俗等苗族民间艺术文化为主要节目内容，以苗鼓表演为主打项目，同时兼有苗家做客、拦门对歌、敬酒、苗家跳歌晚会、少数民族服装表演、灯火送客等三十多个旅游项目，表演古老粗犷，极富地方民族特色。

（三）旅游宣传方式

德夯苗寨在旅游发展过程中十分重视节庆文化开发以及旅游广告宣传。自旅游开发以来，陆续举办了湘西苗族的百狮会（2002 年 2 月）、德夯国际攀岩节（2002 年 9 月）、苗族鼓王选拔赛（2002 年、2005 年）、德夯·中国鼓文化节（2005 年 6 月），成功树立了以"苗族鼓舞"为代表的苗族传统艺术旅游品牌。同时，德夯旅游公司充分利用各种媒体，将德夯苗族艺术展演进行了各种广告宣传。近至湘西自治州各电视台的广告、吉首市火车站的巨幅平面广告，远至中央电视台、香港凤凰卫视电视台、长沙黄花机场、长沙火车站等都能见到关于德夯苗寨旅游宣传的各种广告。另外，德夯旅游公司还注册建立了实名网站，网页随时更新，以吸引旅游者的到来。①

（四）社区居民参与旅游的方式

自德夯苗寨旅游开发后，德夯的经济结构开始以旅游服务、粮食生产、竹器加工及交通运输业为主。住宿、餐饮等服务项目是德夯村民参与旅游的主要方式。据调查资料显示，德夯村民从事旅游业的达到了 50.79%，其中主要的是从事服务业。目前有商铺 42 家、旅店 8 家、饭馆 14 家、饭馆兼住宿 4 家、商铺兼住宿 4 家。

四 旅游开发中村落文化变迁状况

（一）德夯名称含义变迁

村名"德夯"本系苗语音译，在苗语中，"德"意为"小"，"夯"意为"冲地"，因该地位于小冲里，故名"德夯"，意为"小冲"。② 现今所有的文字和口头说法中，皆将其意思说成"美丽的峡谷"。这种村落名称的意义转换，其实是出于发展旅游的目的，而官方以及民间都默许了这种说法。

（二）语言的变迁

德夯苗族村民大都讲苗语。在旅游开发初期，语言成为当地村民参与旅游的主要障碍之一，当地 60 岁以上的老人基本不会讲汉语。随着旅游业的发展，外来游客逐渐增多，当地人都能够用熟练的汉语与游客交流。汉语逐渐替代了苗语成为当地人之间交流的主要语言。与此同时，苗语因为没有文字作为载体，其使用范围逐步缩小而处于尴尬的境地。在旅游活动中，迎接仪式和篝火晚会上当地人使用苗语表达对游客的欢迎，目的是为了渲染苗乡氛围，使游客体验异质文化环境，满足游客"猎奇"心理。而在舞台以外的生活中，德夯苗寨的很多年轻人已经不能熟练使用苗语，仅有年龄较大的老人仍使用苗语。

---

① 吴晓：《消费时代民族艺术的新型存显方式——湘西德夯苗寨的个案分析》，《重庆三峡学院学报》2008 年第 2 期。

② 吉首市人民政府编印：《吉首市方志办吉首市地名录》，内部资料 1983 年。

（三）拦门仪式的变迁

在历史中，苗族长期处在被迫迁徙中，在有形无形的边墙封锁和高压隔离之下，产生了防备、戒备、焦虑、疑惧的性情倾向，对于"外人"和"外界"保持高度不信任、拒斥和疑虑的心理状态，相当程度上构成了当地苗族的习惯行为模式和颇为稳定的族群心理状态。苗族在旅游开发中欢迎客人的拦门仪式就源于他们对外人的防范。长期以来，由于苗疆边墙的阻隔，湘西腊尔山台地的苗族一直遵循"苗不出峒，汉不入境"的戒律。有人进入苗寨，村民一起把寨门拦住，通过说苗语、唱苗歌的方式试探来者是否是本民族同胞。确认为自己同胞后就端出米酒热情欢迎。这种原本用来防御敌人、确认同胞的拦门仪式在旅游开发后演变为当地苗族人欢迎远方客人的旅游项目之一。

（四）女性地位的变迁

从某种程度来说，少数民族精品文化就是妇女文化。女性感情细腻，更适合旅游服务业。在民族旅游村落发展中，女性参与是必须和必然的。

在德夯鼓舞的表演中频频出现的女性身影和五代女鼓王的光环，更加凸显了女性在德夯旅游活动中的重要地位。德夯旅游开发之前，女子跳鼓舞是一种广受当地人欢迎的娱乐活动，传统的女性跳鼓舞动作几乎涵盖了苗家人所有的生活生产场景，小到起床梳头、扣扣子，大到挖地、打猎、庆丰收，通过鼓舞动作传承他们的生产生活文化，具有教育意义。在德夯旅游业发展中，苗族鼓舞成为浓缩、展现苗家人真实生活的代表性节目。许多女性将跳鼓舞作为自己的专职工作，她们除了要不断提高鼓舞水平和表演技巧，还需要在知识结构、综合素质等方面加以培养。女性是鼓舞的表演者，是鼓舞文化的表现者，是展示给游客特质文化的传播者。旅游无疑为当地女性提供了学习知识、提升社会地位的契机和平台，改变了当地妇女的生活方式。

苗族女鼓王因为拥有很高的社会知名度和很强的旅游参与能力而成为社区的旅游精英。虽然在目前的社区中并没有掌握权力，也没有雄厚的经济实力和崇高的威望，但因为年轻的女鼓王具有较高的知识水平，精力充沛，随着德夯旅游的进一步扩大，她们的影响力将进一步扩大，社会地位会进一步提升。

德夯苗寨中的其他女性还以卖手工艺品和土特产、餐饮服务、开家庭旅馆、作导游、摆流动小摊等方式参与到旅游活动中来。与当地男性相比，女性参与旅游的范围广、人数多，她们与游客的接触面广、接触时间长、交往程度深，活跃于当地旅游业的各个环节，并且在旅游接待中获得的收入大于男性。

可以说，旅游业的发展对德夯女性的家庭地位和社会地位的提升，具有重要意义。

（五）民族民间文化内涵变迁

在德夯旅游发展的最初阶段，旅游者多为当地人，旅游活动处于自发状态，跳鼓舞、会歌等传统活动只是在"百狮会""四月八""三月三歌会""赶秋"等苗族节日自发举行，偶尔成为当地文化学者和旅游者欣赏的对象。游客的增多给当地居民带来了新的经济观念，萌发了他们发展旅游业的意识，他们成立了专门的苗族民间艺术表演队，每天上午进行苗族婚俗表演，下午举行苗族服饰表演，晚上推出大型歌舞节目《苗鼓风韵》，把以苗族鼓舞为代表的各种苗族传统艺术融入到展演中，让旅游者体验苗族文化。

在旅游发展中，为了满足游客求新、求异、求奇的旅游需求，实现文化价值向经济价值的转换，将民族文化以舞台化的形式展示出来，有时会曲解、滥用民族文化，将原生态的民族歌舞按照现代审美改造，改变原民族文化的传承环境、表现及功用，从而使其失去了原有文化的本质特征。如德夯苗寨的梯玛祭祀、还傩愿、八部大王祭等本来只是在特定时间、特定场合、有特定含义的宗教巫术活动，如今在旅游舞台上天天可以看见。德夯民间原本为防御外来人的傩技仪式以及"踩火铧""吞竹签""上刀梯""摸油锅"等民间技艺是"巴岱"的一种仪式，后来逐渐演变为如百狮会、吃新节、重阳节等民间节日的表演项目。现在德夯苗寨的傩技仪式已成为一种谋生方式，只要有游客看，就可以随时上演。虽然这些民间技艺也在以自身的文化逻辑延续、承袭着，但更主要的是在现代旅游语境中以舞台展演的方式展示给游客看。苗族传统文化、艺术功能发生转变,从以前的"娱神、悦己"向"娱人"转化。从表面上看,是对文化的传播与传承;但是实质上,文化的内涵已经发生变迁。

五 民族村落旅游开发引发的主要问题

(一) 社区居民贫富差距拉大

从1986年开发旅游以来,德夯政府投入大量财力物力,通路通电,使部分基础设施得到改善,人民生活水平有所提高。随着旅游业的发展,德夯餐饮、住宿、旅游服务项目迅速兴起。德夯村已由原来的贫穷落后山寨,变成旅游新型村寨。然而,在旅游业蓬勃发展的进程中,居民收入差距却在进一步拉大。

在德夯,只有一条通道通往德夯苗寨景区,位于主干道两旁的居民几乎全部经营旅游业,他们通过出租自家房屋、自主经营店铺、开办旅馆以及农家乐等形式,真正实现了大幅度增收,但距离主干道较远的家庭,由于旅游辐射范围的限制以及距景区较远,没能在土地、房屋、自主经营等方面实现增收,他们所零星经营的项目也只是在游客所经之地摆摊设点,旅游收入相对较少。

旅游资源作为公共资源的一部分,它的开发为村寨带来了收益,有一部分家庭因为居住地占优势而在旅游活动中获得了很多收益,也有一部分家庭因为缺乏资金、技术并且居住地不占优势而不能享受旅游业带来的收益,从而与那些享有旅游业收益的居民拉开了差距。收入差距拉大的最终结果就是经济发展环境被破坏,而经济发展环境一旦被破坏,居民最终也将陷入贫穷。

(二) 民族文化表层繁荣,内涵变质

就德夯苗族鼓舞来说,它最大的特点就是不脱离该民族的特殊生产生活方式,是民族个性、民族审美习惯的"活"的显现,是"民族记忆的背影"。苗族鼓舞有着强大的社会功能:在战场上,鼓舞士气、指挥战斗;在迁徙中,聚集民众,整体迁徙;在定居后,祭祀神物,祈福求吉,指挥生产,娱乐身心。这些苗族鼓舞的文化内涵对游客来说有着独特的吸引力。但是现代游客并不像学者,他们不具备高深的人类学知识，不能理解民族文化中的内涵与深意，并且无责任和使命对旅游目的地的民族文化进行全面和深入的了解，他们只是将这些活动当做猎奇的对象，通过旅游在旅游目的地积累经验、休闲娱乐。

民族文化舞台化就是通过改变地域性、时令性和仪式性的传统文化属性，利用舞台表演方式将民族文化、风俗习惯集中表现出来，以便让游客快捷地了解乡村的文化元素，感受民族特色，感知"原真性"的民族文化。然而，民族文化舞台化有时极大地改变了苗族鼓舞的存在环境，背离了民族文化原生态的特点。许多动作花哨的表演仅是为了增强观赏性，博取游客眼球，吸引欢呼与喝彩，却不再承载任何民族文化的内涵。民族文化舞台化是迎合市场需要的结果，但急功近利的商业追求使民族文化遭受到掠夺性开发，表层的、形式的文化"复兴"掩盖不住深层的、本质的传统断裂，原生态的文化传承被破坏，取而代之的是现代商业性文化的延续。如何有效解决旅游业与民族文化的关系不仅影响到民族文化的保护与传承，同时也会影响民族村落文化旅游的可持续发展。①

（三）门票经济引发矛盾

德夯苗寨旅游的发展经历了由乡镇管理、政府管理到开发商控股，然后再到政府管理的过程。从最初的旅游规划到景区管理一直有社区成员的参与。② 在当地旅游业发展的过程中，从最初的自由出入到后来的"围村售票"，德夯苗寨居民认为游客是来看苗寨的山水资源、民俗风情，于是向开发商提出要以门票分成的方式给苗寨山水资源补偿。而开发商和当地政府则认为门票收入应归旅游公司和政府所有，从门票中获取的利润，部分已经被用于村寨的基础设施建设——如公路、水电、绿化等都是政府和旅游公司承担而非居民承担。居民和开发商、政府就门票收入分配问题产生矛盾，2006 年村民曾堵在村寨门口不准游客进村，景区因此停业一个多月。

---

① 李伟：《民族旅游地文化变迁与发展研究》，民族出版社 2005 年版，第 104 页。
② 刘聚梅：《我国乡村旅游发展实证研究：推拉理论的应用与实践》，北京第二外国语学院 2007 年硕士学位论文，第 9—19 页。

热情好客的村落居民向来被看成是旅游资源的重要组成部分，村落居民的人文形象是旅游目的地形象构成中的重要环节，是旅游目的地的旅游吸引要素之一。① 然而，作为旅游资源中的重要组成部分——村落居民不仅不能从"围村售票"中获得旅游收入，而且要承担诸如环境污染、物价上涨等旅游业带来的负面影响，这必然会引发居民对旅游业出现厌恶、抵制的情绪，不利于旅游业的长远发展。

六　解决民族村落文化旅游发展问题的措施

（一）缩小贫富差距，建立利益保障机制

民族村落文化旅游发展离不开民族村落参与，而旅游收益的合理分配是民族村落参与顺利实现的必要条件，贫富差距的缩小以及共同富裕的实现是旅游业发展的主要目标之一，也是民族村落参与的重要内容。

第一，政府部门应该采取相应措施进行产业结构调整，努力实现经济的多样化，拓宽当地居民的就业渠道和参与旅游的渠道，使其获得收入以及参与旅游的方式多样化。第二，政府应完善旅游征地、拆迁补偿制度，建立基本利益保障机制，将旅游征地、拆迁补偿工作落到实处，使旅游发展不以损害或牺牲村落居民的利益为代价，维护社会心理平衡。第三，政府应积极提供硬件设施和软件条件，如以聘请专家讲座等方式为村寨居民提供提高自身文化素质、系统学习旅游业经营知识的平台。对于那些积极参与旅游发展的居民，可以扶持为典型、树立为榜样，通过榜样带动，引导居民自觉参与到旅游业发展当中来。民族村落居民应相互学习交流，先富帮后富，有经验的帮助没经验的，通过居民自身积极努力学习、实践，逐步缩小旅游收入的差距。

（二）保护民族传统文化，实现文化自觉

旅游的介入，一方面带动了德夯苗民的文化自觉，引导了其对自

---

① 周丽洁、熊礼明：《生态旅游的社区参与型发展道路探讨》，《商业时代》2008 年第 29 期。

身文化的价值肯定——如妇女对其服饰文化的肯定、农家餐馆对苗乡风味的强调等。但另一方面，在外来文化的影响和冲击下，德夯苗族文化的内涵发生了异变。因此，在现代旅游语境下，对苗族传统文化资源的开发、保护及重构，应发掘稳定的文化内核并与当代文化系统整合，使其发挥新功能，焕发新活力。

第一，在旅游项目的设定上，要发挥政府的主导作用，始终坚持以保护为主、以开发利用为辅，在开发利用的同时又不忽视民族文化原真性保护，而且在合理的开发规划下开展，避免盲目的、急功近利式的开发。第二，通过举办各种专题文化活动对民族文化进行活态保护，对苗族"四月八""赶秋"等民俗节日活动要按照传统的模式进行，不能为了迎合游客而擅自改变，破坏传统文化的真正内涵和出现误导性嫁接。第三，民族文化多是通过人的活动传承展现的，在这一意义上，德夯苗寨居民才是民族文化保护的最重要力量。政府应积极引导德夯居民，尤其是年轻人学习和传承民族传统文化——如将民族传统文化知识编入当地学校教材，举办民族文化知识竞赛、讲座等，加强年轻人对传统文化的认知，端正对传统文化的认识，实现文化自觉。

在旅游业发展与民族文化保护的互动过程中，旅游无疑是把双刃剑，但通过保护性开发的途径，解决好文化保护与旅游开发相结合的问题，最终将能实现文化保护与旅游开发的和谐互动。

（三）完善利益分配，寻求旅游共赢

从目前来看，德夯苗寨现有的开发政策和制度，对于企业具有较强的激励性，而对当地居民仅有弱激励性。也正如此，才导致了村落居民和政府、开发商之间的利益冲突。对于民族村落这类特殊社区而言，追求短期经济效益的政绩观或片面追求旅游经济的发展观都是不恰当的。政府作为德夯苗寨旅游业的主导力量，应当建立先富民、后富政，以增加民族村落收益为目标的旅游发展观。

不合理的收益分配制度常常是引发旅游开发矛盾与冲突的直接原因，只有完善以股份制为基础的收益分配机制才能解决各方矛盾。

股份合作制是促进民族村落参与、确保合理收益分配的有效措

施。对于德夯苗寨来说，应该采用收益分成的利益分享方式——即门
票收入按一定比例在政府、公司、村民委员会和村民中进行分配。采
取国家、公司、集体和村民合作的方式，把土地、旅游资源、设施、
资本、技术、民族文化禀赋等量化为股本入股，收益则采用按股分红
与按劳分红相结合的方法进行。政府和企业通过提取公积金进行村寨
基础设施建设与维护、旅游产品的开发与营销、民族文化传承与保
护、环境保护与景观整治等，确保扩大再生产的顺利进行；居民因此
获得收入；对不能直接从旅游中获益却为村寨的环境、文化、景观营
造等做出贡献的村民进行合理补偿。合理的收益分配体现了社区公
平，为旅游的可持续发展营造了公平环境，提供了制度保障。

总之，民族村落文化是民族文化旅游的重要资源，民族文化旅游
又是少数民族地区、少数民族村落成员脱贫致富的最佳选择。因此对
于民族村落文化的保护与传承，对于民族村落文化与旅游开发之间关
系的把握显得尤为重要。只有处理好文化与旅游的关系，才能在保护
中发展，在发展中保护，实现文化、经济并肩发展的美好愿景。

第三节　广西龙脊平安壮寨旅游开发与民族村落文化变迁

一　村落概况

广西龙脊平安壮寨的农业系统是典型的稻作梯田系统。它位于广
西壮族自治区桂林市龙胜各族自治县和平乡的东北部，距离所属的和
平乡所在地 10 公里，距离龙胜县城 21 公里，距离桂林 103 公里。平
安寨地处龙脊梯田的山梁上，是一个典型的大型壮寨，占地约 3 万平
方米，平安寨 3 条沟一共分为 8 个村民小组、191 户、800 人口，其
中"七星伴月"附近的 2 条沟 161 户，713 人。村寨建筑多为传统的
干栏式木楼，为全杉木结构，是桂北地区典型的高脚干栏型建筑，
"之"字型的石板道把全寨各户相连，村寨内外景色怡人。

据当地老人讲，平安壮寨曾经有多个名字。最早从明万历年间
始，平安人的祖先陆续由于战乱等原因从原居地迁来定居，当时该地

野兽多,建房用石头砌墙,屋顶用茅草覆盖,所以叫"茅城"。十三寨时叫"马城"。1933年,该寨参与瑶族起义,起义被镇压后,"马城"寨名被认为过于张扬,于是改为"平瑶寨"。当地人认为这个名字有歧视含义,要求改名。经过起义失败,村民只希望平平安安,于是改名为"平安寨"。平安寨地势较高,位于金江河北岸海拔700米以上的山腰间。西南面是龙脊,北偏东是中禄,东边是二龙,南偏东是二海,由上、中、下三个小寨组成。平安寨前后左右全都被梯田环绕,整个处于景区范围内。旅游开发后一些新建的房屋没有按照传统布局,对村落的原貌改变较大。村中的庙宇在"文化大革命"期间早已被毁,仅存的两只像狮子状的石雕,被移置平安小学门口,没有任何标志。平安寨有几颗被称为活化石的红豆杉,秋季红豆硕果累累,常令游人驻足。平安寨最大的特点是新建的用作农家旅馆的木楼遍布山寨。

二 平安壮寨的典型文化

壮族具有悠久的稻作文化历史,民族风俗伴随稻作文化而生,建筑、饮食、节日、思想观念等都带有农耕文化的色彩。壮族世世代代以种植水稻为生,水稻种植有悠久的历史,显示出其生产智慧。龙脊壮族迁徙过来,开垦荒地,把平地的稻作移到高山,因地制宜,创造和保存了多种野生稻种,积累了因时因地栽种的耕作经验,孕育了独特又丰富的稻作文化。

广西龙脊地区作为旅游景区被规划开发,首要考虑的是梯田这一民俗资源。龙脊梯田是怎么形成的呢?众所周知,壮族的稻作文明有悠久的历史,但龙脊地区的壮族是从明代以后迁移过来的。据地方权威人士记忆,龙脊梯田的开发,始于明朝万历四十年的廖登仁,到清代雍正、乾隆时期基本形成,经历了上百年的时间以及好几代人的不断努力。开始时是廖姓先祖迁居而来,购买当地瑶族人的茶山荒地开山筑田,延金江河流域由平地向高坡发展,先易后难,一代接一代挖掘,直到生成后来的雄浑的梯田群。特殊的地理环境、气候条件及其民族传统等因素共同形成梯田的开垦及其稻作文化的诞生。当时龙脊先民是避难而来，没有更多的选择，只求有一个安身之处，于是以少量的金钱买到大量的荒山野坡后定居下来。湿热多雨的气候、荒山野坡的地形决定了他们不得不在山地开垦适合水稻生长的梯田，并且随着人口的增长这一壮举得以沿袭下来。以至于造就了山连山、岭接岭，绵延不断的梯田群。梯田必然涉及农田的供水，虽然这里降水很丰富，但仅仅靠降水获得更多的收益是不现实的，只有保证充足的水源，才可以让每一块田都有收成。龙脊先民在垦荒挖田前，先要选择水源充足的地方，并通过修渠把山上的泉水引入稻田中，他们在长期的稻作生产中还形成了一套较为完整的合理分配灌溉用水的办法，至今有效。龙脊地区的农业生产因梯田面积狭窄，地势陡，多采用锄耕、耦耕法，多用人力而少用畜力，更没有机械化。新中国成立以后，生产技术得到了很大的提高。平安寨的传统稻种主要有同禾、糯禾等，当地的传统稻作品种因稻秆较高，谓之"高秆"，是由野生稻种培育而来的。除了稻谷，现在的农作物还有玉米、荞麦、红薯、芋头等，玉米和红薯曾经是当地的主粮，现在多用来酿酒，也做为家畜的饲料。

除梯田外，引人注目的是当地的民居，清一色的高脚栏杆，当地人称之为"麻栏"。其建筑的特点是全木结构和高脚楼居，即在高坡上开辟的房基上，立木为柱，穿斗架梁，合板为墙，屋顶盖小青瓦，呈悬山式或半歇山式。内铺板为楼，底层架空，形成高脚木楼。这是壮族另一生活智慧的象征。该地区多是陡峭的山坡，为了充分利用土地，避免占用耕地，房屋建筑者需因地制宜，依坡就势。从低坡处垒砌地基，建成高脚栏杆，同时又做到了人畜分层，节约用地，卫生干净。此外，木楼宽敞、高大，还具有通风干燥、采光好、日照多等优点，是天气潮湿的南方山区独具优势的住房结构。壮族干栏建筑文化是民俗文化景观中常见的标志物，已经成为旅游的主体之一。

在旅游开发后，当地老年妇女基本上穿传统民族服饰，并带坠形耳环；头上的绣花手巾变为买来的印花或提花毛巾，颜色以蓝色和黄色为多；中青年有时穿民族服饰，有时更趋于城市居民装扮，但是去接客的年轻女子也是穿着鲜艳的红色壮式服装并头扎红色提花毛巾，身背背篓去景区售票处等客。传统服饰由老年妇女负责缝制。

龙脊地区的田头路边还有一个风景，就是凉亭，凉亭的建造需要花费更多的木料和劳力，但往往是某一户人家或伙同亲友建的。行人跋涉至此歇息，可坐可卧，乘凉取暖，还可投宿，功能更为多样。

壮族爱歌的习俗众所周知，平安壮寨祖先留下的传统仍然没变。并且有依歌择配的习俗。古壮歌又称"弯歌"，内容为叙述历史、劝解人事、抒发苦情等；酒歌主要是婚嫁寿诞仪式之用，还有幽默歌、情歌等类歌曲。

寨老制在该地区很早就有，据说清代就已经形成，当地人称"波板制"。龙脊地区的寨老制分村寨、联村寨和十三寨三级组织。村寨寨老负责维护本寨社会秩序，主持寨上祭祀、处理家庭内部纠纷。寨老的产生不经过选举，也没有任期，是自然形成的。

历史上，壮族是一个崇祖敬先、团结合作、热心公益、重视家族的传统社会，时至今日，当地基本上还是一个民俗传统保留较为完好的民族区域，这些民俗文化对于当地的社区维护和发展，以及本民族的生存有特殊的意义，也是旅游宣传中重要展示的内容。

三　旅游开发利用状况

龙脊梯田景区是省级旅游区，该景区位于龙胜壮族自治县的东南部和平乡，总面积66平方公里，梯田面积约3.8平方公里，以中禄为分界线分为A、B两个区。其中A区（简称平安景区）包括平安、龙脊、黄洛、金江、金竹等行政村寨，基本上已开发，基础设施与旅游接待设施比较完备，接待能力比较强；B区（金坑景区）包括中禄、大寨、小寨、黄江等行政村寨，处于旅游资源开发初期，除少数寨子被列为旅游接待基地并进行初步建设外，整个梯田资源基本处于待开发状态，景观原始性比较强。两处梯田各有特色，都具有龙脊景观中的精华部分，也都蕴含着丰富的少数民族文化。

平安壮寨是龙脊景区的核心，比较周围其他村寨，其梯田景观最具特色。在龙脊旅游三村中，平安壮寨的开发全面，游客逗留时间长，村民参与旅游服务最普遍，旅游影响最大。龙脊梯田风景区包括整个龙脊地区，但是平安寨拥有最为游客和摄影爱好者看重的梯田组合造型，被视为景区的核心。在平安拍摄的名为"七星伴月"和"九龙五虎"等梯田景观作品曾被刊登在海外报纸杂志上，并获得摄影大奖，这两个景观也就成为龙脊梯田最主要的标志，为平安壮寨制造了广告效应。旅游开发开通了县城到平安寨的柏油公路，大大方便了交通，游客可直奔而来。整个景区以"龙脊"命名，"龙脊"之名随之饮誉海内外，平安反而较少人知。平安壮族梯田是龙脊景区旅游开发最早的，旅游缘起可以追朔到二十多年前。1975 年，有记者首次来到平安并拍照，对外做了宣传。随后常有画家或摄影爱好者去平安寨看梯田，但限于当时公路未通，山高路远，只有少数有体力的人能够欣赏到山寨的美丽。1978 年，龙胜县委宣传部的通讯员郑志带香港朋友去看梯田，并拍照，照片后来在几个国家展出过，于是龙脊梯田被介绍到国外去了。1982 年后陆续有国外游客到龙脊旅游，为平安壮寨和周围壮观的景色所陶醉。随之，国内摄影爱好者和游客也越来越多光临平安，平安寨越来越为外人所知晓。1988 年龙脊梯田景区被确定为省级风景名胜区，在未被开发的名单之列。1993 年，随着龙脊境内交通较为便利的金竹寨的开发，平安的游客也多起来了。龙胜县于 1996 年确定旅游立县的战略后，决定加大对龙脊旅游基础设施的投入和开发力度。1997 年 7 月，龙脊梯田项目在广西旅游工作会议上被纳入重点建设计划。1998 年正式开始大规模开发。1999 年国庆节始，开发后的平安寨正式由县旅游公司经营。平安寨开发后，村民主要通过开办农家旅馆、抬轿子和做导游、出售手工艺品来参与旅游经济活动。这个昔日沉寂的壮族山区成为了一个以旅游为重心的新社区。游客在平安除了看梯田，还可感受这里的传统民俗，比如传统木楼、石板路、壮族歌舞表演、壮族服饰、饮食等民俗。因此，平安寨成为了龙脊景区的主要目的地。

现阶段，平安寨的村民大都参与了当地的旅游业，外出打工的人已经很少了，旅游业带动经商人数的大量增加，从路边小摊、小卖部到小型超市，从日用食品店到旅游工艺品专卖店和小药店骤然增多，旅游在短时间内极大地改变了该村的生活方式，当地非农化生产比例提高，城市化、现代化、商业化的进程加快。

四 旅游开发中平安壮寨村落文化变迁状况

旅游作为朝阳产业被许多地方当做新的经济增长点而加以鼓励，旅游业的发展对地方经济发展影响重大。主要体现在经济结构的变化、就业机会增多、民族和地方传统产业及生产工艺得到发展、村民收入迅速提高、交通等基础设施建设得到加强等几个方面。这使民族村落的生活方式发生了很大的改变，同时，也使民族村落的文化发生了变化。民族地区在旅游开发中，民族风俗作为生活的一部分被加以运用，变成了可以带来市场价值的旅游资源。外部市场文化的种类多样性和市场竞争性，可使内部民俗文化独有性得到凸显。内部民俗文化经过外部市场文化的选择和刺激，其特征和变迁趋势也被反思和研究。

从调查看，当地的民俗旅游资源主要有梯田景观、干栏式民居、壮族服饰及饮食、农民生活方式等等。以下选择几点做简要分析。

（一）龙脊梯田文化变迁

龙脊梯田，是龙脊农民世代开垦的结果，也是主要劳动场所。从历史和地理的角度来说，梯田对于当地农民并不存在审美价值和观赏价值，更多的是劳动的艰辛和收获的寄托。梯田开发者并没料想到它会产生艺术观赏价值。随着旅游资源的开发和大量游客的涌入，当地人才意识到传统文化资源的稀有和珍贵。通过旅游，梯田新的功能产生——即审美作用产生，市场价值得以实现，梯田的经济效益增加而原来的使用价值不断降低，新旧价值实现转化。同样，干栏木楼是平安壮寨结合梯田生产而建造的，并名之"梯屋"，这种生产与生活相协调的民居对于主体本身只是便利，是在长期的生产和生活中经验智慧的积累形成的，其外观是次要的，实用性是主要的，而现在这种建筑已成为主要的景观之一。

（二）民族饮食、服饰文化变迁

民族饮食、服饰在旅游中也是游客关注的内容，当地的风味特色菜、乡野生态食品非常受游客欢迎。当地长在溪边和田坎上的野芹菜、鸭脚菜等是最受游客欢迎的"山珍野味"。本民族的节日食品也成为另一种特色。竹筒饭是过去农民离家干活不便携带饭菜才采用的饮食方式，现当代已经没有做竹筒饭的习惯了，旅游开发后为推出当地的民族风味餐才尝试重新做竹筒饭，很受游客青睐。在步入现代社会后，民族传统服饰在当地已不被重视，在日常生活和下地劳动时已不大穿着，但在旅游表演中这些服饰却成了农民的舞台装，并受到了游客的喜欢。他们甚至愿意出高价来购买。农民纷纷拿出家里老人流传下来的旧式民族服装，用来换取市场价值。市场的需要也刺激农民制作新的民族服饰出售，并带动了当地传统服饰文化的复兴。

（三）壮瑶歌舞文化变迁

壮瑶歌舞在龙脊地区原本是农民自娱自乐的方式，盛行于各村寨，当地人组织一些歌舞用来增添节日气氛。在旅游开发后，这些歌舞成了可以在旅游市场上论价变钱的商品。还有，用于平日应酬的以歌代言的习俗，也被运用成对客人的欢迎和送别。还有的老人为游客唱山歌，然后祈求游客付费。商品意识已经渗透到农民的思想中了，旅游的进入使他们认识到自我文化有了市场交换价值。

五　平安壮寨民族村落旅游开发引发的主要问题

（一）民族民俗文化传承受到影响

民俗文化的价值化吸引了游客的注意，也展示了少数民族自我。但这种民俗文化价值也给当地民俗传承带来了某种程度的破坏。某些在传统社会里有价值的、神圣的东西开始变得世俗化、娱乐化，减少了其曾经存在的价值。比如，当地的梯田，在旅游开发后，很多农民不再用心耕种。特别是一些偏远的梯田被丢荒，甚至崩塌了也无人修整。梯田作为勤劳的民族象征符号，在旅游开发后，反而被丢弃了。

（二）民族传统文化价值未被重视

在现代社会里，民俗文化的价值常常被开发者忽略，甚至被视为"落后""不合时宜"而被贬抑。民俗既不具有考古学意义上的历史价值，也不像自然资源那样显而易见。因此，开发者认为民俗旅游资源为低成本或者是无成本，认为那些当地人的生活方式不会产生价值。只有在对外来游客展示时才会显示价值。当这种看法在开发中被贯彻时，就可能使民俗文化呈现简单化、表层化、平面化、庸俗化等现象，使其原来蕴含的价值得不到体现。比如，干栏木楼的生态学价值和多重功能、龙脊梯田本身所有的生态学价值和稻作文化传统都没有被更深地挖掘和展示，而仅仅停留在形式美的观赏价值层面。这种降低价值的作法，无疑会影响民俗文化旅游的可持续发展。

（三）民族文化多样化和个性化遭遇泯灭的危险

在全球化、现代化的语境下，旅游开发带来的外界的同质性文化造成了地方文化和民族文化及传统文化的变异，几乎使其个性和多样性遭到泯灭。在商品化大肆进入民族旅游村寨之前，当地村民保持着一种自然的生存状态，基本维持着自给自足的生计模式，其经济结构和其传统文化是相协调的。村民重人情、轻利益，节俭、有度、知足、自然；强调利益均衡分配，注意整体和谐而经常忽略个人的得失。社区内部的劳动力和财富的循环流动是和谐的。而旅游把主客双方置于以金钱为标准的买卖关系之中，导致当地村民的行为方式、思想观念都出现了调整。由于商品化的特征是追求利润，其目标是对物质利益的无限追求，因此，伴随商品化的发展，人性中贪婪和掠夺的欲望膨胀，容易造成对资源的破坏。

六　采取的对策措施

旅游开发给民俗旅游村村民带来了新的生机，为传统文化创造了经济价值；同时，旅游所包含的现代化和经济全球化因素也越来越多的进入当地，冲击着原有的文化传统。旅游开发是一把双刃剑，如何切实有效地做到民俗传统的保护与开发，笔者认为应该从政府、旅游企业、当地村民和专家学者等几方面入手。

首先，在政府工作中，要注重发展农村文艺，村民在农闲期间应开展多种文艺活动，多多补充精神食粮；应更新村民观念，在吸收外界新思想、转变旧观念的同时，保持民族核心的价值观和传统文化的优秀部分；应落实民族政策，在民族旅游村的建设中可以通过具体可行的工作实践来履行政府的民族工作职责，使国家的民族政策落实到基层，并把民族经济文化的发展与旅游产业的发展结合起来；要加大对民族旅游村的扶贫力度，调动当地农民的积极性，等等。其次，对旅游企业来说，应该从投资控制、市场着陆、文化导入等几方面来实现政企伙伴与村民的互赢。最后，应该注重专家学者对民族旅游开发研究成果的影响，因为学者的研究能够在宏观层面上对管理民族旅游形成影响，并且在具体操作层面对旅游开发做出贡献。

第四节　云南半坡老寨旅游开发与民族村落文化变迁

一　村落概况

格朗和哈尼族自治乡位于云南西双版纳勐海县东部，东部和东南面与景洪市接壤，西南面和西部与勐混镇相连，西北部与勐海镇交界，北抵流沙河与勐宋乡隔河相望，属纯山区农业乡。

"格朗和"是哈尼语，意为吉祥、幸福、安康。1953 年置格朗和哈尼族自治区，南糯山划入本区，属西双版纳傣族自治区（州）。1957 年置格朗和区，属版纳勐海。1958 年设英雄公社，属勐海县。1961 年置格朗和区，1969 年为献忠公社，1973 年为格朗和公社。1984 年改格朗和区，1987 年置格朗和哈尼族乡。

全乡总面积 312.44 平方公里，平均海拔 1596 米，年均温度 17—18 摄氏度，年均降雨量 1350—1500 毫米。乡政府距县城 28 公里，距景洪 43 公里，辖 5 个村委会 74 个村民小组、3762 户 15836 人（其中农业人口 3504 户 15326 人），哈尼、傣、拉祜、汉为世居民族，哈尼族占全乡总人口的 87.28%。

哈尼族大多居住在海拔 800—2500 米的山区，主要从事农业，茶叶文化尤为发达。格朗和哈尼人居住的南糯山，是饮誉中外的普洱茶主产地之一。逶迤连绵的南糯山，有茫茫的原始森林和独具特色的茶叶文化。在起伏连亘的南糯山中，上百年甚至上千年的古茶树，从山脚顺着坡势蜿蜒向上伸展，层层叠叠，直通茫茫云海，蔚为壮观。普洱茶主产地之一"南糯山""帕沙山"隶属于格朗和乡辖区。南糯山是勐海县与景洪市的分界，帕沙山是勐海县格朗和乡与蒙混镇的交界山。两座茶山承载着格朗和乡哈尼族的所有风俗及特点。创造出以"普洱茶"为代表的哈尼茶文化。

半坡老寨位于格朗和乡南糯山，距乡政府22公里，距景洪市约21公里，距勐海县城23公里。它位于南糯山山腰，地势较高，村落依山分布，适宜种植茶叶等农作物。1995年前，半坡老寨共有132户居民，数百人。后因茶叶地重新划分，部分村民搬迁到了离高产台地茶更近的茶叶新村，俗称叫半坡新寨。所以，原寨子就被称为半坡老寨。老寨子的人口大大减少，现仅有一个村民小组，农户27户，其中乡村人口130人，男性56人，女性74人，居民绝大多数为哈尼人（哈尼族的威朗阿谷支系）。只有几个入赘的或者嫁过来的外族人。全村人大多为专职从事茶叶生产的茶农。

半坡老寨的村民以种茶为主要经济来源，全寨共有3000亩老茶树，200亩台地茶，由于人少茶多，人均占有的老茶树相对其他寨子较多。近几年茶叶价格飙升，在盛产老树茶的半坡老寨，茶叶生产已成为当地的支柱产业。所以半坡老寨在南糯山算得上是比较富裕的寨子。

二 典型文化

（一）语言文化

哈尼族有自己的语言，属汉藏语系藏缅语族彝语支。内部可分哈（尼）僾（尼）、碧（约）卡（多）、豪（尼）白（宏）三种方言和若干土语。哈尼族原无文字，20世纪50年代曾创制了一套拼音文字，今仍在试行中。

半坡老寨村民的日常用语为自己的民族语言——哈尼语。但哈尼语没有对应的文字，通用汉语文。除了少部分老年女性外，村民基本上都能够使用汉语与外界进行沟通。这个汉语是指与景洪话相近的本地汉语方言。在 2009 年的调查中，81.8% 的村民表示会讲本地话，表示会讲普通话的有 95.5%。

（二）饮食文化

哈尼族饮食文化丰富多彩，别具特色。哈尼族以大米、玉米为主食，喜欢吃酸、辣食品，善腌酸菜。采用各种野菜做汤，用带有香味的叶子放在蔬菜中做调味品。哈尼族嗜酒喜茶，请客办席已具规模，用料广泛，技艺较高。

半坡老寨也和其他哈尼族一样，传统历法把一年分为冷季、暖季和雨季，每季 4 个月。在一年之中有过两个年的习惯，一个是十二月年，一个是六月年。十二月年是农历十月的第一个属龙的日子，历时五六天，主祭天神和祖先。届时，每家杀一只大红公鸡，就地煮食，不得拿入室内。家庭每个成员吃一块，出嫁的姑娘不得食。从第三天开始，每天下午都要举行盛大的"资鸟都"活动，即全寨人同饮团结、幸福的酒。全寨分为三组，每组轮流一天作东，日将偏西，当家男子在锣鼓声中，将美味佳肴以及高粱焖锅酒端到街心，顺序摆在早已铺好的长蔑笆上。有的大村寨的筵席长达百米，各户当家男子围席盘脚就宴，各家各户争相拿出自己的好菜，按规矩边饮边舞。

竹筒煮汤和卵石煮汤，是西双版纳哈尼族食品中特色最鲜明的菜肴。

（三）服饰与建筑文化

哈尼族的服饰，因支系不同而各地有异，一般喜欢用藏青色的哈尼土布做衣服。男子多穿对襟上衣和长裤，以黑布或白布裹头。妇女多穿右襟无领上衣，下身或穿长裤或穿长短不一的裙子，襟沿、袖子等处绣五彩花边，系绣花围腰，胸佩各种款式的银饰。

格朗和一带的妇女，下穿短裙，裹护腿；胸前挂成串的银饰，头戴镶有小银泡的圆帽。妇女在服装和装饰上区别是否已经结婚，有的以单、双辫区分，有的以垂辫和盘辫区分，有的以围腰和腰带的花色区分等等。

格朗和哈尼族多居住在半山腰，依山势建立村寨，住的是竹木结构的楼房，旁设凉台，别具一格。哈尼族称其传统建筑为"拥戈"。这是一种形似傣族竹楼的干栏式建筑，一楼一底，楼上住人，楼下四周无遮拦，仅设木栏竹篱，用来关畜禽、安放舂米的石碓或堆放杂物。楼室层下为木柱架空层，楼梯为木质结构，房顶多盖草排或竹片。

（四）节庆文化

勐海县的哈尼族，也有过正月年、端午和中秋等节日的习俗。正月年过三至五天，有条件的人家杀猪祭祖，初一吃汤圆，亲友之间互相宴请。端午和中秋节大体同汉俗，但同时也有本族的盛大节日。半坡老寨的哈尼人主要过三个节：一月二日至四日的"嘎汤帕节"；三月茶叶冒尖时的"红秀节"；七月份的"那苦扎节"（又叫"打秋千节"）。"嘎汤帕节"是哈尼人一年中最后一个节日（有时是来年的第一个节日），也是最隆重的一个节日。1987 年 7 月，西双版纳傣族自治州根据哈尼族的意愿，将"嘎汤帕节"定为哈尼族年节，节期为公历 1 月 2 日至 4 日，共三天。过"嘎汤帕节"时，要舂制糯米粑粑，举行祭祀活动，还开展多种文体活动。过节期间也可以拜访亲朋好友。每到一个好友家里做客，第一口吃的必须是糯米粑粑，哈尼族称其为"阿培老赞"，意思是"新年第一口"。

（五）婚姻和家庭

半坡老寨的哈尼族恪守民族传统，七代以内不通婚，实行"一夫一妻"的家族外婚制。哈尼族青年男女在社交活动中自由恋爱，到双方决定要结婚的时候，才由男方请媒人向女方正式求婚，经过媒妁订婚后才正式举行婚礼。传统的婚姻主持人为"龙把头"，现在村民结婚的主持也会请自己家族内的老人。婚礼的时候，主持人将鸡蛋分成两半，诵念祝词，让新郎新娘各吃一半，这样，婚姻关系就算得到村寨承认了。

（六）宗教与社会组织

哈尼族原来有"鬼主制度"，这是一种部落首领与宗教祭师二位一体的氏族部落制。每一哈尼氏族有小鬼主，部落则有大鬼主。这种制度在半坡老寨的哈尼族则是以"龙把头"的形式存在。哈尼族称"龙把头"为"追玛","龙把头"是汉族人的称谓。"龙把头"既管理村寨事务,又主持宗教活动,是集政教职责于一身的人物。每个村寨都有"龙把头",他在全寨中享有较高的声望。此外,一些寨子还有"小龙把头"。"龙把头"在早期是世袭的。以前的"龙把头"支配着全村的生产和宗教祭祀活动,享有一定特权。如农忙时节让村民为"龙把头"无偿耕种,村民猎获野兽时要将一条前腿献给"龙把头"等。现在这种特权已经不存在了,"龙把头"主管的范围也只局限于祭祀了。寨中现在也没有其他的民间组织,基本上所有的事务都是由以小组长为首的村干部来牵头,村民有事大多找村干部。

三 旅游开发利用状况

很早之前,半坡老寨周围森林茂密,交通很不便利,茶叶外运只能靠马帮。由于当地茶叶的品质优良,大量的马帮会在每年的农历十月之后进入村庄,将茶叶驮到思茅、勐海、勐腊等地贩卖,还有些大型马帮直接就将茶叶驮到东南亚的许多国家去了。南糯山的老人说:"普洱当地虽然有茶叶,但口感远不及南糯山的大树茶。普洱人正是靠着南糯茶山的茶叶,制作出了闻名中外的优质普洱茶。当然,普洱茶的兴旺也带动了南糯山的富裕。"

南糯山茶园总面积有 2 万多亩,其中古茶园 1 万多亩。古茶树主要分布在几个自然村,其中比较集中的是:半坡寨有茶园 4200 亩,古茶园 3700 亩。竹林寨有茶园 2900 亩,古茶园 1200 亩。姑娘寨有茶园 3500 亩,古茶园 1500 亩。

南糯山半坡老寨以其 800 年栽培型古茶王树有力地证明了"中国是茶树的原产地,也是最早利用茶树的国家"。南糯山半坡老寨被当地人称作"云南古茶第一寨"。如今,在茶园生长着一株树龄超过 800 年的栽培型茶树王,树高 5.5 米,树幅 10 米,主杆圆周 1.4 米,形状奇特,茶素含量高达 30%,比一般栽培型茶树含量高。

2003 年之后,普洱茶市场迅速繁荣,茶叶价格飙升。由于拥有树龄约 800 年的"茶树王",半坡老寨声名鹊起,吸引了众多中外茶商前来观光、购茶。半坡老寨的茶叶价格不断攀升，成为南糯山各村寨茶价的标杆。

半坡老寨环境清雅，溪流潺潺，林木青葱，其周边还分布着大大小小的哈尼族的寨子和上万亩的古茶园，这些资源吸引了旅游者的眼球。从2002年开始，半坡老寨就开始出现一些游客。随着后来普洱茶不断升温，拜访茶树王及南糯山的游客也越来越多。2004年，西双版纳国际旅行社租用半坡老寨最高处的田地修建了探险俱乐部，开始接待一些户外运动者和散客，这是半坡老寨的第一个旅游接待点。除了这个俱乐部外，西双版纳还有许多其他的探险俱乐部组织游客到南糯山进行探险活动。一般的南糯山环线游的线路为景洪—向阳寨—南糯山小学—石头寨—多依寨—半坡新寨—古茶树林—半坡老寨—竹林村—向阳寨—景洪。

现在的南糯山还并不完全是一个团队旅游的接待地，还有部分自助游客。和户外运动爱好者不同的是，自助游客进入南糯山的途径并不一定是步行，他们到半坡老寨的目的更多地是为了看茶、买茶，了解哈尼族文化。

随着游客的不断增长，勐海县旅游局也开始关注半坡老寨的旅游发展。从2007年3月开始，勐海县旅游局开始让半坡老寨居民帮忙统计每天来半坡老寨的游客。如果有游客在寨中住宿，村民一般都会告诉统计负责人。

"茶树王"为半坡老寨开才家所有。随着拜访茶树王的游客增多，开才家对"茶树王"方圆数百米的区域进行了改造，增加了一系列的接待设施。2008年，开才家用木头和石棉瓦搭起了烧茶的棚子，专门烧茶水给游客喝，同时也摆上茶饼出售。他家还在竹亭和"茶树王"之间的小路边修建了竹制的观景台。2009年又建成小木屋。近两年来，村里也出现了家庭旅馆，也有了半坡老寨村民小组组长批朱办起的具有接待标准的唯一的"农家乐"。

在南糯山脚下的茶叶市场、在去往"茶树王"的路上、在"茶树王"的旁边，都可以看到摆着自制茶饼兜售的村民。旅游像一股清风吹入了半坡老寨，人们看到了茶商以外的销售对象。但对于游客带来的其他好处（如食宿收入等），村民并无太多的认知。总体来说，半坡老寨的旅游开发还处于初级阶段，整体参与旅游的程度还不是很高。

四 旅游开发中村落文化变迁状况

依托"茶树王"的名气，拥有大量古茶园的半坡老寨已经成为很多茶商关注的焦点，其茶叶收入非常可观。自 2005 年开始，21 户的年平均收入就在六七万元之间。哈尼族的生活水平也得到了很大的改善。随着茶叶旅游的发展，老寨人的文化观念也在发生着较大的改变。

（一）神山、神树不再"神"

老寨中的哈尼族自古以来就有对山神、树神的崇拜，在以茶为生的茶农心中，古茶山和茶树是保佑他们世代丰衣足食的象征，绝不允许任何人对之不敬。南糯山上万亩的古茶园中生长着许多上百年的古茶树，尤其是"茶树王"，一直受到当地人的膜拜与祭祀。但随着茶叶经济的急速发展，越来越多的客商和旅游者纷至沓来，在以物质利益为主导的观念下，老寨村民的信仰出现危机，只要你多给钱，村民就会把你带到自家的古茶树前允许你采摘甚至爬树合影。属于开才家的古"茶树王"，人们甚至可以折一枝带回去留念。徒步探险南糯山，村民积极当向导，以图挣钱。这些神山、神树已在村民心中失去了意义，神山、神树已不再"神"。

（二）寨门已不立、不关

南糯山的哈尼族以前每年都有立寨门活动和相关仪式，寨门叫做"龙巴门"。龙巴门为木质，门前有童男童女木雕，并各有一只木狗相伴。同时，木头门上挂满了木剑、木枪和其他一些标志。哈尼族认为龙巴门是一道保护符，门内是寨子，门外是灾难和疾病。

以前，在保持原寨门的基础上，每年都在原有的寨门之外再立一个，每个村寨入口处都有很多道龙巴门。但是现在沿着南糯山公路的几个村寨都只有一道龙巴门了。因为哈尼族已经不像以前一样每年都会竖新的龙巴门了，只是对现有的龙巴门进行修缮。在南糯山，有些寨子的龙巴门甚至变成了铁质门，坚固到不用修缮。竖龙巴门在每年阴历三月举行。那天，全寨子都要停止农事活动，全部成年男子都要在"龙把头"的带领下竖龙巴门。但是现在没有了。除了竖龙巴门，以前的祭谷神、灭虫祭祀、赶鬼出寨等其他集体宗教活动，也不多见了。

半坡老寨还有一个传统，每当有人去世，寨门就会封闭，一切外来的人都不可以进入，本寨子的人也不准外出。由于茶叶贸易和旅游的原因，这个习俗已经做了调整。时代的发展使得南糯山半坡老寨不能够一直按照原来的传统随时封闭寨门。半坡老寨村民也就此做出了改变，非本民族的人在封寨门的时候可以进入村寨，可以继续做茶叶生意，游客也可以继续他们的行程。

（三）新老节日的更替

在半坡老寨有一个盛大的节日"茶叶节"。这是近些年才有的新节日。目前，这个节日已成为当地最大规模的节庆活动，远远超过传统节日。随着茶叶经济的发展，以茶为中心的文化活动经常在半坡老寨举行。每到这样的日子，村民们就要身穿民族服装，唱歌跳舞，参加活动。如在 2009 年半坡老寨举行的"斗茶大赛"，就吸引了无数游客。

也有一些传统的哈尼族节日不见了影子，比如以前每年秋收时候的"哈夕扎"——新米节就完全消失了。"哈夕扎"由"龙把头"主持。他首先宴请寨子村民尝他家的新米，然后村民各自回家尝自家新米。尝新活动后，人们便正式投入秋收，开始收割。现在已经不过这个节日了。

在外来的冲击以及茶叶带来高额经济收益的同时，整个村寨陷入了一种唯物质利益至上的状态。当被问及民族信仰时，大部分村民都表示"不清楚"或"不认为自己有什么信仰"，只有"龙把头"等少数几个人认为他们的信仰是"万物有神"。哈尼族原有的祖先崇拜，现在也基本上不同于从前了，如原来供奉于女室之内的祖先灵位已经随着男女分室格局的结束而消失了。

五 民族村落旅游开发引发的主要问题

半坡老寨的村民围绕着以茶为主的生产生活，开始有了新的交往对象——如旅游经营者、游客、旅游参与者等。旅游在与地方社会的互动中涉及各种利益群体，不同的利益群体在不同的利益取向下，对同一件事情会表现出不同的反应。在旅游逐渐发展的过程中，南糯山半坡老寨也遇到很多问题，表现为以下几个方面。

（一）和谐的环境被打破

南糯山半坡老寨的旅游开发虽然晚，但势头很猛，普洱茶的暴涨又起了推波助澜的作用。茶商、小商小贩、团体客户、散客蜂拥而至，让原本宁静的村寨一下子措手不及。外来者的强制踏入让千百年来的生产生活方式发生了根本性的改变，很多人难以适应。半坡老寨的"地方性"失落了，村民的生活越来越背离传统。同时，寨子各户之间的利益关系开始复杂化，矛盾、冲突开始多样化。虽然半坡老寨的旅游开发尚处于初始阶段，寨子内部与开发企业之间的利益冲突尚未突显，但通过观察寨子内部一些决策事件仍然可以发现，矛盾的"潜在点"已经出现。

（二）物质文化的异化

居住文化是物质文化中的典型代表。近年来，当地民居的材质开始发生变化，普遍采用木材和砖泥建房，竹子和茅草很少使用，房屋的瓦片开始出现亮瓦，屋子的主梁也开始换成了钢筋水泥。村民普遍有兴建汉式住房的想法。半坡老寨的房子多是依山而建，那些鲜亮颜色的屋顶与闪闪发亮的太阳能热水器显得很是醒目。房屋形式的改变直接影响了居住空间的分化，从而导致了生活习惯乃至生活思维的变化。干栏式建筑的传统空间格局是以火塘为中心的公共生活空间和其他"物化"空间的二元对立，主人的饮食起居围绕着火塘，而从事生产的工具（包括农具和牲畜）被放在楼下。现在，传统的空间已然被打破，形成了多元对立。经济条件越好的家庭，空间分割的就越精细，隔阂也就越来越深。

在半坡老寨，房子无论大小新旧，每家都有电视机，不少人家有全套的家庭影院。每天劳作回来很少在一起聊天了，都是回到自己的家里，打开电视，直到晚上十一二点睡觉。这样的生活和都市人十分相似。当生计模式和传媒方式使得地方性作息时间和世界标准时间渐渐对接时，一切都和以前不一样了。

（三）茶商与旅游者的对立

茶商以收茶为业，只有当半坡老寨的茶叶质量有保证时才能够快速销售出去。因此，他们很重视当地茶叶的质量和当地的茶叶市场。对于旅游开发，部分茶商持反对意见。因为游客进入半坡老寨买茶时，会给予村民较高的价格，让村民尝到了直接销售的甜头。而村民并不能理性地区分"批发"和"零售"两种交易方式的不同价格，会以零售的价格来要挟大批量收购的茶商。所以，茶商将游客的散户买茶视为"扰乱茶叶市场"。实际上，原来茶商和村民之间交易时茶商占有较大优势，现在游客进来，茶叶的销售渠道增加了，村民减少了对茶商的依赖，使得茶商在价格博弈中的优势地位明显被削弱。因此，他们对旅游开发和外来游客存在一定的抵触情绪。

六　解决民族村落旅游发展问题的措施

南糯山半坡老寨村民，世世代代都离不开茶，他们为茶忙碌了几个世纪，终于因茶而走上了富裕。极具特色的茶叶旅游已经开始在寨子生根发芽。如何让旅游进一步带动茶叶生产的发展，已成为重要议题。

（一）要让旅游带动发展的观念深入人心

半坡老寨村民对旅游及旅游开发所持的不同态度带有浓厚的利益取向。刚开始，大部分村民陶醉在茶叶这个能为他们带来巨大经济效益的产业，对游客的到来并没有投入很多的注意力，仅有少部分先知先觉的精英人物，开始寻思茶叶以外的生财之道。当茶叶市场开始出现波动，"茶叶泡沫"开始破裂的时候，一些村民才开始将部分注意力转向茶叶经济的附加项目——旅游。还有一些人仍保持着对茶叶市场的"坚定信念"，不愿意分散精力到利润不大的旅游业中。很多村民看重旅游开发并不是真的想通过旅游获得发展，而是想通过旅游带来的大量人流去宣传半坡老寨的茶叶，从而带动茶叶销售和经济利益的提高。他们只是把旅游当作茶叶经济的助推器，并没有从内心深处重视旅游业。

（二）要让政府积极参与旅游开发

在旅游发展过程中，作为行政主体的政府往往有能力对旅游市场进行干预和规范，因此，政府的行为是否及时、得当，会对当地旅游市场产生直接影响。2008 年年末，某个探险俱乐部提出承包半坡老寨的空闲宅基地与村民进行联合旅游开发，很多对旅游发展潜力有信心的村民表现出了很高的积极性，明确表态支持这种开发。但是，接受项目申请的政府并没有做出明确表态，作为村寨代言人的村寨组长也没有对此积极回应。2009 年，该俱乐部又把度假区建设思路——《关于在南糯山村委会半坡老寨开发建设乡村旅游项目的请示》上交给了勐海县旅游局，也未见任何回应，因而部分村民对政府的行为表示不理解。

（三）要提高村民的参与度

弱参与层次中的居民主要为旅游发展提供劳力、简单服务和少量物资——例如提供特色歌舞表演、提供本地农副产品等。弱参与是参与的初级层次。半坡老寨的旅游发展尚处于探索和参与阶段。但从目前游客数量的逐年递增、半坡老寨在众多户外爱好者中日益良好的口碑来看，未来半坡老寨还将迎来更多的游客，从而可能进入发展期或者巩固期。然而，村民的步伐却跟不上旅游发展的需要。老寨村民参与旅游的方式还只是表演哈尼族的民族歌舞，将自己种植的各种蔬菜、瓜果和饲养的家畜、家禽卖给饭店，供游客食用。虽然村民在一定程度上参与到了南糯山的旅游发展中，但他们只能通过向旅游者（或中间商）出卖物品或简单劳动力来获取一些短期利益。这一层次的参与更多注重经济层面，对于唤起村民对本民族的民族认同以及对传统文化复归没有什么作用。

七 结语

在以茶叶经济为主体的半坡老寨，村民或透过茶叶经济的发展看待旅游，把它作为茶叶经济的"助推器"；或任由茶叶经济发展而蒙住双眼不愿"瞥一眼"旅游。旅游业也许会像茶叶经济一样成为每个村民都关注的焦点，也许依旧只是一种茶叶经济的附加值与"助推器"，但不管怎样，旅游开发在村落引发的资源保护的意识和文化传承的观念将在一定程度上防止村落在发展中迷失自我。

参考文献

1. 吴必虎、余青：《中国民族文化旅游开发研究综述》,《民族研究》2000 年第 4 期。

2. 金毅：《论民族文化旅游的开发》,《中南民族大学学报》(人文社会科学版) 2005 年第 4 期。

3. 张成渝：《村落文化景观保护与可持续发展的两种实践——解读生态博物馆和乡村旅游》,《同济大学学报》(社会科学版) 2011 年第 3 期。

4. 余青、吴必虎：《生态博物馆：一种民族文化持续旅游发展模式》,《人文地理》2001 年第 6 期。

5. 吴承忠：《浅析鄂西土家族民俗文化的旅游价值》,《旅游学刊》1997 年第 2 期。

6. 卢天玲、王挺之：《论彝族毕摩文化的旅游价值及其开发方式》,《贵州民族研究》2006 年第 5 期。

7. 黄亮、陆林、丁雨莲：《少数民族村寨的旅游发展模式研究——以西双版纳傣族园为例》,《旅游学刊》2006 年第 5 期。

8. 余压芳、邓建：《西南少数民族村寨景观的低碳性研究——以梭嘎生态博物馆为例》,《贵州民族研究》2010 年第 4 期。

9. 彭华：《民族旅游开发的影响因素及开发模式》,《中南民族大学学报》(人文社会科学版) 2002 年第 2 期。

10. 焦世泰：《边远少数民族贫困地区民族村寨旅游开发研究——以贵州黔东南西江苗寨为例》,《资源开发与市场》2012 年第 10 期。

11. ［英］阿雷恩·鲍尔德温、布莱恩·朗彻斯特等：《文化研究导论》，陶东风等译，高等教育出版社 2004 年版。

12. 龚胜生、何小芊：《旅游地文化变迁与整合的文化地理学透视》，《华中师范大学学报》（自然科学版）2007 年第 3 期。

13. 郭敏刚、刘艳明、胡庆山、王健：《村落农民体育与村落文化的关系及其作用机制》，《武汉体育学院学报》2009 年第 6 期。

14. 杨鹍国：《民族村落文化：一个"自组织"的综合系统》，《中南民族学院学报》（哲学社会科学版）1992 年第 6 期。

15. 覃德清：《中国文化概论》，广西师范大学出版社 2002 年版。

16. 伍锦昌：《旅游开发与民族文化变迁——以广西龙胜各族自治县龙脊平安壮寨为个案》，广西师范大学 2005 年硕士学位论文。

17. 刘艺兰：《少数民族村落文化景观遗产保护研究——以贵州省格江县宰荡伺寨乃例》，中央民族大学 2011 年博士学位论文。

18. 吴宗友：《黄山市文化旅游资源漏损问题暨开发的动态模式研究》，《经济问题探索》2005 年第 12 期。

19. 陈一帆：《旅游区的商业行业》，《生态经济》2002 年第 10 期。

20. 王茂强：《贵州喀斯特山区农村社区参与乡村旅游开发模式研究》，贵州师范大学 2006 年硕士学位论文。

21. 陈友莲：《"旅游飞地"对旅游扶贫绩效的影响及其防范》，《市场论坛》2011 年第 12 期。

22. 孙九霞、张倩：《旅游对傣族物质文化变迁及其资本化的影响——以傣楼景观为例》，《广西民族大学学报》（哲学社会科学版）2011 年第 3 期。

23. 恰亚诺夫：《农民经济组织》，中央编译出版社 1996 年版。

24. 刘云：《论民族文化旅游中的舞台真实》，《云南财贸学院学报》（社会科学版）2007 年第 2 期。

25. 刘丹萍：《旅游凝视——从福柯到厄里》，《旅游学刊》2007 年第 6 期。

26. 杜聪贤：《基于旅游凝视理论的民俗文化变迁研究》，《经济视角》2011 年第 8 期。

27. 把多勋、王俊、兰海：《旅游凝视与民族地区文化变迁》，《江西财经大学学报》2009 年第 2 期。

28. 刘敏、刘春凤、胡中州：《旅游生态补偿：内涵探讨与科学问题》，《旅游学刊》2013 年第 2 期。

29. 盛邦和、梁漱溟：《"乡村建设"思想及其发展观叙论》，《江苏社会科学》2007 年第 3 期。

30. 姜克银：《新农村旅游开发建设中宁夏回族村落民俗文化变迁与保护研究》，《宁夏党校学报》2012 年第 3 期。

31. 韦仁忠：《关于民俗变迁、文化整合的新思考——甘肃省天祝县汉、藏民族杂居村落藏族生活变化探微》，《甘肃联合大学学报》（社会科学版）2008 年第 7 期。

32. 许然、朱竑：《近年来中国文化变迁研究进展述评》，《中南民族大学学报》（人文社会科学版）2006 年第 11 期。

33. 张勇、古明明、Dwright Perkins：《文化变迁、制度演进与改革和发展——制度与文化变迁视角的社会发展机制和改革发展比较分析》，《北方论丛》2008 年第 5 期。

34. 吴茂英：《旅游凝视：评述与展望》，《旅游学刊》2012 年第 3 期。

35. 王凤仪、鲁峰：《基于舞台真实理论的寿县古城旅游开发研究》，《皖西学院学报》2011 年第 10 期。

36. 容观：《关于文化和文化变迁的研究——人类学方法论研究之四》，《广西民族学院学报》（哲学社会科学版）1999 年第 1 期。

37. 刘爱利、刘家明、刘敏：《国外飞地旅游研究进展》，《人文地理》2008 年第 1 期。

38. 成海：《"旅游凝视"理论的多向度解读》，《太原城市职业技术学院学报》2011 年第 1 期。

39. 于祥远：《掮客在旅游世界中的功能及其角色演化》，东北财经大学 2012 年硕士学位论文。

40. 刘安全：《旅游与民族地区社会文化变迁研究评述》，《贵州民族研究》2011 年第 1 期。

41. 鲁明勇：《旅游产权制度与民族地区乡村旅游利益相关者行为关

系研究》，《中南民族大学学报》（人文社会科学版）2011 年第
3 期。

42. 伍先福：《基于利益主体理论的古村落旅游开发研究》，湘潭大学
2007 年硕士学位论文。

43. 刘静艳：《从系统学角度透视生态旅游利益相关者结构关系》，
《旅游学刊》2006 年第 5 期。

44. 吕宛青：《利益相关者共同参与的民族旅游区家庭旅馆经营及管
理模式研究》，《思想战线》2007 年第 5 期。

45. 唐晓云、赵黎明：《农村社区生态旅游发展分析——基于利益相
关者理论》，《西北农林科技大学学报》（社会科学版）2006 年第
3 期。

46. 吴旬：《土地价格、地方政府竞争与政府失灵》，《中国土地科
学》2004 年第 2 期。

47. 陈东芝：《民族旅游地居民对文化景观变迁的感知研究》，《湖州
师范学院学报》2011 年第 1 期。

48. 窦开龙：《神圣帷幕的跌落：民族旅游与民族宗教文化的世俗化
变迁——以甘南拉卜楞为个案》，《宁夏大学学报》（人文社会科学
版）2009 年第 6 期。

49. 贺能坤：《旅游开发中民族文化变迁的三个层次及其反思——基
于贵州省黎平县肇兴侗寨的田野调查》，《广西民族研究》2009 年
第 3 期。

50. 董志强：《青海藏族服饰成因的初步探讨》，《青海师专学报》
（教育科学）2003 年第 4 期。

51. 热贡多杰卡：《略谈甘南藏族的风俗习惯》，《中国藏学》1993 年
第 3 期。

52. 毛成林：《乡村旅游业文化发展的思考与对策——以尖扎县坎布
拉镇直岗拉卡村为例》，《青海师范大学学报》（哲学社会科学版）
2011 年第 5 期。

53. 吕达、唐卫东：《论旅游对民俗的影响——以泸沽湖摩梭族文化
为例》，《知识经济》2009 年第 10 期。

54. 刘相军、杨桂华：《传统文化视角下的社区参与旅游收益分配制度变迁机理研究——以梅里雪山雨崩藏族村为例》，《旅游论坛》2009 年第 3 期。

55. 罗永常：《民族村寨旅游发展问题与对策研究》，《贵州民族研究》2003 年第 2 期。

56. 徐燕、吴再英、陆仙梅、陈洪智、石贤昌：《民族村寨乡村旅游开发与民族文化保护研究——以黔东南苗族侗族自治州肇兴侗寨为例》，《贵州师范大学学报》（自然科学版）2012 年第 4 期。

57. 凌纯声、芮逸夫：《湘西苗族调查报告》，商务印书馆 1947 年版。

58. 彭延炼、张琰飞：《民族地区非物质文化遗产保护的重要途径：旅游开发——以湘西苗族鼓舞为例》，《旅游资源》2009 年第 3 期。

59. 王昌海、吴云超、温亚利：《少数民族地区旅游收入农户间分配实证研究——以湘西州苗寨景区德夯村为例》，《林业经济问题》2011 年第 2 期。

60. 明跃玲：《乡村旅游语境下民间技艺的变迁——基于湘西德夯苗寨的个案分析》，《中南民族大学学报》2010 年第 11 期。

61. 曾宪军、谭卫华：《论乡村旅游中的资源配置及原则——以湘西德夯苗族民俗文化村为例》，《怀化学院学报》2008 年第 9 期。

62. 明跃玲、刘俊亮、李乐：《论乡村旅游中社区参与的文化调适——基于湘西德夯苗寨的研究》，《内江师范学院学报》2011 年第 3 期。

63. 罗永常：《乡村旅游与农村经济互动持续发展模式与对策探析》，《贵州师范大学学报》（自然版）2005 年第 4 期。

64. 杨昌才：《中国苗族民俗》，贵州人民出版社 1990 年版。

65. 彭兆荣：《旅游人类学》，民族出版社 2004 年版。

66. 何丽芳：《乡村旅游与传统文化》，民族出版社 2004 年版。

67. 百度百科：http://baike.baidu.com/view/3254166.htm。

68. 云南数字乡村：http://www.ynszxc.gov.cn/。

69. 孙九霞：《传承与变迁—旅游中的族群与文化》，商务印书馆2012 年版。

70. 王清华：《哈尼族的迁徙与社会发展—哈尼族迁徙史诗研究》，《云南社会科学》1995 年第 5 期。

71. 门图：《格朗和幸福吉祥的哈尼山》，《今日民族》1994 年第 3 期。

72. 中国乡村网：http：//www. zgxc. org. cn/。

73. 勐海县旅游局网站："云南古茶第一村—南糯山"，http：//www. mhtravel. cn/。

74. 李忠泽：《再论旅游与社会的互动关系》，《北京第二外国语学院学报》1996 年第 3 期。

75. 孙九霞：《社区参与旅游对民族传统文化保护的正效应》，《广西民族学院学报》2005 年第 4 期。

76. 杨圣敏、丁宏：《中国民族志》，中央民族大学出版社 2003 年版。

77. 宋蜀华、陈克进：《中国民族概论》，中央民族大学出版社 2001 年版。

78. 林耀华：《民族学通论》，中央民族大学出版社 1997 年版。

79. 曹端波：《旅游发展中民族文化的保护与开发》，《贵州社会科学》2008 年第 1 期。

80. 何景明：《边远贫困地区民族村寨旅游发展的省思——以贵州西江千户苗寨为中心的考察》，《旅游学刊》2010 年第 2 期。

81. 谈国新、钟正：《民族文化资源数字化与产业化开发》，华中师范大学出版社 2012 年版。

82. 王虹：《民族村寨文化空间保护与旅游可持续发展新探》，《哈尔滨商业大学学报》（社会科学版）2011 年第 5 期。

83. 来仪等：《西部少数民族文化资源开发走向市场》，民族出版社 2007 年版。

84. 陈麦池、黄成林：《古村落型文化遗产旅游地历史保护体系、原则策略》，《华侨大学学报》（哲学社会科学版）2011 年第 2 期。

85. 李娜：《旅游开发中的民族传统文化保护》，《新疆社会科学》2011 年第 4 期。

86. 薛群慧：《民俗旅游村：活态文化保护与开发的一种载体》，《思想战线》2007 年第 3 期。

87. 宋志伟、徐永志等：《民族文化遗产旅游保护性开发探讨》，《中央民族大学学报》（哲学社会科学版）2011 年第 1 期。

88. 蒋秀碧、刘沙等：《民族村寨旅游的保护性开发研究——以攀枝花迤沙拉村为个案》，《中国商贸》2010 年第 18 期。

89. 李宏、李伟：《论民族旅游地的可持续发展》，《云南师范大学学报》（哲学社会科学版）2010 年第 1 期。

90. 高峻：《旅游资源规划与开发》，清华大学出版社 2007 年版。

91. 刘晖：《民族旅游学》，民族出版社 2009 年版。

92. 郑玉玉：《旅游与文化生态保护研究进展》，《云南地理环境研究》2012 年第 2 期。

93. 余压芳：《景观视野下的西南传统聚落保护——生态博物馆的探索》，同济大学出版社 2012 年版。

94. 马炜、陈庆德：《民族文化资本化》，人民出版社 2004 年版。

95. 保继刚、徐红罡等：《社区旅游与边境旅游》，中国旅游出版社 2006 年版。

96. 刘俊娟、李海：《贵州民族村镇旅游开发模式分析——以青岩古镇为例》，《贵州师范大学学报》（自然科学版）2012 年第 1 期。

97. 宗晓莲：《布迪厄文化再生产理论对文化变迁研究的意义》，《广西民族学院学报》（哲学社会科学版）2002 年第 3 期。

98. 孙美璆、李天翼：《西江千户苗寨"政府主导型"民族村寨旅游开发模式及其成因分析》，《贵州民族学院学报》（哲学社会科学版）2012 年第 4 期。

99. 孙小龙、郜捷：《民族村寨旅游发展模式的纵向比较研究——以菁口哈尼族村为例》，《内江师范学院学报》2010 年第 10 期。

100. 石坚：《西南民族村镇旅游模式探究》，《生态经济》（学术版）2011 年第 2 期。

101. 把多勋、王艳：《中国民族地区旅游经济发展模式的比较》，《安徽农业科学》2012 年第 2 期。

102. 骆菲：《朗德民族旅游管理模式对社会管理创新的启示》，《贵州民族学院学报》（哲学社会科学版）2012 年第 1 期。

103. 刘星明：《民族文化在旅游开发中的变迁与重构——以西双版纳傣族园为例》，《云南民族大学学报》（哲学社会科学版）2008 年第 4 期。

104. 张华明、腾健：《民族村寨旅游开发的 CCTV 模式》，《广西民族研究》2006 年第 3 期。

105. 廖军华：《民族村寨旅游发展的创新模式——5C 模式》，《安徽农业科学》2011 年第 13 期。

106. 徐燕、吴再英等：《民族村寨乡村旅游开发与民族文化保护研究》，《贵州师范大学学报》（自然科学版）2012 年第 7 期。

107. 黄海珠：《民族旅游村寨建设研究》，中国经济出版社 2009 年版。

108. Edward Inskeep：《旅游规划》，张凌云译，旅游教育出版社 2004 年版。

109. 马耀峰等：《旅游资源开发与管理》，高等教育出版社 2010 年版。

110. 郭文：《乡村居民参与旅游开发的轮流制模式及社区增权效能研究——云南香格里拉雨崩社区个案》，《旅游学刊》2010 年第 3 期。

111. 赵世林：《论民族文化传承的本质》，《北京大学学报》（哲学社会科学版）2002 年第 3 期。

112. 马晓京：《民族旅游开发与民族传统文化保护的再认识》，《广西民族研究》2002 年第 4 期。

113. 吴必虎、俞曦：《旅游规划原理》，中国旅游出版社 2010 年版。

114. 罗明义：《论云南民族文化旅游的开发》，《学术探索》1999 年第 2 期。

115. 陈峰：《新疆少数民族文化旅游产品的开发及推广》，新疆财经大学 2007 年硕士学位论文。

116. 陶犁：《民族文化旅游产品开发探析》，《思想战线》2002 年第 4 期。

117. 窦开龙：《新疆民族旅游产品开发研究》，兰州大学 2008 年博士学位论文。

118. 张雪婷：《基于游客体验的少数民族地区民俗旅游产品开发研究》，湖南师范大学 2009 年硕士学位论文。

119. 周恬羽：《民族旅游目的地民族文化与旅游产品互动研究》，兰州大学 2011 年硕士学位论文。

120. 郝朴宁、叶郎等：《民族文化遗存形态的产业社会化与生态文化创建》，科学出版社 2010 年版。

121. 何琼：《西部少数民族文化概论》，民族出版社 2009 年版。

122. 谢欢颜：《广西少数民族建筑与服饰文化在家具上的应用研究》，广西大学 2012 年硕士学位论文。

123. 李志英：《黔东南南侗地区侗族村寨聚落形态研究》，昆明理工大学 2002 年硕士学位论文。

124. 田俊迁：《关于旅游开发中的少数民族传统文化保护问题——由喀什部分老城区被拆除引发的思考》，《西北民族研究》2005 年第 4 期。

125. 高萌：《东北三个少数民族传统文化的建筑表达研究》，哈尔滨工业大学 2008 年硕士学位论文。

126. 余达忠：《原生态文化：资源价值与旅游开发——以黔东南为例》，民族出版社 2011 年版。

127. 宗晓莲、保继刚：《解构纳西古乐神话——对一项民族文化资源转化为文化商品的人类学分析》，《广西民族学院学报》（哲学社会科学版）2005 年第 4 期。

128. 张淑萍：《民族音乐舞蹈艺术在文化旅游项目中的价值实现——以张家界〈魅力湘西〉为例》，《中国音乐》2012 年第 2 期。

129. 曾石：《贵州省苗族服饰文化旅游资源的价值及开发研究》，重庆师范大学 2012 年硕士学位论文。

130. 张文安：《中国神话研究与文化要素分析》，陕西师范大学 2004 年博士学位论文。

131. 车海锋：《朝鲜民族与满—通古斯诸民族神话传说中的意象、母题比较研究》，延边大学 2009 年博士学位论文。

132. 《中国大百科全书·中国文学卷》，大百科全书出版社 1986 年版。

133. 田茂军：《少数民族叙事诗略论》，《吉首大学学报》（社会科学版）1995 年第 1 期。

134. 崔晓娜：《西北民族叙事诗的产生与发展问题研究》，西北民族大学 2009 年硕士学位论文。

135. 苏和平：《中国少数民族工艺与美术》，贵州民族出版社 2003 年版。

136. 都大明：《中华饮食文化》，复旦大学出版社 2011 年版。

137. 李代广：《人间有味是清欢——饮食卷》，北京工业大学出版社 2013 年版。

138. 李钟铉：《中国少数民族饮食文化特点》，中央民族大学 2011 年博士学位论文。

139. 包玉坤：《满族饮食文化研究》，吉林大学 2008 年硕士学位论文。

140. 李夏萍：《浅谈民族饮食文化与旅游》，《南宁职业技术学院学报》2008 年第 3 期。

141. 郑洪涛：《基于区域视角的文化创意产业发展研究》，河南大学 2008 年博士学位论文。

142. 杨娇：《旅游产业与文化创意产业融合发展的研究》，浙江工商大学 2008 年硕士学位论文。

143. 王兆峰：《湘西凤凰县民族文化旅游创意产业发展研究》，《中央民族大学学报》（哲学社会科学版）2010 年第 2 期。

144. 曾义平：《根植于湖南地域文化的旅游商品设计研究》，湖南大学 2011 年硕士学位论文。

145. 刘铁梁：《如何提高乡村民俗旅游项目的品位》，《旅游学刊》2006 年第 3 期。

146. 金卫东：《智慧旅游与旅游公共服务体系建设》，《旅游学刊》2012 年第 2 期。

147. 孙佩川：《旅游目的地信息服务体系构建研究》，中国海洋大学

2009 年硕士学位论文。

148. 李红翔：《景区解说系统构建及解说方式适用性研究》，东北财经大学 2007 年硕士学位论文。

149. 戴伦·J. 蒂莫西、斯蒂芬·W. 博伊德：《遗产旅游》，旅游教育出版社 2007 年版。

150. 马晓京：《西部地区民族旅游开发与民族文化保护》，《旅游学刊》2000 年第 5 期。

151. 杨振之、陈谨：《"形象遮蔽"与"形象叠加"的理论与实证研究》，《旅游学刊》2003 年第 3 期。

152. 薛群慧：《论民族文化旅游村村民的培训》，《昆明大学学报》2007 年第 18 期。

153. 张朋、王波：《国外社区参与旅游发展对中国的启示——以英国南彭布鲁克为例》，《福建地理》2003 年第 18 期。

154. 王蔚：《山东省休闲旅游发展研究》，山东大学 2010 年博士学位论文。

155. 杨琴：《技术创新与旅游产业成长研究——以张家界市为例》，吉首大学 2010 年硕士学位论文。

156. 《旅游资源分类、调查与评价》（GB/T18972—2003），中华人民共和国国家质量监督检验检疫总局发布 2003 年版。

157. 曲凯音：《浅议村落文化变迁中的文化生态建设——以云南丽江束河古镇为例》，《学理论》2012 年第 12 期。

158. 张晓萍：《旅游人类学》，南开大学出版社 2008 年版。

159. 杨俭波：《旅游地社会文化环境变迁机制试研究》，《旅游学刊》2001 年第 6 期。

160. 田敏：《民族社区社会文化变迁的旅游效应再认识》，《中南民族大学学报》（人文社会科学版）2003 年第 5 期。

161. 李祝舜、蒋艳：《欠发达旅游地社会文化变迁与社会心理现代化》，《北京第二外国语学院学报》2003 年第 5 期。

162. 李学江：《民族文化的发展变迁与少数民族文化旅游》，《宁夏社会科学》2003 年第 4 期。

163. 杨俭波、乔纪纲：《动因与机制——对旅游地社会文化环境变迁理论的研究》，《热带地理》2003 年第 1 期。

164. 龚胜生、何小芊：《旅游地文化变迁与整合的文化地理学透视》，《华中师范大学学报》（自然科学版）2007 年第 3 期。

165. 窦开龙：《旅游开发中西部边疆民族文化变迁与保护的人类学透析》，《宁夏大学学报》（人文社会科学版）2008 年第 1 期。

166. 张广海、高乐华：《旅游目的地文化变迁量化评价方法及实证研究》，《旅游科学》2008 年第 4 期。

167. 韦湘云：《再论民族旅游中的目的地文化变迁问题》，《现代商业》2008 年第 9 期。

168. 保继刚、邱继勤：《旅游小企业与旅游地社会文化变迁：阳朔西街案例》，《人文地理》2006 年第 2 期。

169. 宗晓莲：《旅游开发与文化变迁——以云南省丽江县纳西族文化为例》，中国旅游出版社 2006 年版。

170. 陈昕：《纳西文化变迁的旅游效应与调适研究》，《思想战线》2008 年第 5 期。

后　记

　　依托别具特色且品味绝佳的民族文化，民族地区的旅游开发极受关注，而在旅游开发进程中，民族文化变迁也是一个极具争议的焦点。作为民族文化载体的民族村落，在改革开放、西部大开发、兴边富民以及"一带一路"国家战略的大好机遇面前，不可能固步自封，所以说，伴随旅游开发进程的推进，民族文化的变迁是客观的、必然的，不变是相对的、暂时的。而怎么变，如何良向的变是我们要思考的，更是需要深入探讨的，所以，旅游开发与民族村落文化变迁问题的提出以及解决问题的种种设想，这本身就是积极的，对此进行针对性探讨很有必要。有鉴于此，我们对旅游开发与民族村落文化变迁进行了初步研究，希望我们的研究对民族村落文化的传承与保护有所帮助，即便是有一点小小的触动，我们也备感欣慰。

　　实际上，受自然条件、历史原因、传统观念、市场经济等诸多影响，在民族地区的现代化发展进程中，民族村落文化的变迁更为复杂，旅游开发进程的影响只是诸多因素之一，对其研究注定是千头万绪。在本书的编写过程中，我们发现研究这方面的问题，一是对民族地区的旅游开发的实际缺乏深度了解，难免以点带面，观点有主观之嫌；二是很难提出针对性的、行之有效的新颖的参考建议。明显感到这样的研究理论的东西多、实际的东西少，表面的东西多、实质的东西少，只是从几个方面进行了研究。研究成果在理论指导和实际操作方面的的价值是有限的，对此甚感惶恐，今后还要继续努力，对此进行进一步的深入研究。

　　开篇已述，本书是在教育部人文社科研究一般规划项目——旅游

✤ 后 记 ✤

开发与民族村落文化变迁研究报告的研究基础上完善成型的。要特别感谢西北民族大学管理学院旅游管理教研室的全体同仁，孙永龙、孙新、胡潇文、邹品佳等，他们为调研和撰稿付出了诸多心血，其中，王生鹏完成结论、第一章、第八章撰写，张静完成第四、五、六、七章撰写，孙永龙完成第二章，孙新完成第三章。全书统稿由王生鹏完成。学校社科处为研究和出版提供了资金支持，图书馆提供了许多有用的资料，为我的研究提供了便利条件。安春兰、马向阳、曹兴华等研究生为资料的收集和处理不辞辛劳。中国社会科学出版社郭鹏同志为校稿、刊印，夜以继日，不辞辛劳。还有许多同事、朋友及我的家人时时地关心、支持、鼓励我的研究，在此对大家表示衷心的感谢！

撰写过程中，曾参考了诸多同行的研究成果，其中部分在注释和参考文献中已经标明，还有一些因本人疏忽或者篇幅所限，没能一一列举，在此谨向有关作者表示歉意和衷心的致谢！

深知水平有限，出现错误在所难免，不妥之处希望各位同仁给予批评指正，以便提高自己，在今后工作中不断改进。

王生鹏　张静
2015 年 5 月